融合型·新形态教材

复旦学前云平台 fudanxueqian.com

普通高等学校学前教育专业系列教材

幼儿教师语文素养

（第三版）

主　编　王向东

副主编　邓刚云　徐剑平

编　者　王向东　邓刚云　冯昨辉　刘　雯
　　　　陈文友　罗昌芬　周贤英　庞福明
　　　　徐剑平　秦　莉　潘裕仙

复旦大学出版社

内容提要

本教材分上、下两编,每编七章,按章编写内容提示和素养目标;分章设节,每节内容大体按经典素材—开启解读—各抒己见—心灵感言—素养训练—相关链接来编排,内容鲜活,时代性强,切合学生实际,富有知识性、教育性、启迪性。上、下编末精选了相关国学材料、诗文名句和中外教育名言作为附录,供学习时补充。《幼儿教师语文素养》课程开设两学年,上编供第一学年使用,每学期20课时,下编供第二学年使用,每学期19课时,两学年总计78课时。使用者可以结合本校实际,灵活安排。

本教材配有PPT课件和习题答案,欢迎使用本教材的教师登录复旦学前云平台(www.fudanxueqian.com)免费下载。

前言

教育乃千秋之伟业。幼儿教育在新时代愈发璀璨夺目，幼儿教育新师资的培养备受社会的广泛关注。提升新时代青年学生的文化修养，用文化滋养心灵、涵养德行、引领风尚，从而更好地"树人"，就是我们进行的有益尝试。素养并非与生俱来，而在于后天的培育，它是一个潜移默化、点滴积累的渐进过程。语文素养是提升个人综合能力的重要基础，对锻造一个人的健康人格、增进品行修为、促进发展等方面有着重要作用。本书编写力求体现幼教新理念，反映课程改革新成果，围绕"增强素养，提升技能，促进就业，着眼未来发展"需要，体现"正心、乐学、砺行、怡情"目的，融知识性、趣味性、实践性、思想性于一体，展现幼儿教师培养特色。

本教材分上、下两编，每编七章，按章编写内容提示和素养目标；分章设节，每节内容大体按经典素材—开启解读—各抒己见—心灵感言—素养训练—相关链接来编排，努力做到内容鲜活，时代性强，切合学生实际，富有知识性、教育性、启迪性。上、下编末精选了相关国学材料、诗文名句和中外教育名言作为附录，供学习时补充。《幼儿教师语文素养》课程开设两学年，上编供第一学年使用，每学期20课时，下编供第二学年使用，每学期19课时，两学年总计78课时。使用者可以结合本校实际，灵活安排。

在复旦大学出版社的鼎力支持下，本书由四川省隆昌幼儿师范学校组织编写。学校升格为川南幼儿师范高等专科学校时，由原编写组成员修改再版，印刷9次。主编调任四川幼儿师范高等专科学校工作后，又吸收该校学前教育研究中心和白马文化研究中心成果，第三版修订紧扣新时代幼师培养实际需要，删减了部分章节，对部分章节中的经典素材、内容解读、素养延伸、练习题目、思考讨论等作了较大修改；同时在节末特别增加二维码，供学生扫码学习使用，既拓展了鲜活的素养内容，又强化了幼师素养与能力的达成，呈现了新型融合教材的形态。本书由王向东担任主编，各部分具体编写人员如下。《三字经》部分：罗昌芬；《孝经》《道德经》《论语》部分：王向东、徐剑平、陈文友；"教师文明用语""教师形象礼仪""文字素养""语言表达与运用"部分：周贤英、刘雯、邓刚云；"应用文"部分：邓刚云、潘裕仙；"名言美文"部分：邓刚云；"实用文体"部分：庞福明、邓刚云；"美文欣赏"部分：陈文友、冯昨辉；附录部分：邓刚云、秦莉；二维码部分：王向东、邓刚云。第三版由王向东审定，邓刚云负责统稿和核稿，冯昨辉、秦莉补充部分资料。

编写中吸收了国内近年来相关出版物、互联网上的鲜活资料以及专家、学者的一些研究成果，在书中未能一一注出，谨在此表示衷心感谢！由于编写人员水平有限，内容难免挂一漏万，敬请专家、学者、语文界同仁批评指正。

目录

上 编

下　　编

上编

第一章
感悟《三字经》

内容提示

《三字经》内容丰富,既概括了中华文明发展、朝代更迭、帝王兴衰的五千年历史,又囊括了天文地理、人文教育、伦理道德、名人故事等,凡有井水处,便有"人之初,性本善"的余音绕梁。1990 年,新加坡出版的英文译本被联合国教科文组织选入"儿童道德丛书"。因其内容丰富,读之朗朗上口,而流传广泛,家喻户晓。

本章主要从四个方面讲述教育和学习对儿童成长的重要性。"习以修身",告诉我们后天的习染对一个人自身的修养具有极其重要的作用;"师以成长",让我们明白在儿童成长的过程中教师和教育的重要性;"境以发展",说明良好的学习、生活环境对人的发展起着至关重要的作用,即所谓"近朱者赤,近墨者黑";"学成于勤",是要借古代勤勉读书成才的故事来劝勉今天的读书人。

素养目标

1. 让学生明白在学习中专心致志、持之以恒的重要性。

2. 结合传统与现代教育理念,修炼幼儿教师基本素养。

第一节　习　以　修　身

经典素材

片段一: 人之初①,性②本善。性③相近,习④相远。

注释: ① 初:初生,刚有生命。

② 性:天性。

③ 性:性情。

④ 习:幼年的习惯,习染。

译文: 每个人在刚出生的时候,本性都是纯洁善良的,性格和脾气也是接近的。只是由于在成长过程中,后天的习染不一样,性情也就有了好与坏的差别。

开启解读: 性善论,是孟子的观点,始见于《孟子·滕文公》。孟子主张,天赋人性有恻隐、羞恶、辞让、是非之心。他认为,婴儿刚出生时,本性都是善良的,但是经过后天的教育以及环境的影响之后,有了善恶之分。因此,后天的"习"对一个人的成长至关重要。"性相近,习相远"是孔子的观点,出自《论语·阳货》。孔子将先天的"性"与后天的"习"相联系。他认为人的天性相近,只是因为"习"的缘故而有了"上智"与"下愚"的分别。

片段二： 子不学,非所宜①。幼不学,老何为②。

注释： ① 宜：应当。

② 何为：能干什么呢?

译文： 小孩子不肯好好学习,是很不应该的。一个人如果在小时候不好好学习,到老的时候既不懂做人的道理,又无知识,能有什么作为呢?

开启解读： 这里是说人们从小就要认真学习。古语曰:"少壮不努力,老大徒伤悲。"请同学们珍视自己生命的黄金时刻,不然落得一个"岁月成蹉跎"的结果,就悔之晚矣。

片段三： 为人子,方少时。亲①师友,习②礼仪。

注释： ① 亲：亲近。

② 习：学习。

译文： 做儿女的,从小时候起就要亲近老师和朋友,以便从他们那里学习为人处世的礼节和知识。

开启解读： 幼儿、少年是大家都必须经历的成长阶段,也是启蒙教育的最佳时段,这一时期是人生成长之路的指南针。《三字经》强调孩童的启蒙教育应从亲近良师、亲近益友、学习礼仪三个方面入手。

片段四： 玉不琢①,不成器②。人不学,不知义③。

注释： ① 琢：琢磨。

② 器：器物。

③ 义：指道理。

译文： 玉石不经过打磨和雕刻,就不会成为精美的器物;人若是不学习,不求上进,就不能明白道理,不能成才。

开启解读： 一个人的成才之路如同雕刻玉器一样,玉在没有打磨雕琢以前和普通石头没有区别,人也是一样,即便有良好的资质天性,也只有经过刻苦磨炼才能成为一个有用的人。如果终日游手好闲,不愿勤学,将无所作为,也只能落得一个泯然众人的下场。

各抒己见

1. 早期教育越来越受人关注,"让孩子赢在起跑线上"也成为一句流行的口号。于是,我们的孩子小小年纪,就一会儿学钢琴,一会儿学绘画,一会儿学英语,一会儿学奥数……作为未来的幼儿教师,请思考：孩子们究竟应该接受怎样的教育?

2. 古代方仲永的故事大家都不陌生,从方仲永最后的结果,你想到了什么?

心灵感言

学习改变观念,观念改变行动,行动改变命运。现代社会是信息化社会,世间万物,瞬息万变,我们面对的时代,变化速度是空前的。比尔·盖茨说过这样的话：在 21 世纪,人们比的不是学习,而是学习的速度。我们要适应变化的世界,就要有终身学习的态度,坚守"活到老,学到老"的古训。

素养训练

阅读下面的故事,将由故事想到的写成一篇短文,字数 600 字左右。

秦朝有个青年,名叫张良。有一天,他经过一座小桥,看见一位白胡子老人正坐在桥头叹气。

张良上前一看,原来老人的鞋掉到桥下去了。张良二话不说,爬到桥下拾起鞋,递给老人。老人没有接鞋,而是把脚往前一伸,张良又恭恭敬敬地给老人穿鞋。

谁知没穿好,老人把脚一歪,鞋又掉到桥下去了。"哎呀,快给我捡回来!"老人大喊。张良觉得老人在捉弄自己,很不高兴,可是看到老人银白的须发和驼了的背,仍然耐着性子帮他捡了鞋。

老人穿上鞋,笑了笑说:"你这小子还不错,我想教你点儿本事。愿意学的话,五天后的早晨,在这儿等我。"说完,老人就飘然而去。

到了那一天,张良刚上桥,就看见老人已经站在桥头了。老人生气地说:"你怎么能让老人家等你呢?过五天再来吧!"

又过了五天。鸡一打鸣,张良便提着灯笼往桥上走,可是老人又先到了。老人瞪了张良一眼,说:"五天后再来吧。"说完,他又拂袖而去了。

到了约定的时间的前一天晚上,张良吃过晚饭后就来到了桥上。过了一会儿,老人一步一步地走来了。

这次,老人高兴地说:"年轻人要学本事,就得这样!"说完,他递给张良一卷兵书,说:"你好好读这本书,将来准能成就大业。"

从此,张良专心致志地钻研这本兵书,最终成为一位著名的军事家,为刘邦打下江山立下了汗马功劳。

相关链接

1. 无恻隐之心,非人也;无羞恶之心,非人也;无辞让之心,非人也;无是非之心,非人也。

——孟 子

2. 莫等闲,白了少年头,空悲切。 ——岳 飞

3. 少壮不努力,老大徒伤悲。 ——《汉乐府》

4. 学不可以已。 ——荀 子

5. 三更灯火五更鸡,正是男儿读书时。黑发不知勤学早,白首方悔读书迟。 ——颜真卿

6. 勿谓今日不学而有来日,勿谓今年不学而有来年。日月逝矣,岁不我延,呜呼老矣,是谁之愆(qiān)? ——朱 熹

小 故 事

岳飞习武的故事

岳飞是我国历史上著名的民族英雄。十岁那年,他就拜武林高手周侗为师,读兵法,学武艺。他练功十分刻苦,师父周侗特别喜欢他。

有天清晨,天气十分寒冷,北风呼啸,和岳飞住在一起的小师弟们都因为怕冷不起床练功。岳飞却想:功夫就要夏练三伏,冬练三九,若少年不努力,将来用什么去报效国家呢!想到这里,他从被窝里跃起,穿衣提剑,迎风斗雪,挥剑起舞。早在一边观察的周侗,看在眼里,暗暗称赞:"小小年纪就如此刻苦练武,将来一定能成为国家的栋梁!"

师父周侗走过去,接过岳飞手中的剑,又教了他几招剑法。岳飞凝神记下师父的套路,凭着自己的记忆,一招一式有模有样地练了起来。

天大亮了,小师弟们才慢腾腾地出来练剑。一看到岳飞,一个个羞红了脸不敢吱声。从此以后,他们也像岳飞一样不分寒冬酷暑,刻苦操练,武艺渐增。当北方金国南侵宋朝时,他们全都毅然投军杀敌。后来,岳飞成了一位名将,率领"岳家军"驰骋疆场,建立了赫赫战功。

第二节　师 以 成 长

经典素材

片段一：苟①不教②,性乃迁③。教之道,贵以专④。

注释：① 苟：假如。

② 教：训导,教诲。

③ 迁：转变,变化。

④ 专：专一。

译文：如果忽略了对孩子的教育,善良的本性就会变坏。为了使人不变坏,最重要的方法就是要专心致志地去教育孩子,时时刻刻都不能放松。

开启解读："十年树木,百年树人。百年大计,教育为本。"想成为对社会有用的人才,这就要求我们一方面要将学习作为一生的目标和追求,"活到老,学到老",不要半途而废;另一方面还要专心致志,学一样成一样,不要浅尝辄止。

片段二：养不教,父之过。教不严,师之惰①。

注释：① 惰：失职。

译文：仅仅是供养儿女吃穿,而不好好教育,是父亲的过错。只是教育,但不严格要求就是做老师的失职了。

开启解读：严师出高徒,严格的教育是通往成才之路的必然途径。古人有"发智在师,育善在家"的说法,让我们明白了父母和老师在教育孩子方面各有自己的责任和义务。

片段三：窦燕山①,有义方②。教五子,名俱扬③。

注释：① 窦燕山：五代后晋人,名禹钧,因为他住在靠近燕山的地方,所以人称"窦燕山"。相传他教子有方,使五个儿子齐登科甲,有侍郎冯道赠诗云"燕山窦十郎,教子以义方"。

② 义方：合乎道义的方法。

③ 扬：传扬。

译文：五代时,燕山人窦禹钧教育儿子很有方法,他教育的五个儿子都很有成就,同时科举成名。

开启解读：仅仅只是教育,而没有好的方法,对于人的良好成长是不行的。好的方法就是严格而有道理。窦燕山能够使五个儿子和睦相处,又孝敬父母,并且学业上都很有成就,这是和他的良好教育方法分不开的。正所谓"欲五子登科,需教子有方"。

各抒己见

1. 我们常常听说"没有教不会的学生,只有不会教的老师"。我们也常听说"师傅领进门,修行在个人"。请结合现代教育理念,谈谈你的理解。

2. "师者,传道授业解惑也",老师对学生的影响也许会贯穿一生。随着时代的进步和社会心理的变化,家长和社会给老师提出了更高的要求,作为未来的教师,我们该怎么办?

3. 夸美纽斯说:教育"是人类得救的主要手段","是有教养的民族能利用的宝藏","它能使社会减少黑暗、困恼和倾轧"。对此,你认同吗?

心灵感言

"养不教,父之过。教不严,师之惰",充分说明了家长和教师在教育孩子上的责任和义务。在现代教育环境下,做好家庭教育与学校教育的密切配合,也是我们追求的目标。

素养训练

阅读下面的教学案例,写出你的感想。

人称"南李北魏"的四川教育名家李镇西说:没有个性的教育必然培养不出有个性的学生。他对班上一名各科成绩都差得出奇的学生,没有去反复问他:你为什么不好好学,为什么不认真听课,而是尝试贴近这个学生的心灵,了解他的苦衷:听不懂课而又必须坐在教室里,不准做其他事,这是多么痛苦的事呀!李镇西为此特别批准这个学生可以在语文课上抄《烈火金刚》《红岩》等小说。一个学年结束后,这个连字都不识多少的学生语文竟然考了76分。

(注:"南李北魏"指在当代教育上有影响的名家——南方的李镇西,北方的魏书生。)

相关链接

1. 只有受过一种合适的教育之后,人才能成为一个人。　　　　　——夸美纽斯
2. 教师的职业是太阳底下最光辉的职业。　　　　　　　　　　——夸美纽斯
3. 一年之计,莫如树谷;十年之计,莫如树木;终身之计,莫如树人。　——《管子·权修》
4. 敬教劝学,建国之大本;兴贤育才,为政之先务。　　　　　——《朱舜水集·劝学》
5. 吾生也有涯,而知也无涯。　　　　　　　　　　　　　　　　——庄　子
6. 锲而舍之,朽木不折;锲而不舍,金石可镂。　　　　　　　　——荀　子

小故事

王羲之教子习书法

王献之是王羲之的第七个儿子,自幼聪明好学,在书法上专工草书隶书,也善画画。他七八岁时开始学书法,师承父亲。有一次,王羲之看献之正聚精会神地练习书法,便悄悄走到背后,突然伸手去抽献之手中的毛笔,献之握笔很牢,没被抽掉。父亲很高兴,夸赞道:"此儿后当复有大名。"小献之听后心中沾沾自喜。还有一次,羲之的一位朋友让献之在扇子上写字,献之挥笔便写,突然笔落扇上,把字污染了,小献之灵机一动,画一只小牛栩栩如生于扇面上。再加上众人对献之书法绘画赞不绝口,小献之滋长了骄傲情绪。献之的父母看此情景,若有所思……

一天,小献之问母亲郗氏:"我只要再写上三年就行了吧?"母亲摇摇头。"五年总行了吧?"母亲又摇摇头。献之急了,冲着母亲说:"那您说究竟要多长时间?""你要记住,写完院里这十八缸水,你的字才会有筋有骨,有血有肉,才会站得直、立得稳。"献之一回头,原来父亲站在了他的身后。王献之心中不服,啥都没说,一咬牙又练了五年,把一大堆写好的字给父亲看,希望听到几句表扬的话。谁知,王羲之一张张掀过,一个劲地摇头。掀到一个"大"字,父亲现出了较满意的表情,随手在"大"字下填了一个点,然后把字稿全部退还给献之。小献之心中仍然不服,又将全部习字抱给母亲看,并说:"我又练了五年,并且是完全按照父亲的字样练的。您仔

细看看，我和父亲的字还有什么不同？"母亲果然认真地看了三天，最后指着王羲之在"大"字下加的那个点，叹了口气说："吾儿磨尽三缸水，唯有一点似羲之。"

献之听后泄气了，有气无力地说："难啊！这样下去，啥时候才能有好结果呢？"母亲见他的骄气已经消尽了，就鼓励他说："孩子，只要功夫深，就没有过不去的河、翻不过的山。你只要像这几年一样坚持不懈地练下去，就一定会达到目的的！"

献之听完后深受感动，又锲而不舍地练下去。功夫不负有心人，献之练字用尽了十八大缸水，在书法上突飞猛进。后来，王献之的字也到了力透纸背、炉火纯青的程度，他和王羲之并列，被人们称为"二王"。

拓展阅读

"七一"勋章获得者
张桂梅发言稿

8

第三节　境　以　发　展

经典素材

片段一： 昔孟母①，择②邻③处。子不学，断机杼④。

注释： ① 孟母：孟子的母亲，战国时魏国人。"孟母三迁"和"断机教子"的故事历来为人所传诵。孟母并被后人尊为贤母的典范，其事迹最早见于春秋时期的《战国策》，汉代刘向将之列入《列女传》。

② 择：选择。

③ 邻：邻居。

④ 机杼：织布机的梭。

译文： 战国时，孟子的母亲曾多次搬家，是为了使孟子有个好的学习环境。一次孟子逃学，孟母就折断织机的梭来教子。

开启解读： 对个人而言，整个社会是其生活的大环境，居住的地方是其生活的小环境，有时候小环境对人的影响更直接更严重，所以选择住所不能不慎重。孟子之所以能够成为历史上有名的大学问家，是与母亲为其创设了良好的家庭教育环境分不开的。

片段二： 犬守夜，鸡司①晨。苟不学，曷②为人。

注释： ① 司：管理。

② 曷：何，怎么。

译文： 狗在夜间替人看守家门，鸡在每天早晨天亮时报晓，人如果不能用心学习而迷迷糊糊过日子，有什么资格称为人呢？

开启解读： 万事万物都有自然界所赋予的特质，如狗能看门，鸡会报晓。而作为万物之灵的人类又该如何呢？人类是有思维能力的，所以，自然赋予人的使命当然是掌握各门知识去征服自然。"天生我材必有用"，所言极是。

片段三： 蚕吐丝，蜂酿蜜。人不学，不如物。

译文： 蚕吐丝以供我们做衣料，蜜蜂可以酿制蜂蜜，供人们食用。而人要是不懂得学习，以自己的知识、技能来实现自己的价值，真不如小动物。

开启解读： "春蚕到死丝方尽"，蚕的生命为吐丝而存在。蜜蜂与蚕一样，辛勤翻飞，采花酿蜜，直到生命终点。这些小动物用自己微小的生命为人类做出了巨大的贡献，而人类应当怎样做呢？人若不思进取，不为社会做出贡献，那真可谓连小昆虫都不如呀！曾国藩说："吾人只有尽德，修业两事靠得住。"所以我们要学习春蚕与蜜蜂的精神，学得真本事，为社会和国家做贡献。

各抒己见

1. 现在不少家长不惜一切代价把孩子送进"名校"，对这一现象你怎么看待？

2. 幼儿是祖国的花朵，作为未来的幼儿教师，请你想一想：我们应该为幼儿的成长提供怎样的土壤呢？

3. 在人生求学过程中，是宽松自由的环境有利于人的成长发展，还是严格约束的环境有利于人的成长发展？结合你所知道的人才成长情况，说说你的看法。

心灵感言

俗语说得好："鸟随鸾凤飞腾远，人伴贤良品自高。"人们在接受教育的时候，如果没有良好的环境，将事倍功半。选择好的邻居，是一种生活的智慧，是努力成为仁人的条件。但是，良好的习惯、正确的价值取向也是不能忽视的因素。

现代心理学认为，遗传和环境的交互作用决定儿童的心理发展。这两者不是简单地叠加，而是通过日常生活琐事点点滴滴地渗透才会形成一个孩子独特的个性。父母的言传身教，邻里的待人接物，同伴的嬉笑怒骂，都会对儿童人格的形成产生重大的影响。两千年前如果不是孟母高瞻远瞩地进行多次搬迁，也许就不能使孟子成为一代大儒。如何为每一个孩子创造能充分发挥其潜能的优良环境，是摆在每一个父母面前的重要课题。

素养训练

对于生活的强者来说，"苦其心志，劳其筋骨，饿其体肤，空乏其身"的逆境可以磨炼人的意志。

多难兴才，曾一度被认为是定律。屈原被放逐而作《离骚》，司马迁受宫刑而作《史记》，曹雪芹举家食粥而写出了不朽的《红楼梦》，越王勾践卧薪尝胆而洗雪国耻，韩信遭胯下之辱而统领百万雄兵……他们都是在与逆境博斗后取得成功的。

安徒生(1805—1875)，丹麦著名童话作家。1805年诞生在丹麦欧登塞镇的一座破旧阁楼上。他的父亲是个鞋匠，1816年病故。当洗衣工维持全家生活的母亲不久即改嫁。安徒生从小就为贫困所折磨，先后在几家店铺里做学徒，没有受过正规教育。但他却有自己远大的理想。开始，他决心当一名演员，十四岁时便离别了故乡和亲人，带着几个铜子独自来到举目无亲的首都哥本哈根闯荡。他克服了生活上的重重困难，以坚强的毅力学习文化。起初，他想学习舞蹈和演戏，却遭到了拒绝，后来被一位音乐学校的教授收留，学习唱歌。可是第二年冬天，因为他没有钱买衣服和鞋子，不断地感冒、咳嗽，嗓音嘶哑了，只好离开了音乐学校。但是，他从事艺术事业的顽强意志毫不动摇，又下决心进行文学创作，用自己的笔写出人间的不平。他住在一间旧房子的顶楼上，没日没夜地练习写作。经过十几年的奋斗，终于踏进了文坛。从三十岁开始，专心从事儿童文学创作，成为了全世界亿万儿童所喜爱的童话作家。他一生中共写了168篇童话故事，如《丑小鸭》《皇帝的新装》《夜莺》《豌豆上的公主》和《卖火柴的小女孩》等。

请谈谈安徒生的经历给了你什么启示？如果你也处在这样的逆境中会怎么办？把所想的写出来。

相关链接

1. 农家的孩子早识犁，兵家的孩子舞刀枪，秀才的孩子弄文墨。　　　　　　——鲁　迅
2. 孔子认为："里仁①为美。择不处仁，焉得知？"　　　　　　　　　　——《论语·里仁》
   注释：①里仁：里，动词，住在某处。里仁，与仁人做邻居。
   译文：选择仁人为邻居，这才是实实在在的美事。一个人，如果在选择住处时连邻居是否属于仁人也分辨不出来，这样的人怎么能称得上是智者呢？
3. 蓬生麻中，不扶自直；白沙在涅，与之俱黑。　　　　　　　　　　——《荀子·劝学》
4. 顺境使我们的精力闲散无用，使我们感觉不到自己的力量，但是障碍却唤醒这种力量而加以运用。　　　　　　　　　　　　　　　　　　　　　　　　　　　　　　　——休　谟
5. 卓越的人的一大优点是：在不利和艰难的遭遇里百折不挠。　　　　　　——贝多芬

6. 如果一个孩子生活在批评之中,他就学会了谴责。

如果一个孩子生活在敌意之中,他就学会了争斗。

如果一个孩子生活在恐惧之中,他就学会了忧虑。

如果一个孩子生活在怜悯之中,他就学会了自责。

如果一个孩子生活在讽刺之中,他就学会了害羞。

如果一个孩子生活在妒忌之中,他就学会了妒忌。

如果一个孩子生活在耻辱之中,他就学会了负罪。

如果一个孩子生活在鼓励之中,他就学会了自信。

如果一个孩子生活在忍耐之中,他就学会了耐心。

如果一个孩子生活在表扬之中,他就学会了感激。

小·故事

孟 母 三 迁

孟子早年丧父,母亲为了守节,把家迁至离丈夫的墓地很近的地方,独立支持家庭,维持生计,并以自己不凡的见识教育孟子。

由于家庭周围是墓地,年幼的孟子对这一切充满了好奇,他经常跟着哭丧的队伍,夹在中间,别人走,他也走,别人哭,他也跟着哭,权当是在做一个游戏。孟母想,这里不是孩子应该住的地方,于是就把家搬到了集市上。她家的隔壁住着一位屠夫,经常杀牛宰羊,孟子也常常学宰杀的动作,自得其乐。孟母见了心想:“这里也不是理想的居住地方。”于是又一次搬家。这一回,她把家搬到了一所学堂旁边。每个月都有官员、文人来这里登堂作揖跪拜,有迎有送,谦让守法。孟子见了,一一记在心里,模仿学习礼节,并要求上学读书。孟母见到儿子如此好学读书,感慨万分地说:“这才是理想的居住啊。”后来,孟子学成了六艺,成为大儒。

孟子小时候读书并不是非常用功。有一天,他逃学回到家中。孟母正坐在家中织布机旁织布。她一见到儿子的神情,就知道他自己跑回来的。于是,她一改以往慈爱的表情,面似寒霜,严厉地问他:“还没到放学的时候,你怎么自己就回来了?”孟子心里发慌,支支吾吾,不敢作声。他是个孝顺的孩子,从不敢惹母亲生气。母亲转回身到织布机旁,一下子就把织布机上的梭子折断了。孟子见了,更加惶恐不安,赶忙跪在地上,问道:“母亲,您这么生气,是我做错了什么事吗?”母亲脸色阴沉,缓缓地说道:“你学习知识,就像我织布一样,一根根丝线积累起来才能织成一匹布,才能为人所用,成为有用之才。你学习知识,道理是一样的,必须天天学,月月学,日积月累,不分昼夜,才能有所长进。而你现在就厌倦了,懒惰了,这实际上就是在自我放弃,慢慢地就前功尽弃了。我折断了织布所用的梭子,就像你放弃学业一样,都是十分可惜的。”

孟子听了,恍然大悟,满面羞愧地说:“母亲,我记住您的话了,以后我一定要发愤读书,不辜负您的谆谆教诲。”从此,孟子学习再不敢懈怠,变得非常勤奋,终于成为大学问家。

第四节 学成于勤

经典素材

片段一： 昔仲尼①，师②项橐③。古圣贤，尚④勤学。

注释： ① 仲尼：指孔子,孔子名丘,字仲尼。

② 师：以某人为师。

③ 项橐(Xiàng Tuó)：春秋时期鲁国的一位神童,虽然只有七岁,孔夫子依然把他当作老师一般请教,后世尊项橐为圣公。

④ 尚：尚且。

译文： 从前,孔子是个十分好学的人,当时鲁国有一位神童名叫项橐,孔子就曾向他学习。像孔子这样伟大的圣贤,尚不忘勤学,何况我们普通人呢?

开启解读： 孔子说过:"人有生而知之者,有学而知之者,有学而不知者。"即使是生而知之者,还是要学习,有的人天分很高、很聪明,但不勤奋学习,就把自己毁了,这就是"思而不学"。孔圣人都本着"学无止境"的态度活到老学到老,而我们这些普通人就更要发奋学习。

片段二： 赵中令①，读鲁论②。彼既仕③，学且勤。

注释： ① 赵中令：指宋朝的赵普。中令,中书令的简称,宋朝官名,专门管理皇帝的文书。

② 鲁论：《论语》。

③ 仕：做官。

译文： 宋朝时赵中令——赵普,他官已经做到中书令了,天天还手不释卷地阅读《论语》,不因为自己已经当了高官,而忘记勤奋学习。

开启解读： "半部《论语》治天下"的故事虽然有些夸张,但我们也由此知道了一部好书的惊人力量。"读一本好书就是和许多高尚的人说话。"勤读书,善读书,不但能体会到读书的乐趣,也能不断完善自我。

片段三： 披蒲编①，削竹简②。彼无书,且知勉③。

注释： ① 披：翻阅。蒲编：蒲草编成的书。

② 削竹简：将竹子削尖,抄读。

③ 勉：勤勉。

译文： 西汉时路温舒把文字抄在蒲草上阅读。公孙弘将《春秋》刻在竹子削成的竹片上。他们两人都很穷,买不起书,但还不忘勤奋学习。

开启解读： 勤奋是学习有所成就的重要因素。席勒说:"怠惰是贫穷的制造商。人不能奢望同时是伟大的而又是舒适的。重要的是要勤勉,因为只有勤勉,才不仅会给人提供生活的手段,而且能给人提供生活上的唯一价值。"

片段四： 头悬①梁,锥刺股②。彼不教,自勤苦。

注释： ① 悬：吊挂。

② 股：大腿。

译文：晋朝的孙敬读书时把自己的头发拴在屋梁上，以免打瞌睡。战国时苏秦读书每到疲倦时就用锥子刺大腿，他们不用别人督促而自觉勤奋苦读。

开启解读：中国传统的读书法有两种：一曰"苦"，二曰"乐"。苦读的代表就是孙敬和苏秦。乐读的倡导者是孔子，他说："知之者不如好之者，好之者不如乐之者。"我们现代人都钟情于乐读。实际上这两种方法是互为补充、互为促进的。因为"成功是百分之九十九的汗水加百分之一的灵感"。请谨记：没有什么是可以不劳而获的。

片段五： 如囊萤①，如映雪②。家虽贫，学不辍③。

注释：① 囊萤：用袋子装萤火虫。

② 映雪：利用雪的反光。

③ 辍：中途停止。

译文：晋朝人车胤，把萤火虫放在纱袋里当照明读书。孙康则利用积雪的反光来读书。他们两人家境贫苦，却能在艰苦条件下继续求学。

开启解读：美国总统威尔逊曾说过："我们因为梦想而伟大。我们中的有些人任由他们的理想消逝，而其他人努力地滋养和保护着梦想，直到恶劣的日子过去，阳光普照，光明将会降临在这些坚信自己将会成功的人身上。"很多人都在怨天尤人，埋怨生活的不公平。但殊不知，成功的道路是要自己去铺垫的。

片段六： 如负薪①，如挂角②。身虽劳，犹苦卓③。

注释：① 负薪：负，背负、肩挑；薪，木柴。

② 挂角：将书挂在牛角上；角，这里指牛角。

③ 卓：优秀不凡。

译文：汉朝的朱买臣，以砍柴维持生活，每天边担柴边读书。隋朝李密放牛时把书挂在牛角上，有时间就读。他们在艰苦的环境里仍坚持读书。

开启解读：孟子曾说："天将降大任于斯人也，必先苦其心志，劳其筋骨，饿其体肤，空乏其身，行拂乱其所为，所以动心忍性，增益其所不能。"对不少人来说读书是一件苦差事，但对于有理想、有抱负的人来说，就会乐此不疲。

片段七： 勤有功，戏①无益，戒②之哉③，宜勉力。

注释：① 戏：玩乐。

② 戒：防备。

③ 哉：(感叹词)啊！

译文：反复讲了许多道理，只是告诉孩子们，凡是勤奋上进的人，都会有好的收获，而只顾贪玩，浪费了大好时光是一定要后悔的。

开启解读："天道酬勤""业精于勤荒于嬉""只要功夫深，铁杵磨成针"，这些良语都告诫我们，珍惜当下大好的时光，持之以恒地读书学习，你就一定会得到丰厚的收获，你的思想和学识就越加丰富。这样，你才能为国家、为人民做出更多贡献。年少贪玩是天性，但若不控制玩性，将毁灭自己的理想和愿景。

各抒己见

古往今来，不少取得成就的人都经过了勤奋刻苦的磨炼，他们的故事都深深地激励着我们。除

《牛角挂书》之外,你还能讲出哪些励志故事?谈谈这些故事对你的启发。

心灵感言

曾国藩在教育后代的时候曾提出三点要求:"盖世人读书,第一要有志,第二要有识,第三要有恒。有志则断不甘为下流。有识则知学问无尽,不敢以一得自足,如河伯之观海,如井蛙之观天,皆无识者也。有恒则断无不成之事。此三者缺一不可。"我们要想成为优秀的幼儿教师,这三者也缺一不可。

素养训练

曾经的华人首富李嘉诚1928年出生在广东潮州。1940年为了躲避日本侵略者的压迫,全家逃难到香港。到了香港,李嘉诚念书的中学大部分是英语教学,英语教材占半数以上。为了学好英语,李嘉诚几乎到了走火入魔的地步。上学放学路上,他边走边背单词;夜深人静,李嘉诚怕影响家人的睡眠,独自跑到户外的路灯下读英语;天蒙蒙亮,他一骨碌爬起来,口中念念有词的还是英语。经过一年多刻苦努力,终于逾越了英语关,能够较熟练地运用英语答题解题。两年后,父亲病逝。为了养活母亲和三个弟妹,14岁的李嘉诚被迫辍学走上社会谋生,开始做一间制造公司的推销员。这份工作虽然累,但失学的李嘉诚仍然利用空余时间到夜校进修,补习文化并且常年不辍自学英语。没钱买书就到地摊上买旧书来学习。在后来的商海征战中,李嘉诚能叱咤风云,除了精明能干之外,还与他的勤奋好学是分不开的。

勤奋好学的态度,坚强的意志品质才能书写灿烂辉煌的人生。正处于求学黄金时期的同学们,你们有何感悟呢?请谈一谈。

相关链接

1. 君子之行,静以修身,俭以养德。非淡泊无以明志,非宁静无以致远。　　——诸葛亮
2. 勤劳一日,可得一夜安眠;勤劳一生,可得幸福长眠。　　——达·芬奇
3. 成功＝艰苦劳动＋正确方法＋少说空话。　　——爱因斯坦
4. 天才就是无止境刻苦勤奋的能力。　　——卡莱尔
5. 聪明出于勤奋,天才在于积累。　　——华罗庚
6. 天才就是百分之九十九的汗水加百分之一的灵感。　　——爱迪生
7. 勤学如春起之苗,不见其增,日有所长;辍学如磨刀之石,不见其损,日有所亏。　　——陶渊明

小·故·事

牛 角 挂 书

隋朝有个读书人名叫李密,他原是贵族出身,后来家境破落,少年时曾到宫廷中当侍卫,但因为他喜欢读书,在值班时不专心,被免去了侍卫的职务。

李密回家以后,发愤读书,从不浪费能够用来读书的点滴时间。一次,李密骑着牛出外办事,他把《汉书》挂在牛角上,从中抽出一本,坐在牛背上边赶路边读书,十分专注。当天,正好大臣杨素坐车外出,他看到一个少年专心坐在牛背上读书,暗暗称奇,他让驾车的人放慢车速,慢慢地跟在后面。走了好久,杨素看到李密一本书看完了,准备再换一本,便上前问道:"你是哪儿的书生?""我叫李密,辽东襄平人。"杨素又问:"读的是什么书?""我正在读《项羽传》。"

　　杨素很亲切地跟李密谈了一阵,觉得这个少年不是个等闲之辈,前途无量,鼓励说:"你这样好学,将来一定会有成就的。"杨素回家后,把情况讲给儿子杨玄感听,杨玄感便和李密结交,成了知心朋友。

　　公元613年,杨玄感起兵反隋,并请李密为他出谋划策,但杨玄感没有采纳李密的妙计,以致兵败身亡。后来李密投奔了瓦岗寨的农民起义军,成为这支起义军的首领。

　　《牛角挂书》这个典故比喻勤奋读书,出自《新唐书·李密传》。

思考讨论

1. 如何扣好人生的第一颗扣子?
2. 人生是一本书,封面是父母给的,内容是自己写的。在成长的路上,我们应该书写些什么?

第二章
走进《论语》

内容提示

　　本章所选《论语》涉及学习态度(包括个人修养)和学习内容、方法等问题。孔子提出的"诲人不倦"的教育态度和"文行忠信"的教育内容,历来为人们所推崇,对我们今天的教育仍有启示作用。这些语录,言简意赅,朴素生动,隽永含蓄,富于哲理。

素养目标

　　1. 感受博大精深的儒家教育思想。
　　2. 教育学生树立献身教育的职业理想和爱岗敬业的职业道德。

第一节　诲　人　不　倦

经典素材

片段一： 子曰:"默而识①之,学而不厌②,诲人不倦,何有于我哉?"

注释： ① 识(zhì):记住。

　　　　② 厌:通"餍"(yàn),满足。

译文： 孔子说:"默默地记住〔所见所闻所学的知识〕,学习永不满足,耐心地教导别人而不倦怠,〔这三方面〕我做到了哪些呢?"

开启解读： 孔子的思考、学习、教人的态度值得我们学习。

片段二： 子曰:"学而不思则罔①,思而不学则殆②。"

注释： ① 罔(wǎng):同"惘",迷惑而无所得。

　　　　② 殆(dài):精神疲倦而无所得。

译文： 孔子说:"只读书却不思考,就会迷惑而无所适从;只是空想却不读书,就会(对自己)有害。"

开启解读： 孔子反对死读书,提倡读书时多思考。古人说:"业精于勤荒于嬉,行成于思毁于随。"为学之道在于勤学与善学。

片段三： 子曰:"不愤不启①,不悱不发②。举一隅不以三隅反③,则不复④也。"

注释： ① 不愤:不到求懂还不懂的时候。不启:不加以开导;启,开导。

② 不悱(fěi)：不到想说而又说不好的时候。不发：不加以启发。

③ 隅(yú)：角,方面。反：类推,推论。

④ 复：重复,这里指重复教导。

译文：孔子说："教导学生,不到他想弄明白而不得的时候,不去开导他;不到他想说出来却说不出来的时候,不去启发他。教给他一个方面的东西,他却不能由此而推知其他三个方面的东西,那就不再教他了。"

开启解读：孔子的启发式教学方法值得我们借鉴。在处于"愤"与"悱"状态时加以开导启发,可以取得举一反三的最佳效果。

各抒己见

1. 你所在学校的校训是什么？把你对它的理解写出来,并分组进行发言讨论。

2. 苏联教育家苏霍姆林斯基说过："如果教师不想办法使学生进入情绪高昂和智力振奋的内心状态,就急于传授知识,那么知识只能使人产生冷漠的态度,而使不动感情的脑力劳动带来疲劳。"那么,如何才能激发学生的求知欲和学习兴趣呢？

心灵感言

"学而不厌""诲人不倦"是每一位教师在教与学两个方面应采取的正确态度。

"学"与"思"并重,反对死读书,读死书。读书之法,在于循序渐进,熟读而精思。

"不愤不启,不悱不发",教师教学要得法,讲究启发艺术。

素养训练

结合孔子及现当代的教育思想,谈谈你对"学高为师,身正为范"的理解。

相关链接

1. 子曰："君子食无求饱,居无求安,敏于事而慎于言,就有道而正焉,可谓好学也已。"

提示：孔子提出勤奋好学的标准。

2. 子曰："知之者不如好之者,好之者不如乐之者。"

提示：以做学问为欢乐的人才能做好学问。

3. 子曰："三人行,必有我师焉;择其善者而从之,其不善者而改之。"

提示：孔子无常师,他随时虚心地向别人学习。

4. 学如不及,犹恐失之。

提示：这就是孔子反复强调的"学而不厌"的学习态度。

5. 子贡问曰："孔文子何以谓之'文'也?"子曰："敏而好学,不耻下问,是以谓之'文'也。"

提示：孔子提倡不耻下问的精神。

6. 子曰："由,诲女知之乎！知之为知之,不知为不知,是知也。"

提示：学习来不得半点虚假。

小故事

年羹尧拜师

相传清代名将年羹尧,幼时非常顽劣,他父亲前后为他请了好几个老师,都被他打跑了。

后来没有人敢去应聘教他，最后有一个老师是隐士。年羹尧的父亲说明自己儿子的顽劣，老先生说没关系，唯一的条件是要一个较大的花园，不要设门，而且围墙要加高。

年羹尧最初想将这位老师打跑，不料老先生武功很高，打又打他不着，而老先生什么都不教他，到了晚上，老先生运用他高强的轻功，一跃出了围墙，在外逍遥半天，又飘然跳了回来，年羹尧对这位老师一点办法都没有。老先生有时候吹笛子，吹笛子是可以养气的，年羹尧听了要求学吹，于是老先生利用吹笛子来使他养气，这才开始慢慢教他。后来老先生因为有自己的私事，一定要离开，临走时说，很可惜，这孩子的气质还没有完全变过来。虽然如此，年羹尧已经够得上文武双全了，后来成了平藏的名将。而他以后对自己孩子的老师，非常尊敬，同时选择老师也很严格。他写了一副对联贴在家里："不敬师尊，天诛地灭;误人子弟，男盗女娼。"

拓展阅读

《论语》中的成语典故

第二节　文　行　忠　信

经典素材

片段一： 子以四教：文①、行②、忠③、信④。

注释：① 文：文献、古籍等。

② 行：指德行，也指社会实践方面的内容。

③ 忠：尽己之谓忠，对人尽心竭力的意思。

④ 信：以实之谓信，诚实的意思。

译文：孔子教学有四项内容：文献、品行、忠诚、信实。

开启解读：既传授知识，又教如何做人。教育的内容决定教育的方向及培养目标。

片段二： 志于道，据于德，依于仁，游于艺①。

注释：① 艺：六艺，即礼、乐、射、御、书、数，孔子教育学生的六门知识。

译文：志向在道，根据在德，依靠在仁，而活动在于礼、乐、射、御、书、数六艺之中。

开启解读：孔子主张学生应全面发展。

片段三： 子曰："志士仁人，无求生以害仁，有杀身以成仁。"

译文：孔子说："志士仁人，没有贪生怕死而损害仁德的，只有牺牲自己的性命来成全仁德的。"

开启解读：孔子赞扬志士仁人的献身精神。

各抒己见

1. 邓小平同志说："不管白猫、黑猫，抓住老鼠就是好猫。"有人认为这句话反映出重才不重德的倾向，因而强调只要博学多能，就一定能成为社会有用之才。请谈谈你的看法。

2. 著名学者爱尔维修说："儿童期教育是孩子成长的关键，教育尤为重要。"作为未来的幼儿教师，请想想儿童期教育应从哪些方面入手？

心灵感言

但丁说："道德常常能填补智慧的缺陷，而智慧却永远填补不了道德的缺陷。"才能与品德，孰轻孰重，不辩自明。

古代《曾子杀彘》的故事，妇孺尽知。取信于人，千金一诺，自古而然。人无信不立，坚守诚信的底线，在当今社会尤为重要。新时代青年人坚持诚信，不被横流的物欲蒙蔽双眼，始终保持清醒的头脑，才不会迷失本性。

素养训练

五句《论语》经典：

1. 有朋自远方来，不亦乐乎。

2. 四海之内皆兄弟也。

3. 己所不欲，勿施于人。

4. 德不孤，必有邻。

5. 礼之用,和为贵。

请你选择其中的两句,结合自己的学习生活经历,谈谈对这两句经典的理解和感悟。

相关链接

1. 君子义以为质,礼以行之,孙以出之,信以成之。

提示:孔子指出怎样实践做人的根本。

2. 君子谋道不谋食,君子忧道不忧贫。

提示:孔子认为精神生活比物质生活更重要。

3. 汝为君子儒,无为小人儒。

提示:孔子希望自己的学生成为高尚的人。

4. 子曰:"不学《诗》,无以言。不学礼,无以立。"

提示:孔子主张以《诗》、礼来培养教育自己的子女。

5. 民无信不立。

提示:孔子认为取信于民是立国的根本。

6. 居之无倦,行之以忠。

提示:孔子主张执政廉洁。

7. 弟子入则孝,出则弟,谨而信,泛爱众而亲仁。行有余力,则以学文。

提示:孔子把做人放在第一位,把做学问放在第二位。

8. 德之不修,学之不讲,闻义不能徙,不善不能改,是吾忧也。

提示:可以理解为这是孔子提出的做人的四条标准。

9. 行己有耻,使于四方不辱君命,可谓士矣。

提示:孔子主张不能丧失人格和国格。

10. 人而无信,不知其可也。

提示:孔子强调做人要讲信用。

小故事

攻 原 得 卫

晋文公重耳攻打原国,只准备了十天的粮食,便跟大夫们约定十天结束战斗。然而到了约定的期限,并没有攻下原国,晋文公便鸣金收兵。

这时,有从城里跑出来的士人说:"原城只能维持三天。"群臣劝谏晋文公说:"原城中已经没有粮食,人们的力气也消耗殆尽,您暂且再等一等。"晋文公说:"我跟大家约定了以十天为期限,如果到时候不离开,就是自食其言。得到原国而失信于人,我不会干这种事。"于是下令撤军。原国人听说了这件事,说:"晋国的国君如此信守诺言,我们怎能不归顺呢?"便投降了晋文公。卫国人听说了这件事,也说:"晋国的国君如此信守诺言,我们怎么能不归顺呢?"也跟着投降了。

孔子听说并且记下了这件事,说:"进攻原国而得到卫国,是因为守信用。"

思考讨论

1. 幸福都是奋斗出来的,请谈谈自己的体会。

2. 眼界决定宽度,观念决定高度,脚步决定速度,思想决定灵敏度。请结合实际,谈谈你的理解。

第三章
教师文明用语

内容提示

本章主要介绍日常生活中的文明用语，接待中的文明用语，电话中的文明用语，教师文明用语和教师忌语等知识。

素养目标

1. 了解并掌握日常生活中、接待中、电话中的文明用语。
2. 掌握教师的文明用语和教师忌语。
3. 学会在不同的场合恰当使用文明用语。

第一节　文　明　用　语

语言是人们表达和交流思想感情的重要工具。文明用语，是一个人文明素养的表现。语言文明的基本要求是不说脏话、不讲胡话、不随意骂人，而代之以礼貌、诚恳、和气。文明用语是衡量一个人道德修养和文化水平的重要尺度。要清除语言中的"垃圾"，就要学会使用各种场合中的文明用语，态度诚恳亲切、说话和气，体现较高的文化素养。

经典素材

如果你失去了今天，你不算失败，因为明天会再来。

如果你失去了金钱，你不算失败，因为人生的价值不在钱袋。

如果你失去了文明，你是彻彻底底的失败，因为你已经失去了做人的真谛。

周恩来总理一向被人们称为礼貌待人的楷模。有一次，周总理请一位理发师给他刮脸，一不小心，刮了一个小口子，师傅忙说："对不起。"总理笑着宽慰他："没关系，没关系。"事后，总理还一再向那位师傅道谢，尽力消除了他的顾虑。

开启解读

中华民族自古以来就是文明古国，礼仪之邦。在日常生活中，我们应该使用文明用语，养成良好的语言习惯，不说脏话，待人礼貌，与人和睦相处。在接待中，接打电话时，各种场合都应该掌握并使用文明用语，处处体现作为中华民族龙的传人的优良素养。

一、日常生活中的文明用语

1. 日常生活中与人交往使用的礼貌用语：请、您、您好、谢谢、对不起、很抱歉、没关系、再见等。对他人提出要求时说"请"；与人打招呼时说"您好"；与人分别时说"再见"；给人添麻烦时说"对不起"；别人向自己致歉时回答说"没关系"；受到别人帮助表示感谢时说"谢谢"；接受感谢时说"不客气"。

2. 尊称(敬称)。对长辈、友人或初识者称"您"；对师长、社会工作人员要称呼职务或"老师""师傅""同志""叔叔""阿姨"等，不直呼其姓名。

二、接待中的文明用语

1. 接待三声：来有迎声，问有答声，去有送声。

2. 文明五句：问候语"你好"，请求语"请"，感谢语"谢谢"，抱歉语"对不起"，道别语"再见"。

3. 热情三到：眼到、口到、意到。

例如：(1) 欢迎您(指导工作)！

(2) 请问您找哪位？

(3) 您需要帮助吗？

(4) 请稍等，我(他、她)马上就来！

(5) 对不起，他(她)暂时不在，我能帮您吗？

(6) 请稍等，我帮您联系一下。

(7) 那好，待我们研究之后尽快答复您。

(8) 我还能为您做些什么？

(9) 今天开会(学习)，请改天再来好吗？

(10) 请您先回去，待我办好(落实)后再通知您。

三、接打电话的文明用语

接打电话时，要迅速准确地接听，要有喜悦的心情，要有清晰明朗的声音，等别人把话说完，注意挂电话前的礼貌。

例如：(1) 您好，请问是××学校吗？请问××同志在吗？(请帮我找一下××同志。)

(2) 您好，这里是××学校政教处(教务处)，请问您找哪位？(请问您有什么事？)

(3) 对不起，他(她)暂时不在，有事需要我转告吗？方便的话，请您留下联系方式。

(4) 对不起，我们这里没有这位同志，您是不是打错(电话)了？

四、文明体态语言

文明体态语言包括微笑、鞠躬、握手、招手、鼓掌、右行礼让等。

1. 微笑。微笑是对他人表示友好的表情，嘴角微微上翘。微笑是一种文明礼仪，能充分体现一个人的热情、修养和魅力，应养成微笑的好习惯。

2. 鞠躬。鞠躬是下级对上级、晚辈对长辈、个人对群体的礼节。行鞠躬礼时，脱帽、立正、双目注视对方，面带微笑，然后身体上部向前倾斜自然弯下15—30度左右，低头，眼向下看。有时为深表谢意，上体前倾可再深些。

3. 握手。握手是与人见面或离别时最常用的礼节，也是向人表示感谢、慰问、礼贺或鼓励时的礼节。握手前起身站立，戴手套的话摘下手套，用右手与对方右手相握，双目注视前方，面带微笑。一般情况下，握手不必用力，老朋友间可握得深些、久些或边问候边紧握双手。多人同时握手不要交叉，待别人握后再伸手，依次相握。

正确的握手方法：四指并拢，大拇指朝上，握住对方的长指关节，中间空，上下微握两三次即可。时间以3秒左右为宜。力度不宜过大，也不宜毫无力度。

4. 招手。招手是在公共场合远距离遇到相识的人或送别离去的客人,举手打招呼并点头致意。招手时手臂微屈,手掌伸开摆动。

5. 鼓掌。鼓掌是表示喜悦、欢迎、感激的礼节。双手手掌有节奏地相击,鼓掌要适时适度。

6. 右行礼让。在校园、上下楼梯、楼道或街道上行走时,靠右侧行进。遇到师长、客人、老、幼、妇、残、军人进出房门时,主动开门侧立,让其先行。

各抒己见

1. 我们应该在什么时候使用生活中的文明用语?

2. 接待中我们应该怎么做,怎么说?

3. 接、打电话时,我们应该怎么说?

4. 怎样将文明的体态语言运用在我们的实际生活工作之中?

心灵感言

说话文明,举止文雅,是中华民族的传统美德。一个人,如果能够出口成章,滔滔不绝,语重心长又能催人奋发,就不仅展示了他深厚的文化功底,更体现了他高尚的品德素养。一句温暖的话语,一个体贴的眼神,看似微不足道,实则意义深远。三国时期,诸葛亮以他的《出师表》一文,淋漓尽致地表达了他报效蜀国的赤诚之心和经天纬地的治国方略。然而,又有谁不被他文中优美的语言所感动呢?以至于它成为了中国文学史上留下的众多美文之一。三十年前,一句"小平您好!",之所以能够传遍大江南北,深入千家万户,就在于它语言的质朴和真切,既饱含了全国人民对邓小平改革开放的肯定与拥护,也表达了特区人民对邓小平的无限崇敬和爱戴。

每个人来到这个世界的那一刻起,就需要别人的爱抚、安慰、体谅、关怀,都渴望真诚的友情和相互帮助。当我们快乐时,需要和别人分享;有痛苦烦恼时,需要向别人倾诉;有了困难时需要别人的帮助。同样在与人交往中,也需要宽容,虚怀若谷,海纳百川,对人友爱、理解,不埋怨、不嫉恨、不猜疑。得理让人,失理道歉,真诚地与人相处,与人为善,相互尊重,相互信任。有时一声"您好"会给别人带来一天的好心情,一句"谢谢"拉近了人们之间的距离,一声"对不起"能化解剑拔弩张的冲突,一个"没关系"等于给人吹去阵阵温润的春风。让我们都行动起来,让"请、您好、谢谢、对不起、没关系、再见"这些文明用语成为我们的日常用语,让我们每一个人都用友好、诚恳的态度待人,用热情、大方的举止处事,给他人带来愉快和谐,让世界充满爱的温馨,让文明礼貌之花竞相绽放。

相关链接

· 小·故·事·

列 宁 让 路

有一次,列宁同志下楼,在楼梯狭窄的过道上,正碰见一个女工端着一盆水上楼。那女工一看是列宁,就要退回去给让路。列宁阻止她说:"不必这样,你端着东西已走了半截,而我现在空手,请你先过去吧!"他把"请"字说得很响亮,很亲切。然后自己紧靠着墙,让女工上楼了,他才下楼。

孔 融 让 梨

孔融(153—208),鲁国人(今山东曲阜),是东汉末年著名的文学家,建安七子之一,他的文学创作深受魏文帝曹丕的推崇。据史书记载,孔融幼时不但非常聪明,而且还是一个注重兄弟之礼、互助友爱的典型。

孔融四岁的时候,常常和哥哥一块吃梨。每次,孔融总是拿一个最小的梨子。有一次,父亲看见了,问道:"你为什么总是拿小的而不拿大的呢?"孔融说:"我是弟弟,年龄最小,应该吃小的,大的还是让给哥哥吃吧!"

孔融小小年纪就懂得兄弟姐妹相互礼让、相互帮助、团结友爱的道理,使全家人都感到惊喜。从此,孔融让梨的故事也就流传千载,成为团结友爱的典范。

礼 仪 顺 口 溜

与人相见说"您好",问人姓氏说"贵姓",问人住址说"府上"。
仰慕已久说"久仰",长期未见说"久违",求人帮忙说"劳驾"。
向人询问说"请问",请人协助说"费心",请人解答说"请教"。
求人办事说"拜托",麻烦别人说"打扰",求人方便说"借光"。
请改文章说"斧正",接受好意说"领情",求人指点说"赐教"。
得人帮助说"谢谢",祝人健康说"保重",向人祝贺说"恭喜"。
老人年龄说"高寿",身体不适说"欠安",看望别人说"拜访"。
请人接受说"笑纳",赠人书画说"惠存",欢迎购买说"惠顾"。
希望照顾说"关照",赞人见解说"高见",归还物品说"奉还"。
请人赴约说"赏光",对方来信说"惠书",自己住家说"寒舍"。
需要考虑说"斟酌",无法满足说"抱歉",请人谅解说"包涵"。
言行不妥"对不起",慰问他人说"辛苦",迎接客人说"欢迎"。
宾客来到说"光临",等候别人说"恭候",没能迎接说"失迎"。
客人入座说"请坐",陪伴朋友说"奉陪",临分别时说"再见"。
中途先走说"失陪",请人勿送说"留步",送人远行说"平安"。
初次见面说"幸会",等候别人说"恭候",请人帮忙说"烦请"。

素养训练

1. 日常生活中的表示尊敬的文明用语有哪些?

2. 接待中的"接待三声""文明五句""热情三到"分别指什么?

3. 请在横线上填出正确的文明用语。

求人办事说"_____",麻烦别人说"_____",
求人方便说"_____",请改文章说"_____",
接受好意说"_____",求人指点说"_____",
言行不妥说"_____",慰问他人说"_____",
迎接客人说"_____",宾客来到说"_____",
等候别人说"_____",没能迎接说"_____"。

4. 请写出下列不同场合中使用的两个字的敬辞谦语。

(1) 想托人办事,可以说"请您帮帮忙",也可以说"_____您了"。

(2) 请人原谅,可以说"请原谅""请谅解",也可以说"请您_____"。

(3) 询问长者年龄,可以说"您多大岁数",也可说"您老人家_____"。

(4) 邀请朋友到家里做客,可以说"下午我在家里等您来",也可以说"下午我在家_____您"。

(5) 把自己的作品送给别人,可以在书上写"请您多提意见",也可以写"××先生_____"。

(6) 探望朋友,可以说"特意来看您",更文雅一点,也可以说"特意登门_____"。

第二节 教师语言

净化语言环境,推行文明用语,规范教师语言,既是教师为人师表的需要,又是教师加强自身师德修养、提高素质、完善形象的需要。为进一步提高教师职业道德水平,树立教师良好的社会形象,我们提出了"教师文明用语""教师忌语"。教师应自觉遵守职业道德规范要求,做到文明用语,为人师表,努力提高自身道德修养,真正做到"依法执教,廉洁从教,文明施教,严谨治教"。

经典素材

公元前521年春,孔子得知他的学生宫敬叔奉鲁国国君之命,要前往周朝京都洛阳去朝拜天子,觉得这是个向周朝守藏史老子请教"礼制"学识的好机会,于是征得鲁昭公的同意后,与宫敬叔同行。到达京都的第二天,孔子便徒步前往守藏史府去拜望老子。正在书写《道德经》的老子听说誉满天下的孔丘前来求教,赶忙放下手中刀笔,整顿衣冠出迎。孔子见大门里出来一位年逾古稀、精神矍铄的老人,料想便是老子,急趋向前,恭恭敬敬地向老子行了弟子礼。进入大厅后,孔子再拜后才坐下来。老子问孔子为何事而来,孔子离座回答:"我学识浅薄,对古代的'礼制'一无所知,特地向老师请教。"老子见孔子这样诚恳,便详细地抒发了自己的见解。

回到鲁国后,孔子的学生们请求他讲解老子的学识。孔子说:"老子博古通今,通礼乐之源,明道德之归,确实是我的好老师。"同时还打比方赞扬老子,他说:"鸟儿,我知道它能飞;鱼儿,我知道它能游;野兽,我知道它能跑。善跑的野兽我可以结网来逮住它,会游的鱼儿我可以用丝条缚在鱼钩来钓到它,高飞的鸟儿我可以用良箭把它射下来。至于龙,我却不能够知道它是如何乘风云而上天的。老子,他就像龙一样啊!"

作为著名的思想家、教育家、儒家学派的创始人,孔子被人们尊称为"孔圣人"。这样一位声名显赫的圣人,在对待自己的老师和学生的时候,仍然谦虚讲礼、用语文明,确实是我们学习的榜样。

开启解读

教师的责任重于泰山。作为教师,肩负着教书育人的责任,更具有为人师表的榜样作用。教师的一言一行都在潜移默化地影响着孩子们,所以,要做一名合格的教师,首先应该语言合格。文明规范的语言是教师的基本素养,掌握教师的文明用语,绝不使用教师的忌语,是每位教师必须做到的。

一、教师语言的基本要求

亲切、和蔼、文明、雅致。

二、教师语言的规范要求

一要讲普通话。国家推广普通话,不仅汉字、民族语言文字的书写要标准、规范,同时口头语言也要规范,发音要标准,要让别人听懂。

二要讲文明话。与那些不文明的语言划清界限,除了不使用不规范的语言外,还要注意语言上避免"脏、乱、差"。讲文明话的另外一种含义就是要使用规范的礼貌用语,尊重别人也是尊重自己。

三要讲现代语。语言随着时代在发展变化,语言交流要与时俱进,有现代感。教师即便在教学古诗文,亦要用现代语言来解读,不能使用文言话语讲授,因为现代生活中不需要文言交流了。

四要讲直白话。要直白而形象,浅显易懂,以理服人,不要玄奥晦涩、枯燥乏味,以至于让别人不理解也不想听。

三、教师语言的具体要求

第一,教师的语言要纯洁、文明、健康。语言纯洁,就是要讲普通话。语言文明,就是用语要文雅、优美,语调要和谐、悦耳,语气要亲切、和蔼,使学生听后能产生愉快感,乐于接受教师的教诲。语言健康,就是在使用语言时,忌用一切低级、粗俗的污言秽语。苏霍姆林斯基指出:"对语言美的敏感性,是促使孩子精神世界高尚的一股巨大力量。这种敏感性,是人的文明的一个源泉所在。"因此,要启迪学生心灵,陶冶学生情操,教师就要用醇美的语言去触动学生心弦,给学生以美的享受,使其形成纯洁、文明、健康的心灵世界。

第二,教师的语言要准确、鲜明、简练。所谓准确,就是要观点明确,语意清晰,发音标准,遣词得当,造句符合文法,推理符合逻辑。所谓鲜明,是指语言要褒贬分明,饱含真情实感。所谓简练,是指语言言简意赅。这样的语言才会具有感染力和吸引力,才能够像春雨一样流入学生的心田,同时把美好的思想和科学的知识一道灌溉进去。

第三,教师的语言要有激励性。语言作为一种感人的力量,它真正的美离不开言辞的热情、诚恳和富于激励性,因此,教师一定要努力把活生生的灵感和思想贯彻到自己的话语中去,使"情动于中而言溢于表",从而"打动学生的心,使学生产生强烈的共鸣,受到强烈的感染"。

第四,教师的语言要有启发性。教师的语言要含蓄、幽默、富于启发性。让学生置身于语言美的环境和氛围之中,学生就会心情愉快,兴味盎然,思维敏捷,从而收到良好的教育和教学效果。

四、教师文明语言美的要求

1. 声音美:语调、语声不能太高,速度要适中,发音要标准。

2. 谈吐美:表情要专注,动作要适度。

3. 境界美:格调要高雅,有上进之心,掌握真知,有科学民主精神。

五、教师语言十戒

1. 戒套话;2. 戒谩骂;3. 戒恐吓;4. 戒侮辱;5. 戒讽刺;

6. 戒训斥;7. 戒妄言;8. 戒埋怨;9. 戒哀求;10. 戒利诱。

六、教师文明语言举例

1. 你回答得真好(真棒、真了不起),老师向你学习!

2. 你学习上肯动脑,有进步,老师真为你高兴。

3. 请你回答这个问题……请坐下。

4. 没关系,不懂的问题提出来,问老师,老师会再讲解一遍的。

5. 别紧张,再仔细想想。

6. 请你振作精神,专心听讲好吗?

7. 你应该相信自己不比别人差,你马上会赶上大家的。

8. 你违反了纪律,这样做到底对不对? 课后我们谈谈好吗?

9. 相信自己,试一试!

10. 同学们表现得都很出色,老师为你们高兴!

11. 每个同学都有自己的闪光点,希望同学们努力发扬自己的优点,克服自己的缺点!

12. 请多动脑筋,你是个聪明的同学!

13. 你很聪明,只要你努力,就会成为一名优秀的学生!

14. 如果你再细心些,就更好了!

15. 你进步了,我真为你高兴!

七、教师忌语举例

1. 我要是你早不活了!

2. 你真笨! 你真傻!

3. 看见你,我就烦!

4. 谁教你谁倒霉。

5. 回家让你妈带你检查,是不是弱智!

6. 你这孩子无药可救。

7. 坐下,你真笨! 不知道,干嘛举手,总是耽误大家的时间!

8. 您的孩子没法教,领走吧!

9. 闭嘴! 我不想听你说。

10. 讨厌,不要脸!

11. 你长眼睛干什么用的呀!

12. 你有病呀!

13. 住嘴,不要再说了。

14. 一边待着去。

15. 我看你这辈子算是完了。

16. 讲了多少遍了还不会,真是个榆木疙瘩。

17. 明天让家长写一份保证书,再犯错误,干脆别上学啦!

18. 老师就是老师,老师说什么都是对的,你不听就别来上学!

19. 再不改,就把你家长叫过来。

20. 看你长不长记性。

21. 不懂人话。

22. 你给我出去!

23. 你给我站起来。

24. 你这么坐不住,是不是多动症呀!

25. 跟头猪似的,怎么那么懒呀!

26. 你简直就是个白痴!

27. 一边站着去,想通了再找我!

28. 谁再不给我好好学,就请你家长来。

各抒己见

1. 教师应该使用文明语言吗? 为什么?

2. 教师文明语言的具体要求是什么?

3. 教师的忌语为何忌说,会带来哪些危害?

心灵感言

孔子曾说过:"不学礼,无以立。"中国是一个有着悠久历史的文明古国,素有礼仪之邦的美称。文明礼貌并非个人生活的小事,而是一个国家社会风尚的真实反映,是一个民族道德素质水平和精神文明程度的标志。作为未来教师的我们更应该将这一优良传统发扬光大。

相关链接

·小·故·事

曾 子 避 席

"曾子避席"出自《孝经》,是一个非常著名的故事。曾子是孔子的弟子,有一次他在孔子身边侍坐,孔子就问他:"以前的圣贤之王有至高无上的德行,精要奥妙的理论,用来教导天下之人,人们就能和睦相处,君王和臣下之间也没有不满,你知道它们是什么吗?"曾子听了,明白老师孔子是要指点他最深刻的道理,于是立刻从坐着的席子上站起来,走到席子外面,恭恭敬敬地回答道:"我不够聪明,哪里能知道,还请老师把这些道理教给我。"

在这里,"避席"是一种非常礼貌的行为,当曾子听到老师要向他传授时,他站起身来,走到席子外向老师请教,是为了表示他对老师的尊重。曾子懂礼貌的故事被后人传诵,很多人都向他学习。

程 门 立 雪

杨时是北宋时的才子,南剑州将乐人(今属福建)。中了进士后,他放弃做官,继续求学。

程颢、程颐兄弟俩是当时很有名望的大学问家,洛阳人,同是北宋理学的奠基人。他们的学说为后来的南宋朱熹所继承,世称程朱学派。

杨时仰慕二程的学识,投奔洛阳程颢门下,拜师求学,四年后程颢去世,又继续拜程颐为师。这时他年已四十,仍尊师如故,刻苦学习。一天,大雪纷飞,天寒地冻,杨时碰到疑难问题,便冒着凛冽的寒风,约同学游酢一同前往老师家求教。当他来到老师家,见老师正坐在椅子上睡着了,他不忍打搅,怕影响老师休息,就静静地侍立门外等候。当老师一觉醒来时他们的脚下已积雪一尺深了,身上飘满了雪。老师忙把两人请进屋去,为他们讲学。

后来,"程门立雪"成为广为流传的尊师典范。

素养训练

作为未来的幼儿教师,以下文明用语和忌语,你了解多少呢?哪些用语应该使用,在什么场合什么情况下使用呢?哪些用语应该注意忌用,你知道吗?

一、说一说:幼儿教师文明用语

(一)教师对幼儿的文明用语

1. 请……好吗?

2. 你真棒。你真能干。

3. 你真是个有礼貌的好孩子。

4. 这个想法很不错。

5. 老师很喜欢你这样做。

6. 想想看,还能怎么样?

7. 你们觉得怎样做会更好?

8. 今天的表现真不错。

9. 有什么事,可以告诉老师吗?

10. 我们做好朋友,好吗?

11. 做错了事不要紧,改正了还是好孩子。

12. 摔倒了,没关系,勇敢地爬起来。

13. 别哭,我来帮你,好吗?

14. 请认真吃饭,乖宝宝是不挑食的。

15. 你真爱动脑筋,老师真为你高兴。

16. 没关系,再仔细想想。

17. 老师相信你一定行。

18. 老师相信你可以做得更好。

19. 不着急,咱们一起试试。

20. 你想一想这样做对不对?

21. 对不起,是老师做错了。

22. 你又改正了一个小缺点,大家真为你高兴。

23. 你一定很想跟他道歉,是吗?

24. 朋友有了困难,我想你一定会去帮助的。

25. 你能大胆、清楚地讲给大家听吗?

26. 别担心,说错了也不要紧。

27. 你能和别人说得不一样吗?

28. 你的衣服穿得很整洁,我真喜欢你。

29. 你不光想到自己,还会想到别人,大家都很喜欢你。

30. 你玩玩,我玩玩,大家一起玩。

(二)幼儿教师对家长的文明用语

1. 您的孩子表现不错。

2. 你的孩子今天情绪不太好,好好和他(她)谈谈。

3. 真对不起,由于我们的疏忽,您孩子的头上撞了一个包。

4. 请您放心,我们会照顾好您的孩子。

5. 请相信孩子的能力,他(她)会做好的。

6. 您的孩子一直有进步,只是……还需要努力。

7. 谢谢您对我们工作的支持。

8. 谢谢您的理解,这是我们应该做的。

9. 耽误你一点时间,我想和你交流一下孩子的情况。

10. 请家长不要着急,孩子偶尔犯错是难免的,我们一起来慢慢引导他(她)。

11. 孩子之间的问题可以让他们自己来解决,放心吧,他们会成为好朋友的。

12. 我们非常欣赏您这样直言不讳的家长,您的建议我们会考虑的。

13. 我们向您推荐好的育儿知识读物,您一定有收获的,孩子也会受益。

14. 幼儿园的食谱是营养配餐,为了他(她)的身体健康,我们一起来帮他(她)改掉挑食的习惯,让他(她)吃饱吃好。

15. 您的孩子最近经常迟到,我担心他(她)会错过许多好的活动,我们一起来帮他(她)好吗?

16. 您的孩子最近没有来园,老师和小朋友都很想他(她),真希望早点见到他(她)。

17. 您有这样的心情我很理解,等我们冷静下来再谈好吗?

18. 您有什么想法,我们可以坐下来谈谈,都是为了孩子好。

19.近期我们要举行家长开放日活动,相信有您的参与和支持,会使活动更精彩。

20.谢谢您的提醒!我查查看,了解清楚了再给您答复好吧?

(三)幼儿教师对同事的文明用语

1.对不起,我认为,这事的解决办法是……

2.您的方法很值得我学习。

3.别着急,再想一想,肯定有办法的。

4.我能说说我的想法吗?

5.看来在这个问题上我们有不同看法,还需进一步商讨。

6.你的想法很独到!

7.让我们共同学习、共同进步。

8.对不起,我没听明白,请你再讲一遍。

9.不用谢,这是我应该做的。

10.今天她不在,有什么事我可以帮你转告。

二、想一想:幼儿教师忌语

(一)幼儿教师对幼儿忌语

1.就知道哭,没出息!

2.一点小事就爱打小报告。

3.就你事儿多!

4.你怎么那么讨厌呢!

5.看见你,我就烦!

6.闭嘴!我不想听你说。

7.再说话就别吃饭了。

8.说了一百遍了还不改掉这臭毛病。

9.不听话叫别的老师带走。

10.不睡觉等会儿别起床了。

11.再打人就让小朋友都不跟你玩。

12.坐下,你真笨!怎么连这么简单的问题都不会?

13.讲了多少遍还不会,真是个笨蛋。

14.打电话叫你爸爸妈妈不要来接了。

15.你的小耳朵到哪里去了?老是不听清楚问题。

16.××小朋友什么都很能干,而你呢?

17.怎么不说话了,你哑巴了?

18.就这么一点点疼,喊什么?

19.别人都会,就你不会。

20.你给我听着,不许……不许……

(二)幼儿教师对家长忌语

1.你的孩子今天又打人了。

2.你的孩子太吵了。

3.老师拿你的孩子没办法。

4.你们家长在家也该管一管孩子了。

5.怎么那么迟来接?

6. 你的孩子什么都不会。

7. 他今天在教室里乱跑的时候头上撞了一个包。

8. 你走吧，让他自己吃。

9. 午睡不睡觉，还影响别人。

10. 在家不要再给他喂饭了，他是吃饭最慢的一个。

（三）幼儿教师对同事忌语

1. 不知道，问别人去。

2. 今天你带班，这事该你做。

3. 又不是我带班，关我什么事。

4. 连这么简单的事都办不好。

5. 你怎么做事老拖拖拉拉的。

6. 我就是这个态度，你去找领导好了。

7. 这事我不知道，你别问我。

8. 我正忙着，你眼睛没看见啊？

9. 你唠叨什么，要你来指挥我。

10. 不是和你讲过了吗？怎么还问？

 **思考讨论**

1. "良言一句三冬暖，恶语伤人六月寒。"作为未来的幼儿教师，我们应该怎样与人沟通？

2. 你认为幼师生的"高颜值"，可以从哪些方面去塑造？

拓展阅读

语言的魅力

第四章
文字素养

内容提示

在了解汉字的来源、构造、笔画、笔顺常识的基础上，能把握汉字形、音、义三要素，并能掌握常用字词、常见多音字。另外，还要了解成语、熟语的来源、组成，成语与四字普通词语的区别等相关知识，并能把浩如烟海的成语进行分类记忆，扩大词汇量。

素养目标

1. 提高认准字音、正确书写和运用汉字的能力，感受中华民族对世界文明作出的重大贡献，增强民族自豪感和自信心。

2. 在了解词语、成语的基础上记忆成语及新词，扩大词汇量，正确使用，提升语言技能，增强文化底蕴。

第一节　魅力汉字

经典素材

"赢"的写法解读：少说废话（亡、口），珍惜时间（月），不浪费钱财（贝），做一个平凡的人（凡），那就"赢"得了人生。这就是"赢"的写法。

开启解读

汉字大约形成于夏商之交，是刻在龟甲和兽骨上的，至今已有3 000多年的历史了。它是世界上唯一使用至今的表意文字，看到某一个汉字的字形，我们就会联想到它的读音和字义。这就是汉字的魅力。认识汉字的标准是：读准字音，写对字形，明了字义和懂得用法。

一、汉字的形体演变

汉字起源于甲骨文。汉字的形体演变，大致经历了三次大的变革：一是由商代的甲骨文、周代的金文和籀文发展为秦代的小篆；二是由秦代的小篆发展为汉代的隶书；三是由汉代的隶书发展为魏晋以后的草书、楷书和行书。汉字从甲骨文到小篆可统称为古文字阶段，从隶书到草书、楷书、行书可统称为今文字阶段。

二、汉字的笔画

汉字是由一笔一画构成的方块字，写字的时候，由起笔到抬笔，叫作"一笔"或"一画"，通称"笔画"。

汉字的笔画虽然只有"点、横、竖、撇、捺、提、竖钩、弯钩、斜钩、卧钩、竖弯、竖弯钩、竖提、横钩、横折、横折钩、横撇、撇折、撇点、横折弯钩、竖折、竖折折钩、横折提、横折折撇、横撇弯钩、横折折折钩、横折弯、竖折撇"二十八种，但可以组成的字达数万个。

三、笔顺规则

汉字先写哪一笔，后写哪一笔是有一定顺序的。这种笔画的书写顺序叫笔顺。基本的笔顺如下。

1. 先横后竖，如"十、干、土"字；

2. 先撇后捺，如"八、人、入"字；

3. 从上到下，如"三、豆、爽"字；

4. 从左到右，"地、做、江"字；

5. 从外到内，如"月、同、句"字；

6. 从内到外，如"函、廷、建"字；

7. 先里头后封口，如"国、日、田"字；

8. 先中间后两边，如"山、小、水"字。

四、汉字的造字法

1. 象形字：用模拟事物外部形状的造字法造出的字就是象形字，如"日、月、水、火、目、牛、人"等。

2. 指事字：用象征性符号或在象形字上加提示符号来表示的字就是指事字，如"上、下、本、末、刃、甘、旦"等。

3. 会意字：根据意义之间的关系把两个或两个以上的独体字合成一个字，综合表示这些构字成分合成意义的字就是会意字，如"从、众、采、休、林、森、尖、尘、炎、焱、燚、磊、晶"等。

4. 形声字：利用形符和声符组成的字就是形声字。形符是字的意义，声符是字的读音。同一个形符和不同的声符结合，可以构成许多意义相关的字。例如，用"木"作形符，可以组成"棹、楫、桨、桃、梅、梨、枝、株、棵"等与树木有关的形声字。同一个声符和不同的形符结合，又可以构成许多声音相同或相近而意义不同的字，例如，用"耑"作声符，可以组成"颛、湍、惴、踹、揣、喘、端、瑞"等字。现代汉字中有90%都属于形声字。

形声字的形符和声符的结合方式常见的有八种。

(1) 左形右声，如"湖、唱、肌、详"等。

(2) 右形左声，如"领、雌、功、邵"等。

(3) 上形下声，如"字、雪、篱、崔"等。

(4) 下形上声，如"盂、裘、斧、赏"等。

(5) 声占一角，如"旗、徙、徒、旄"等。

(6) 形占一角，如"载、颖、腾、佞"等。

(7) 外形内声，如"园、阁、衷、衔"等。

(8) 内形外声，如"闻、哀、辨、问"等。

在上述八种类型的形声字中，最常见的是左形右声。

五、汉字的形、音、义三要素

汉字是集字形、字音和字义三者于一体的表意文字，是最富有联想的智慧文字，它的独特魅力是永远不能改变，也是无可替代的。汉字表义能力特别强，它像一幅图画，看惯了这些字，看到的瞬间就能萌发联想，甚至产生情感，使人的认识迅速发生变化。例如："休"——"一个人靠着一棵树，在干什么呢？休息呀！"汉字是形、音、义三者的统一体，形是字的形体，音是字的读音，义是字的含义。对于每一个汉字来说，既要读准字音，又要写对字形，还要明了字义和懂得用法，才能算真正掌握了汉字。

各抒己见

袁鹰的《汉字的魅力》中说:"中文汉字,是我们华夏民族几千年文化的瑰宝,也是我们终身的良师益友,每个人的精神家园。"结合你学习汉字的体验,举例谈谈汉字中蕴藏着怎样的文化信息。

素养训练

1. 你能说出汉字的哪些偏旁部首? 请书写出来。

2. 请说出下列汉字的笔画,并正确写出它们的笔顺。

门:	及:
万:	义:
长:	火:
片:	区:
为:	心:
北:	凸:
凹:	考:
垂:	皮:

3. 加减换算游戏。

(1) 加一加游戏。

"凡、几、山、麻、水、开、它、龙、广、马"能共同加的偏旁是(　　　　)。

"上、下、士、太、亡、共、莫、千、寸、不"能共同加的偏旁是(　　　　)。

(2) 换一换游戏。

你能把"漂"保留住声符"票"而换出带有其他偏旁的哪些字来?

(　　　　　　　　　　)

你能将"杠"字的声符"工"与哪些形符组合成新字?

(　　　　　　　　　　)

(3) 减一减游戏。

你能设计出多少方法来让一个汉字减少一些笔画变成另外一个汉字?

(　　　　　　　　　　)

4. 下面是从3 500个常用字中精选出来的960个汉字。请你大声认读,若遇不会读的,请查字典注上拼音,组成词语,并利用写字课,正确美观地书写。

第一组

皑(　)	蔼(　)	碍(　)	隘(　)
鞍(　)	氨(　)	航(　)	盎(　)
敖(　)	熬(　)	翱(　)	袄(　)
懊(　)	澳(　)	捌(　)	疤(　)
拔(　)	跋(　)	靶(　)	稗(　)
瓣(　)	襃(　)	梆(　)	绑(　)
磅(　)	傍(　)	谤(　)	雹(　)
鲍(　)	狈(　)	惫(　)	泵(　)
迸(　)	蔽(　)	庇(　)	痹(　)

敝（　）	弊（　）	辨（　）	辩（　）
辫（　）	膘（　）	憋（　）	瘪（　）
濒（　）	滨（　）	摈（　）	柄（　）
秉（　）	炳（　）	菠（　）	拨（　）
铂（　）	箔（　）	舶（　）	渤（　）
埠（　）	怖（　）	惭（　）	糙（　）

第二组

槽（　）	蹭（　）	茬（　）	碴（　）
搭（　）	岔（　）	豺（　）	挽（　）
掺（　）	蝉（　）	馋（　）	谗（　）
缠（　）	猖（　）	偿（　）	敞（　）
巢（　）	掣（　）	澈（　）	忱（　）
撑（　）	橙（　）	惩（　）	逞（　）
骋（　）	侈（　）	驰（　）	弛（　）
翅（　）	炽（　）	崇（　）	酬（　）
畴（　）	踌（　）	筹（　）	稠（　）
躇（　）	锄（　）	雏（　）	滁（　）
储（　）	矗（　）	搐（　）	触（　）
喘（　）	幢（　）	捶（　）	锤（　）
醇（　）	淳（　）	蠢（　）	戳（　）
绰（　）	疵（　）	磁（　）	瓷（　）
赐（　）	凑（　）	醋（　）	簇（　）

第三组

蹿（　）	篡（　）	摧（　）	瘁（　）
粹（　）	淬（　）	搓（　）	挫（　）
傣（　）	殆（　）	怠（　）	耽（　）
掸（　）	氮（　）	惮（　）	诞（　）
祷（　）	蹬（　）	瞪（　）	嫡（　）
涤（　）	抵（　）	蒂（　）	缔（　）
掂（　）	碘（　）	靛（　）	垫（　）
佃（　）	惦（　）	奠（　）	淀（　）
殿（　）	凋（　）	跌（　）	碟（　）
蝶（　）	谍（　）	锭（　）	侗（　）
恫（　）	痘（　）	犊（　）	赌（　）
镀（　）	墩（　）	钝（　）	遁（　）
掇（　）	哆（　）	垛（　）	跺（　）
舵（　）	剁（　）	惰（　）	堕（　）
峨（　）	讹（　）	扼（　）	遏（　）

第四组

饵（　）	贰（　）	筏（　）	阀（　）
藩（　）	樊（　）	贩（　）	诽（　）
焚（　）	氛（　）	敷（　）	孵（　）
辐（　）	幅（　）	袱（　）	辅（　）
釜（　）	脯（　）	腑（　）	覆（　）
阜（　）	讣（　）	缚（　）	概（　）
溉（　）	赣（　）	篙（　）	膏（　）
糕（　）	搁（　）	鸽（　）	胳（　）
疙（　）	庚（　）	羹（　）	埂（　）
耿（　）	梗（　）	恭（　）	龚（　）
垢（　）	辜（　）	菇（　）	箍（　）
蛊（　）	剐（　）	鄂（　）	寡（　）
褂（　）	棺（　）	罐（　）	灌（　）
逛（　）	瑰（　）	硅（　）	癸（　）
刽（　）	辊（　）	裹（　）	骸（　）

第五组

氦（　）	骇（　）	酣（　）	憨（　）
翰（　）	撼（　）	捍（　）	憾（　）
悍（　）	焊（　）	壕（　）	嚎（　）
郝（　）	阂（　）	涸（　）	赫（　）
褐（　）	鹤（　）	衡（　）	烘（　）
喉（　）	侯（　）	瑚（　）	蝴（　）
唬（　）	弧（　）	猾（　）	滑（　）
槐（　）	徊（　）	桓（　）	痪（　）
豢（　）	宦（　）	蝗（　）	簧（　）
凰（　）	惶（　）	煌（　）	幌（　）
恍（　）	徽（　）	晦（　）	贿（　）
秽（　）	讳（　）	荤（　）	豁（　）
惑（　）	畸（　）	稽（　）	缉（　）
棘（　）	辑（　）	籍（　）	汲（　）
嫉（　）	冀（　）	伎（　）	悸（　）

第六组

荚（　）	颊（　）	稼（　）	笺（　）
缄（　）	茧（　）	碱（　）	槛（　）
鉴（　）	饯（　）	溅（　）	浆（　）
疆（　）	桨（　）	酱（　）	搅（　）
矫（　）	侥（　）	缴（　）	绞（　）

剿（ ）	_____	酵（ ）	_____	轿（ ）	_____	窖（ ）	_____
秸（ ）	_____	截（ ）	_____	劫（ ）	_____	捷（ ）	_____
睫（ ）	_____	竭（ ）	_____	藉（ ）	_____	诫（ ）	_____
筋（ ）	_____	襟（ ）	_____	谨（ ）	_____	靳（ ）	_____
烬（ ）	_____	荆（ ）	_____	兢（ ）	_____	茎（ ）	_____
鲸（ ）	_____	境（ ）	_____	镜（ ）	_____	痉（ ）	_____
靖（ ）	_____	炯（ ）	_____	窘（ ）	_____	揪（ ）	_____
灸（ ）	_____	咎（ ）	_____	疚（ ）	_____	鞠（ ）	_____
狙（ ）	_____	疽（ ）	_____	驹（ ）	_____	踽（ ）	_____

第七组

掘（ ）	_____	爵（ ）	_____	钧（ ）	_____	峻（ ）	_____
竣（ ）	_____	浚（ ）	_____	郡（ ）	_____	骏（ ）	_____
揩（ ）	_____	慨（ ）	_____	堪（ ）	_____	勘（ ）	_____
慷（ ）	_____	糠（ ）	_____	柯（ ）	_____	磕（ ）	_____
抠（ ）	_____	寇（ ）	_____	窟（ ）	_____	胯（ ）	_____
侩（ ）	_____	框（ ）	_____	眶（ ）	_____	盔（ ）	_____
肖（ ）	_____	窥（ ）	_____	葵（ ）	_____	魁（ ）	_____
傀（ ）	_____	馈（ ）	_____	愧（ ）	_____	廓（ ）	_____
婪（ ）	_____	阑（ ）	_____	澜（ ）	_____	谰（ ）	_____
揽（ ）	_____	缆（ ）	_____	溢（ ）	_____	琅（ ）	_____
榔（ ）	_____	酪（ ）	_____	烙（ ）	_____	涝（ ）	_____
蕾（ ）	_____	儡（ ）	_____	擂（ ）	_____	肋（ ）	_____
棱（ ）	_____	楞（ ）	_____	篱（ ）	_____	荔（ ）	_____
栗（ ）	_____	砾（ ）	_____	俐（ ）	_____	痢（ ）	_____
沥（ ）	_____	璃（ ）	_____	镰（ ）	_____	涟（ ）	_____

第八组

敛（ ）	_____	链（ ）	_____	撩（ ）	_____	僚（ ）	_____
燎（ ）	_____	寥（ ）	_____	潦（ ）	_____	撂（ ）	_____
镣（ ）	_____	磷（ ）	_____	鳞（ ）	_____	凛（ ）	_____
赁（ ）	_____	菱（ ）	_____	凌（ ）	_____	陵（ ）	_____
琉（ ）	_____	榴（ ）	_____	瘤（ ）	_____	垄（ ）	_____
拢（ ）	_____	陇（ ）	_____	搂（ ）	_____	篓（ ）	_____
漏（ ）	_____	陋（ ）	_____	颅（ ）	_____	庐（ ）	_____
掳（ ）	_____	卤（ ）	_____	虏（ ）	_____	麓（ ）	_____
碌（ ）	_____	赂（ ）	_____	潞（ ）	_____	禄（ ）	_____
戮（ ）	_____	履（ ）	_____	屡（ ）	_____	缕（ ）	_____
氯（ ）	_____	滤（ ）	_____	峦（ ）	_____	挛（ ）	_____
孪（ ）	_____	滦（ ）	_____	掠（ ）	_____	抡（ ）	_____
沦（ ）	_____	纶（ ）	_____	螺（ ）	_____	逻（ ）	_____

锣（　）	箩（　）	骡（　）	裸（　）
钠（　）	囊（　）	挠（　）	淖（　）

第九组

馁（　）	妮（　）	霓（　）	倪（　）
匿（　）	腻（　）	逆（　）	溺（　）
蔫（　）	拈（　）	撵（　）	捻（　）
酿（　）	捏（　）	聂（　）	孽（　）
啮（　）	镊（　）	涅（　）	柠（　）
狞（　）	凝（　）	拧（　）	泞（　）
虐（　）	疟（　）	挪（　）	懦（　）
糯（　）	诺（　）	瞒（　）	蛮（　）
莽（　）	锚（　）	铆（　）	卯（　）
茂（　）	贸（　）	酶（　）	霉（　）
镁（　）	昧（　）	寐（　）	媚（　）
萌（　）	檬（　）	盟（　）	锰（　）
靡（　）	糜（　）	谜（　）	弥（　）
泌（　）	幂（　）	眠（　）	冕（　）
娩（　）	缅（　）	藐（　）	抿（　）

第十组

悯（　）	闽（　）	螟（　）	铭（　）
谬（　）	摹（　）	蘑（　）	膜（　）
牟（　）	拇（　）	募（　）	慕（　）
睦（　）	穆（　）	鸥（　）	殴（　）
藕（　）	呕（　）	沤（　）	帕（　）
琶（　）	徘（　）	湃（　）	磐（　）
畔（　）	刨（　）	袍（　）	胚（　）
赔（　）	陪（　）	沛（　）	抨（　）
硼（　）	膨（　）	坯（　）	霹（　）
披（　）	劈（　）	琵（　）	毗（　）
痞（　）	譬（　）	瓢（　）	撇（　）
瞥（　）	聘（　）	粕（　）	蒲（　）
埔（　）	圃（　）	浦（　）	曝（　）
瀑（　）	栖（　）	漆（　）	柒（　）
沏（　）	歧（　）	畦（　）	崎（　）

第十一组

脐（　）	祈（　）	祁（　）	契（　）
砌（　）	迄（　）	讫（　）	掐（　）
洽（　）	乾（　）	黔（　）	钳（　）

遣（　）	谴（　）	埑（　）	嵌（　）
歉（　）	羌（　）	蔷（　）	橇（　）
锹（　）	鞘（　）	撬（　）	翘（　）
峭（　）	钦（　）	擒（　）	沁（　）
倾（　）	擎（　）	氰（　）	酉（　）
泗（　）	蛆（　）	颧（　）	痊（　）
券（　）	瘸（　）	鹊（　）	榷（　）
壤（　）	攘（　）	嚷（　）	韧（　）
妊（　）	纫（　）	戎（　）	茸（　）
熔（　）	绒（　）	蠕（　）	孺（　）
褥（　）	蕊（　）	撒（　）	萨（　）
腮（　）	叁（　）	搔（　）	瑟（　）

第十二组

涩（　）	筛（　）	珊（　）	删（　）
煽（　）	擅（　）	赡（　）	膳（　）
汕（　）	缮（　）	晌（　）	裳（　）
邵（　）	赊（　）	赦（　）	摄（　）
慑（　）	娠（　）	慎（　）	渗（　）
甥（　）	虱（　）	柿（　）	拭（　）
嗜（　）	噬（　）	恃（　）	枢（　）
赎（　）	曙（　）	黍（　）	戍（　）
墅（　）	庶（　）	漱（　）	栓（　）
吮（　）	舜（　）	朔（　）	烁（　）
肆（　）	嗣（　）	伺（　）	怂（　）
讼（　）	擞（　）	酥（　）	粟（　）
傈（　）	溯（　）	蒜（　）	隋（　）
绥（　）	髓（　）	穗（　）	隧（　）
崇（　）	笋（　）	琐（　）	挞（　）

第十三组

蹋（　）	酞（　）	坍（　）	瘫（　）
滩（　）	檀（　）	袒（　）	搪（　）
淌（　）	绦（　）	藤（　）	誊（　）
剔（　）	锑（　）	惕（　）	涕（　）
剃（　）	恬（　）	舔（　）	腆（　）
眺（　）	铤（　）	桐（　）	酮（　）
瞳（　）	彤（　）	湍（　）	颓（　）
蜕（　）	褪（　）	臀（　）	鸵（　）
陀（　）	驮（　）	驼（　）	椭（　）
皖（　）	惋（　）	婉（　）	腕（　）

桅（　）	萎（　）	蔚（　）	慰（　）
綮（　）	涡（　）	钨（　）	芜（　）
梧（　）	捂（　）	坞（　）	晤（　）
熙（　）	锡（　）	膝（　）	烯（　）
溪（　）	汐（　）	犀（　）	隙（　）

第十四组

辖（　）	眼（　）	锹（　）	衔（　）
舷（　）	涎（　）	嫌（　）	腺（　）
镶（　）	襄（　）	橡（　）	霄（　）
嚣（　）	淆（　）	啸（　）	楔（　）
蝎（　）	挟（　）	携（　）	械（　）
卸（　）	懈（　）	忻（　）	蚺（　）
腥（　）	猩（　）	惺（　）	邢（　）
锈（　）	酗（　）	恤（　）	絮（　）
喧（　）	癣（　）	眩（　）	绚（　）
靴（　）	熏（　）	驯（　）	殉（　）
逊（　）	衙（　）	阉（　）	衍（　）
堰（　）	砚（　）	唁（　）	焰（　）
殃（　）	鸯（　）	佯（　）	疡（　）
漾（　）	瑶（　）	椰（　）	掖（　）
曳（　）	腋（　）	揖（　）	颐（　）

第十五组

胰（　）	沂（　）	彝（　）	邑（　）
屹（　）	臆（　）	逸（　）	疫（　）
诣（　）	翌（　）	绎（　）	鹰（　）
缨（　）	莹（　）	萤（　）	荧（　）
赢（　）	臃（　）	雍（　）	踊（　）
蛹（　）	恿（　）	悠（　）	铀（　）
釉（　）	盂（　）	榆（　）	虞（　）
舆（　）	逾（　）	隅（　）	屿（　）
禹（　）	域（　）	芋（　）	峪（　）
御（　）	裕（　）	豫（　）	驭（　）
鸳（　）	渊（　）	垣（　）	缘（　）
苑（　）	耘（　）	郧（　）	陨（　）
蕴（　）	酝（　）	糟（　）	躁（　）
燥（　）	噪（　）	贼（　）	憎（　）
铡（　）	闸（　）	栅（　）	榨（　）

第十六组

斋（　）	瞻（　）	毡（　）	崭（　）

蘸（　）	栈（　）	湛（　）	绽（　）
樟（　）	彰（　）	漳（　）	瘴（　）
障（　）	罩（　）	肇（　）	遮（　）
蛰（　）	辙（　）	蔗（　）	斟（　）
臻（　）	狰（　）	拯（　）	帧（　）
趾（　）	挚（　）	掷（　）	峙（　）
秩（　）	炙（　）	痔（　）	滞（　）
盅（　）	诌（　）	肘（　）	皱（　）
瞩（　）	蛀（　）	贮（　）	铸（　）
拽（　）	撰（　）	赚（　）	篆（　）
撞（　）	赘（　）	锥（　）	椎（　）
坠（　）	缀（　）	拙（　）	琢（　）
酌（　）	灼（　）	滋（　）	淄（　）
籽（　）	淬（　）	渍（　）	纂（　）

相关链接

一、常见多音字450个

第一组

(1) 啊 ā(表惊异或赞叹)，á(表追问)，ǎ(表惊疑)，à(应诺、赞叹或惊异、明白过来)，a(表示赞叹、催促语气)。

(2) 阿 ā(用在排行或姓之前,某些亲属名称前)，ē(阿胶)。

(3) 艾 ài(艾草)，yì(自怨自艾)。

(4) 扒 bā(扒车)，pá(扒手)。

(5) 吧 bā(象声词;酒吧)，ba(助词)。

(6) 把 bǎ(把柄)，bà(把子)。

(7) 耙 bà(耙田)，pá(耙子)。

(8) 柏 bǎi(柏油;姓)，bó(柏林)，bò(黄柏)。

(9) 膀 bǎng(肩膀)，bàng(吊膀子)，pāng(膀肿)，páng(膀胱)。

(10) 蚌 bàng(河蚌)，bèng(蚌埠)。

(11) 剥 bāo(剥皮)，bō(剥削)。

(12) 薄 báo(薄饼)，bó(薄产)，bò(薄荷)。

(13) 堡 bǎo(堡垒)，bǔ(堡子)，pù(多用于地名)。

(14) 背 bēi(背负)，bèi(后背)。

(15) 奔 bēn(奔走)，bèn(奔命)。

(16) 绷 bēng(绷带)，běng(绷脸)。

(17) 辟 bì(辟谷)，pì(辟谣)。

(18) 臂 bì(臂力)，bei(胳臂)。

(19) 扁 biǎn(扁桃体)，piān(扁舟)。

(20) 便 biàn(方便)，pián(便宜)。

(21) 别 bié(别人)，biè(别扭)。

(22) 瘪 biē(瘪三),biě(干瘪)。

(23) 伯 bó(伯伯),bǎi(大伯子)。

(24) 泊 pō(湖泊),bó(停泊)。

(25) 卜 bǔ(占卜),bo(萝卜)。

(26) 采 cǎi(采访),cài(采邑)。

(27) 参 cān(参加),cēn(参差),shēn(人参)。

(28) 藏 cáng(躲藏),zàng(宝藏)。

(29) 侧 cè(侧面),zè(同"仄"),zhāi(侧歪)。

(30) 叉 chā(叉车),chá(表示挡住),chǎ(叉腿)。

(31) 长 cháng(长短),zhǎng(生长)。

(32) 嘲 cháo(嘲笑),zhāo(嘲哳)。

(33) 称 chèn(称心),chēng(称量),chèng(秤杆)。

(34) 差 chā(差别),chà(差不多),chāi(出差),cī(参差)。

(35) 拆 chāi(拆卸),cā(拆烂污)。

(36) 颤 chàn(颤抖),zhàn(颤栗)。

(37) 厂 chǎng(厂房),ān(同"庵")。

(38) 朝 cháo(朝鲜),zhāo(朝阳)。

(39) 车 chē(汽车),jū(象棋的棋子)。

(40) 乘 chéng(乘法),shèng(指史书;古代四匹马拉的车)。

(41) 匙 chí(汤匙),shi(钥匙)。

(42) 尺 chǐ(尺子),chě(音阶上的一级,相当于简谱的"2")。

(43) 冲 chōng(冲击),chòng(冲床)。

(44) 仇 chóu(仇恨),qiú(姓)。

(45) 臭 chòu(臭味),xiù(乳臭)。

(46) 揣 chuāi(揣手),chuǎi(揣测),chuài(挣揣)。

(47) 传 chuán(传统),zhuàn(传记)。

(48) 撮 cuō(撮合),zuǒ(一撮毛)。

(49) 瘩 dá(瘩背),da(疙瘩)。

(50) 大 dà(大小),dài(大夫)。

第二组

(51) 逮 dǎi(指"抓"的意思),dài(逮捕)。

(52) 担 dān(担任),dǎn(同"掸"),dàn(担子)。

(53) 掸 dǎn(掸灰),shàn(古代称傣族;缅甸的民族之一)。

(54) 幢 chuáng(幢幢),zhuàng(量词)。

(55) 创 chuāng(创伤),chuàng(创造)。

(56) 绰 chuò(宽绰),chāo(同"焯")。

(57) 刺 cì(刺杀),cī(象声词)。

(58) 答 dā(答应),dá(回答)。

(59) 打 dá(一打),dǎ(打击)。

(60) 待 dāi(待一会儿),dài(等待)。

(61) 单 dān(单位)，chán(单于)，shàn(单县；姓)。

(62) 弹 dàn(子弹)，tán(弹压、弹射)。

(63) 当 dāng(当然)，dàng(当铺)。

(64) 挡 dǎng(抵挡)，dàng(摒挡)。

(65) 倒 dǎo(打倒)，dào(倒车)。

(66) 蹬 dēng(蹬腿)，dèng(蹭蹬)。

(67) 得 dé(得到)，děi(指需要)，de(助词)。

(68) 翟 zhái(姓)，dí(姓)。

(69) 的 dì(目的)，dí(的确)，de(助词)。

(70) 底 dǐ(彻底)，de(助词，同"的")。

(71) 地 dì(土地)，de(助词)。

(72) 佃 diàn(佃户)，tián(指耕种田地，也指田猎)。

(73) 调 tiáo(调整)，diào(调查)。

(74) 丁 dīng(甲乙丙丁)，zhēng(象声词)。

(75) 钉 dīng(钉子)，dìng(钉纽扣)。

(76) 斗 dǒu(斗笔)，dòu(斗争)。

(77) 都 dōu(都是)，dū(首都)。

(78) 读 dú(读书)，dòu(句读)。

(79) 肚 dǔ(肚子)，dù(肚脐)。

(80) 度 dù(度量)，duó(忖度)。

(81) 蹲 dūn(蹲点)，cún(蹲了腿)。

(82) 敦 dūn(伦敦)，duì(指古代盛粮食的器具)。

(83) 囤 tún(囤积)，dùn(粮食囤)。

(84) 垛 duǒ(名词)，duò(动词)。

(85) 蛾 é(蛾子)，yǐ(同"蚁")。

(86) 恶 ě(恶心)，è(罪恶)，wū(同"乌")，wù(可恶)。

(87) 发 fā(发现)，fà(头发)。

(88) 番 fān(番邦)，pān(番禺)。

(89) 繁 fán(繁多)，pó(姓)。

(90) 坊 fāng(坊间)，fáng(指小手工业者的工作场所)。

(91) 菲 fēi(芳菲)，fěi(菲薄)。

(92) 分 fēn(分析)，fèn(本分)。

(93) 冯 féng(姓)，píng(暴虎冯河)。

(94) 缝 féng(缝补)，fèng(缝隙)。

(95) 佛 fú(仿佛)，fó(佛教)。

(96) 否 fǒu(否定)，pǐ(否极泰来)。

(97) 夫 fū(夫人)，fú(指示词、代词、助词)。

(98) 父 fǔ(渔父)，fù(父亲)。

(99) 服 fú(服务)，fù(一服药)。

(100) 脯 fǔ(果脯)，pú(胸脯)。

第三组

(101) 盖 gài(盖子),gě(指姓)。

(102) 杆 gān(杆子),gǎn(秤杆)。

(103) 嘎 gā(象声词),gá(嘎调),gǎ(同"尜")。

(104) 干 gān(干净),gàn(干部),qián(同"乾")。

(105) 岗 gāng(同"冈"),gǎng(岗位)。

(106) 膏 gāo(膏药),gào(指加上油或蘸墨)。

(107) 镐 gǎo(镐锹),hào(周朝初年的国都)。

(108) 搁 gē(搁浅),gé(搁不住)。

(109) 革 gé(革命),jí(指危急)。

(110) 葛 gé(葛布),gě(姓)。

(111) 蛤 há(蛤蟆),gé(蛤蚧)。

(112) 各 gè(各个),gě(〈方〉特别)。

(113) 给 gěi(给以,给力),jǐ(给予)。

(114) 更 gēng(更新),gèng(更加)。

(115) 估 gū(估计),gù(估衣)。

(116) 勾 gōu(勾结),gòu(勾当)。

(117) 句 jù(句子),gōu(同"勾")。

(118) 观 guān(观察),guàn(道观)。

(119) 广 guǎng(广大),ān(同"庵")。

(120) 过 guō(姓),guò(过去)。

(121) 哈 hā(哈气),hǎ(姓;斥责),hà(哈什蚂)。

(122) 夯 hāng(夯实),bèn(同"笨")。

(123) 好 hǎo(友好),hào(爱好)。

(124) 号 háo(号叫),hào(号角)。

(125) 喝 hē(喝水),hè(喝彩)。

(126) 荷 hé(荷包),hè(负荷)。

(127) 何 hé(何必),hè(同"荷")。

(128) 核 hé(核心),hú(核儿)。

(129) 和 hé(和气),hè(应和),hú(和牌),huó(和面),huò(和弄)。

(130) 貉 hé(动物名),háo(貉绒),mò(同"貊")。

(131) 嘿 hēi(嘿嘿),mò(同"默")。

(132) 哼 hēng(哼哧),hng(表不满意或不相信,如"哼,你信他的!")。

(133) 横 héng(横竖),hèng(蛮横)。

(134) 虹 hóng(彩虹),jiàng(同"虹")。

(135) 侯 hóu(侯爵),hòu(闽侯〈地名〉)。

(136) 哄 hōng(哄传),hǒng(哄骗),hòng(起哄)。

(137) 红 hóng(红色),gōng(女红)。

(138) 糊 hū(填补缝子或窟窿),hú(糊涂),hù(样子像粥的食物)。

(139) 哗 huā(象声词),huá(喧哗)。

(140) 华 huá(中华;近年也有读作姓的),huà(姓)。

(141) 划 huá(划算),huà(计划)。

(142) 还 hái(还有),huán(回还)。

(143) 晃 huǎng(晃眼),huàng(晃动)。

(144) 会 huì(会议),kuài(会计)。

(145) 混 hún(混蛋),hùn(混淆)。

(146) 豁 huō(豁口),huò(豁达)。

(147) 稽 jī(稽查),qǐ(稽首)。

(148) 缉 jī(缉拿),qī(缉鞋口)。

(149) 几 jī(几乎),jǐ(几个)。

(150) 济 jǐ(济南),jì(救济)。

第四组

(151) 纪 jǐ(姓),jì(纪律;近年也有读作姓的)。

(152) 夹 jiā(夹子),jiá(夹克),gā(夹肢窝)。

(153) 家 jiā(家里),jie(整天家)。

(154) 假 jiǎ(假如),jià(假条)。

(155) 贾 jiǎ(姓),gǔ(商贾)。

(156) 价 jià(价钱),jiè(传递东西或书信的人),jie(成天价)。

(157) 监 jiān(监视),jiàn(国子监)。

(158) 间 jiān(时间),jiàn(间隔)。

(159) 槛 kǎn(门槛),jiàn(槛车)。

(160) 见 jiàn(看见),xiàn(同"现")。

(161) 渐 jiān(渐染),jiàn(逐渐)。

(162) 将 jiāng(将来),jiàng(将士)。

(163) 浆 jiāng(浆洗),jiàng(同"糨")。

(164) 降 jiàng(降低),xiáng(投降)。

(165) 嚼 jué(咀嚼),jiáo(嚼舌),jiào(倒嚼)。

(166) 脚 jiǎo(脚步),jué(同"角")。

(167) 角 jiǎo(牛角),jué(角色)。

(168) 教 jiāo(教书),jiào(教育)。

(169) 节 jié(节约),jiē(节骨眼)。

(170) 桔 jié(桔梗),jú("橘"的俗称)。

(171) 解 jiě(解放),jiè(押解),xiè(姓)。

(172) 芥 jiè(芥菜),gài(芥蓝菜)。

(173) 仅 jǐn(仅仅),jìn(指将近的意思)。

(174) 禁 jīn(禁不住),jìn(禁止)。

(175) 尽 jǐn(尽管),jìn(尽力)。

(176) 颈 jǐng(颈项),gěng(脖颈儿)。

(177) 咀 jǔ(咀嚼),zuǐ(同"嘴")。

(178) 沮 jǔ(沮丧),jù(沮洳〈rù〉)。

(179) 据 jù(据点),jū(拮据)。

(180) 锯 jù(锯齿),jū(同"铜")。

(181) 卷 juǎn(卷轴),juàn(卷子)。

(182) 倔 jué(倔强),juè(头脑倔)。

(183) 均 jūn(平均),yùn(同"韵")。

(184) 菌 jūn(细菌),jùn(菌类)。

(185) 浚 jùn(疏浚),xùn(浚县)。

(186) 咖 kā(咖啡),gā(咖喱)。

(187) 卡 kǎ(卡车),qiǎ(卡住)。

(188) 咯 kǎ(咯血),gē(象声词),lo(助词)。

(189) 看 kān(看守),kàn(看见)。

(190) 扛 káng(扛枪),gāng(扛鼎)。

(191) 坷 kē(坷垃),kě(坎坷)。

(192) 壳 ké(贝壳),qiào(地壳)。

(193) 咳 ké(咳嗽),hāi(叹词)。

(194) 可 kě(可以),kè(可汗)。

(195) 吭 kēng(吭声),háng(引吭高歌)。

(196) 空 kōng(空气),kòng(空闲)。

(197) 括 kuò(括号),guā(挺括)。

(198) 拉 lā(推拉),lá(指"割"的意思)。

(199) 蜡 là(蜡烛),zhà(古代的年终祭祀)。

(200) 腊 là(腊月),xī(指干肉)。

第五组

(201) 郎 láng(新郎),làng(屎壳郎)。

(202) 姥 lǎo(姥姥),mǔ(指年老的妇人)。

(203) 勒 lēi(勒紧),lè(勒令)。

(204) 乐 lè(乐意;姓),yuè(音乐;姓)。

(205) 累 léi(累赘),lěi(积累),lèi(劳累)。

(206) 擂 léi(擂鼓),lèi(擂台)。

(207) 丽 lì(美丽),lí(高丽)。

(208) 哩 lī(哩哩啦啦),lǐ(指英里),li(助词)。

(209) 凉 liáng(凉爽),liàng(把热的东西冷一会儿使之降温)。

(210) 量 liáng(量体裁衣),liàng(力量)。

(211) 撩 liāo(撩起),liáo(撩拨)。

(212) 潦 liáo(潦草),lǎo(路上的积水或雨水大)。

(213) 了 liǎo(了解),le(助词)。

(214) 裂 liè(分裂),liě(裂着怀)。

(215) 令 líng(令狐,姓),lìng(命令),lǐng(量词)。

(216) 溜 liū(溜冰),liù(大溜)。

(217) 馏 liú(蒸馏),liù(把凉了的熟食蒸热)。

(218) 隆 lóng(隆重),lōng(黑咕隆咚)。

(219) 搂 lǒu(搂抱),lōu(搂钱)。

(220) 碌 lù(忙碌),liù(碌碡)。

(221) 露 lù(暴露),lòu(露脸)。

(222) 率 lù(效率),shuài(率领)。

(223) 抡 lūn(抡拳),lún(抡材)。

(224) 纶 lún(腈纶),guān(纶巾)。

(225) 落 luò(沦落),là(丢三落四),lào(落枕)。

(226) 络 luò(活络),lào(络子)。

(227) 埋 mái(埋藏),mán(埋怨)。

(228) 脉 mài(脉搏),mò(脉脉含情)。

(229) 蔓 màn(藤蔓),mán(蔓菁),wàn(瓜蔓)。

(230) 氓 máng(流氓),méng(古代称百姓)。

(231) 猫 māo(熊猫),máo(猫腰)。

(232) 冒 mào(冒险),mò(冒顿 dú〈人名〉)。

(233) 么 me(词语的后缀),yāo(同"幺"),ma(同"吗")。

(234) 没 méi(没有),mò(淹没)。

(235) 闷 mēn(闷热),mèn(沉闷)。

(236) 蒙 mēng(蒙骗),méng(蒙蔽),měng(蒙古)。

(237) 靡 mí(奢靡),mǐ(望风披靡)。

(238) 糜 mí(糜烂),méi(糜子)。

(239) 秘 mì(秘书),bì(秘鲁)。

(240) 模 mó(模型),mú(模样)。

(241) 磨 mó(打磨),mò(磨坊)。

(242) 摩 mó(摩擦),mā(摩挲)。

(243) 抹 mā(抹布),mǒ(抹杀),mò(抹石灰)。

(244) 牟 móu(牟取,姓),mù(牟平〈地名〉)。

(245) 哪 nǎ(哪里),né(哪吒),na(助词)。

(246) 那 nà(那里),nā(姓)。

(247) 娜 nà(用于人名),nuó(婀娜)。

(248) 难 nán (难度),nàn(苦难)。

(249) 囊 náng (囊括),nāng(囊膪)。

(250) 呢 ne(助词),ní(呢喃)。

第六组

(251) 泥 ní(泥泞),nì(拘泥)。

(252) 溺 nì(溺爱),niào(同"尿")。

(253) 尿 niào(尿素),suī(尿脬)。

(254) 宁 níng(归宁),nìng(宁可)。

(255) 拧 níng(拧绳子),nǐng (拧螺丝),nìng(拧脾气)。

(256) 疟 nuè(疟疾),yào(疟子)。

(257) 哦 ó(叹词,表将信将疑),ò(叹词,表领会),é(吟哦)。

(258) 沤 ōu(浮沤),òu(沤麻)。

(259) 排 pái(排除),pǎi(排子车)。

(260) 胖 pàng(肥胖),pán(心宽体胖)。

(261) 刨 páo(刨根),bào(刨床)。

(262) 炮 páo(炮制),pào(大炮),bāo(炮羊肉)。

(263) 跑 páo(虎跑泉),pǎo(跑步)。

(264) 泡 pào(泡沫),pāo(泡桐)。

(265) 喷 pēn(喷泉),pèn(喷香)。

(266) 澎 pēng(方言"溅"的意思),péng(澎湃)。

(267) 片 piān(片子,唱片儿),piàn(片段)。

(268) 漂 piāo(漂流),piǎo(漂染),piào(漂亮)。

(269) 撇 piē(撇开),piě(撇嘴)。

(270) 苹 píng(苹果),pín(同"蘋")。

(271) 屏 píng(屏障),bǐng(屏除)。

(272) 魄 pò(魂魄),bó(落魄),tuò(落魄的又音)。

(273) 迫 pò(压迫),pǎi(迫击炮)。

(274) 铺 pū(铺设),pù(床铺)。

(275) 埔 pǔ(黄埔〈地名〉),bù(大埔〈地名〉)。

(276) 朴 pǔ(朴素),piáo(姓),pō(朴刀),pò(朴树)。

(277) 曝 pù(曝晒),bào(曝光)。

(278) 瀑 pù(瀑布),bào(瀑河〈水名〉)。

(279) 栖 qī(栖息),xī(栖栖)。

(280) 妻 qī(妻子),qì(把女子嫁给某人)。

(281) 奇 qí(奇怪),jī(奇数)。

(282) 齐 qí(整齐),zhāi(同"斋")。

(283) 契 qì(契约),xiè(用于人名)。

(284) 铅 qiān(铅球),yán(铅山〈地名〉)。

(285) 乾 qián(乾坤),gān(同"干")。

(286) 浅 qiǎn(浅薄),jiān(浅浅)。

(287) 呛 qiāng(因水或食物进入气管引起咳嗽),qiàng(有刺激性的气体进入呼吸器官而感觉难受)。

(288) 强 qiáng(强迫),qiǎng(勉强),jiàng(倔强)。

(289) 抢 qiāng(呼天抢地),qiǎng(抢劫)。

(290) 悄 qiāo(静悄悄),qiǎo(悄然)。

(291) 鞘 qiào(刀鞘),shāo(鞭鞘)。

(292) 翘 qiáo(翘首),qiào(翘起)。

(293) 切 qiē(切除),qiè(一切)。

(294) 茄 qié (茄子),jiā(雪茄)。

(295) 且 qiě(而且;姓),jū(助词;人名)。

(296) 亲 qīn(亲人),qìng(亲家)。

(297) 区 qū(区域),ōu(姓)。

(298) 曲 qū(弯曲),qǔ(曲子)。

(299) 圈 quān(圆圈),juàn(圈养)。

(300) 雀 què(麻雀),qiāo(雀子),qiǎo(家雀)。

第七组

(301) 嚷 rāng(嚷嚷),rǎng(叫嚷)。

(302) 任 rén(任丘〈地名〉;姓),rèn(任务)。

(303) 撒 sā(撒手),sǎ(撒落)。

(304) 塞 sāi(塞子),sài(边塞),sè(堵塞)。

(305) 散 sǎn(散文),sàn(散落)。

(306) 丧 sāng(丧事),sàng(丧失)。

(307) 扫 sǎo(打扫),sào(扫帚)。

(308) 色 sè(颜色),shǎi(掉色)。

(309) 莎 shā(用于人名、地名),suō(莎草)。

(310) 沙 shā(沙滩;姓),shà(方言"摇动")。

(311) 煞 shā(煞车),shà(煞费苦心)。

(312) 苫 shān(草苫子),shàn(苫布)。

(313) 杉 shān(水杉),shā(杉木)。

(314) 扇 shān(扇风),shàn(扇子)。

(315) 裳 shang(衣裳),cháng(霓裳)。

(316) 稍 shāo(稍微),shào(稍息)。

(317) 少 shǎo(多少),shào(少年)。

(318) 舍 shě(舍弃),shè(房舍)。

(319) 沈 shěn(沈阳;姓),chén(同"沉")。

(320) 甚 shén(同"什"),shèn(欺人太甚)。

(321) 省 shěng(节省),xǐng(反省)。

(322) 盛 shèng(盛大),chéng(盛饭)。

(323) 拾 shí(拾到),shè(拾级)。

(324) 什 shén(什么),shí(什锦)。

(325) 食 shí(食物),sì(拿东西给人吃)。

(326) 识 shí(识别),zhì(同"标志")。

(327) 氏 shì(姓氏),zhī(阏〈yān〉氏)。

(328) 熟 shú(熟悉),shóu(熟了)。

(329) 属 shǔ(亲属),zhǔ(属意)。

(330) 术 shù(手术),zhú(白术)。

(331) 数 shǔ(数来宝),shù(数字),shuò(数见不鲜)。

(332) 刷 shuā(刷子),shuà(刷白)。

(333) 衰 shuāi(衰老),cuī(同"缞")。

(334) 谁 shéi(疑问代词),shuí(shéi 的又音)。

(335) 说 shuō(说话),shuì(游说),yuè(同"悦")。

(336) 似 sì(似乎),shì(似的)。

(337) 擞 sǒu(抖擞)，sòu(擞火)。

(338) 宿 sù(宿命)，xiǔ(一宿)，xiù(星宿)。

(339) 遂 suí(半身不遂)，suì(遂心)。

(340) 缩 suō(退缩)，sù(缩砂)。

(341) 踏 tā(踏实)，tà(踏步)。

(342) 台 tāi(台州)，tái(台湾)。

(343) 苔 tāi(舌苔)，tái(苔藓)。

(344) 汤 tāng(汤锅；姓)，shāng(汤汤)。

(345) 倘 tǎng(倘若)，cháng(倘佯〈同"徜徉"〉)。

(346) 趟 tàng(一趟)，tāng(同"蹚")。

(347) 陶 táo(姓)，yáo(皋陶〈古人名〉)。

(348) 体 tǐ(体育)，tī(体己)。

(349) 挑 tiāo(挑选)，tiǎo(挑拨)。

(350) 帖 tiē(服帖)，tiě(请帖)，tiè(碑帖)。

第八组

(351) 通 tōng(通过)，tòng(量词；通红)。

(352) 同 tóng(同志；姓)，tòng(胡同)。

(353) 吐 tǔ(吞吐)，tù(呕吐)。

(354) 褪 tuì(褪色)，tùn(褪套儿)。

(355) 屯 tún(屯兵)，zhūn(屯邅)。

(356) 拓 tuò(开拓)，tà(拓片)。

(357) 哇 wā(哇啦)，wa(助词)。

(358) 瓦 wǎ(瓦特)，wà(瓦刀)。

(359) 万 wàn(万岁)，mò(万俟〈mòqí 姓〉)。

(360) 王 wáng(王法)，wàng(王天下)。

(361) 为 wéi(为难)，wèi(为什么)。

(362) 委 wěi(委婉)，wēi(委蛇 yí)。

(363) 尾 wěi(尾巴)，yǐ(特指马尾巴)。

(364) 尉 wèi(尉官)，yù(尉迟〈姓〉)。

(365) 蔚 wèi(蔚蓝)，yù(蔚县)。

(366) 挝 wō(老挝)，zhuā("敲、打"的意思)。

(367) 涡 wō(漩涡)，guō(涡河)。

(368) 乌 wū(乌龟)，wù(乌拉)。

(369) 铣 xǐ(铣削)，xiǎn(铣铁)。

(370) 洗 xǐ(洗涤)，xiǎn(姓)。

(371) 系 xì(系统)，jì(系带子)。

(372) 戏 xì(游戏)，hū(於戏)。

(373) 虾 xiā(鱼虾)，há(虾蟆〈同"蛤蟆"〉)。

(374) 鲜 xiān(新鲜)，xiǎn(鲜见)。

(375) 闲 xián(闲暇)，jiān(同"间")。

(376) 相 xiāng(互相),xiàng(丞相)。

(377) 校 xiào(学校),jiào(校对)。

(378) 肖 xiāo(姓),xiào(肖像)。

(379) 邪 xié(邪恶),yé(莫邪〈同"耶"〉)。

(380) 写 xiě(写作),xiè(写意)。

(381) 芯 xīn(灯芯),xìn(芯子)。

(382) 兴 xīng(兴旺),xìng(高兴)。

(383) 行 xíng(行动),háng(银行)。

(384) 畜 xù(畜牧),chù(畜生)。

(385) 旋 xuán(旋转),xuàn(旋风)。

(386) 压 yā(压迫),yà(压根儿)。

(387) 呀 yā(叹词),ya(助词)。

(388) 咽 yān(咽喉),yàn(咽气),yè(哽咽)。

(389) 研 yán(研究),yàn(同"砚")。

(390) 要 yāo(要求),yào(要领)。

(391) 掖 yē(掖入),yè(扶掖)。

(392) 叶 yè(叶子;姓),xié(叶韵)。

(393) 衣 yī(衣服;姓),yì("穿"的意思)。

(394) 遗 yí(遗失),wèi(遗赠)。

(395) 椅 yǐ(椅子),yī(山椅子)。

(396) 殷 yīn(殷切;姓),yān(殷红)。

(397) 饮 yǐn(饮水),yìn(饮驴)。

(398) 哟 yō(叹词),yo(助词)。

(399) 佣 yōng(雇佣),yòng(佣金)。

(400) 俞 yú(文言叹词表允许;姓),shù(同"腧",腧穴)。

第九组

(401) 有 yǒu(有幸),yòu(同"又")。

(402) 予 yú(予取予求),yǔ(给予)。

(403) 雨 yǔ(下雨),yù(下〈雨、雪等〉)。

(404) 与 yǔ(赠与),yú(同"欤"),yù(与会)。

(405) 语 yǔ(语言),yù(告诉)。

(406) 吁 yù(呼吁),xū(象声词)。

(407) 员 yuán(会员),yún(用于人名),yùn(姓)。

(408) 约 yuē(节约),yāo(用秤称)。

(409) 钥 yuè(锁钥),yào(钥匙)。

(410) 晕 yūn(晕厥),yùn(眩晕)。

(411) 咱 zán(咱们),zá(咱家〈早期白话的"我"〉),zan(词尾的合音)。

(412) 攒 zǎn(积攒),cuán(人头攒动)。

(413) 择 zé(选择),zhái(择菜)。

(414) 曾 zēng(曾祖),céng(曾经)。

(415) 扎 zhā(扎实),zhá(挣扎),zā(扎辫子)。

(416) 喳 zhā(叽叽喳喳),chā(打喳喳)。

(417) 轧 zhá(轧钢),yà(倾轧),gá(轧账)。

(418) 栅 zhà(栅栏),shān(栅极)。

(419) 咋 zhā(咋呼),zǎ(咋办),zé(咋舌)。

(420) 炸 zhá(油炸),zhà(炸弹)。

(421) 占 zhān(占卜),zhàn(占领)。

(422) 折 zhē(折腾),zhé(折磨),shé(折耗)。

(423) 挣 zhēng(挣扎),zhèng(挣脱)。

(424) 正 zhēng(正月),zhèng(正确)。

(425) 鲭 zhēng(鱼跟肉合在一起的菜),qīng(鱼的一种)。

(426) 症 zhēng(症结),zhèng(对症下药)。

(427) 吱 zhī(吱吱响),zī(同"滋")。

(428) 只 zhī(只身),zhǐ(只有)。

(429) 中 zhōng(中国),zhòng(中奖)。

(430) 种 zhǒng(种子),zhòng(种地)。

(431) 重 zhòng(重要),chóng(重新)。

(432) 拽 zhuāi(扔、抛),zhuài(生拉硬拽),yè(同"曳")。

(433) 转 zhuǎn(转变),zhuàn(旋转)。

(434) 赚 zhuàn(赚钱),zuàn(赚人)。

(435) 椎 zhuī(脊椎),chuí(椎鼓)。

(436) 琢 zhuó(雕琢),zuó(琢磨)。

(437) 着 zhuó(着装),zhāo(高着),zháo(着凉),zhe(走着)。

(438) 兹 zī(兹事体大),cí(龟兹)。

(439) 仔 zǐ(仔细),zǎi(牛仔)。

(440) 卒 zú(士卒),cù(同"猝")。

(441) 钻 zuān(钻研),zuàn(钻石)。

(442) 柞 zuò(柞树),zhà(柞水)。

(443) 作 zuò(工作),zuō(作坊)。

(444) 碴 chā(胡子拉碴),chá(找碴)。

(445) 倡 chāng(倡优),chàng(倡导)。

(446) 胳 gē(胳膊),gé(胳肢),gā(胳肢窝)。

(447) 喇 lā(呼喇),lá(哈喇子),lǎ(喇叭)。

(448) 炔 quē(炔烃〈tīng〉),guì(姓)。

(449) 辗 zhǎn(辗转),niǎn(碾坊)。

(450) 怔 zhēng(怔忡),zhèng(发怔)。

二、当代汉语出版物中最常见的 100 个别字

2005 年,素有"语林啄木鸟"之称的《咬文嚼字》杂志在创刊 10 周年之际,公布了《当代汉语出版物中最常见的 100 个别字》。这 100 个别字都是 10 年来出错频率最高的。据专家统计,若将这 100 个常见的别字纠正过来,现在出版物上的别字总量将减少一半以上(括号中为正确字)。

1. 按(安)装
2. 甘败(拜)下风
3. 自抱(暴)自弃
4. 针贬(砭)
5. 泊(舶)来品
6. 脉博(搏)
7. 松驰(弛)
8. 一愁(筹)莫展
9. 穿(川)流不息
10. 精萃(粹)
11. 重迭(叠)
12. 渡(度)假村
13. 防(妨)碍
14. 幅(辐)射
15. 一幅(副)对联
16. 天翻地复(覆)
17. 言简意骇(赅)
18. 气慨(概)
19. 一股(鼓)作气
20. 悬梁刺骨(股)
21. 粗旷(犷)
22. 食不裹(果)腹
23. 震憾(撼)
24. 凑和(合)
25. 侯(候)车室
26. 迫不急(及)待
27. 既(即)使
28. 一如继(既)往
29. 草管(菅)人命
30. 娇(矫)揉造作
31. 挖墙角(脚)
32. 一诺千斤(金)
33. 不径(胫)而走
34. 峻(竣)工
35. 不落巢(窠)臼
36. 烩(脍)炙人口
37. 打腊(蜡)
38. 死皮癞(赖)脸
39. 兰(蓝)天白云
40. 鼎立(力)相助
41. 再接再励(厉)

42. 老俩(两)口

43. 黄梁(粱)美梦

44. 了(瞭)望

45. 水笼(龙)头

46. 杀戳(戮)

47. 痉孪(挛)

48. 美仑(轮)美奂

49. 罗(啰)唆

50. 蛛丝蚂(马)迹

51. 萎糜(靡)不振

52. 沉缅(湎)

53. 名(明)信片

54. 默(墨)守成规

55. 大姆(拇)指

56. 沤(呕)心沥血

57. 凭(平)添

58. 出奇(其)不意

59. 修茸(葺)

60. 亲(青)睐

61. 磬(罄)竹难书

62. 入场卷(券)

63. 声名雀(鹊)起

64. 发韧(轫)

65. 搔(瘙)痒病

66. 欣尝(赏)

67. 谈笑风声(生)

68. 人情事(世)故

69. 有持(恃)无恐

70. 额首(手)称庆

71. 追朔(溯)

72. 鬼鬼崇崇(祟祟)

73. 金榜提(题)名

74. 走头(投)无路

75. 趋之若骛(鹜)

76. 迁徙(徙)

77. 洁白无暇(瑕)

78. 九宵(霄)云外

79. 渲(宣)泄

80. 寒喧(暄)

81. 弦(旋)律

82. 膺(赝)品

83. 不能自己(已)

84. 尤(犹)如猛虎下山

85. 竭泽而鱼(渔)

86. 滥芋(竽)充数

87. 世外桃园(源)

88. 脏(赃)款

89. 醮(蘸)水

90. 蛰(蜇)伏

91. 装祯(帧)

92. 饮鸠(鸩)止渴

93. 坐阵(镇)

94. 旁证(征)博引

95. 灸(炙)手可热

96. 九洲(州)

97. 床第(笫)之私

98. 姿(恣)意妄为

99. 编篡(纂)

100. 做(坐)月子

拓展阅读

奇妙回文诗

第二节　词 义 变 化

经典素材

片段一：

著名语言学家王力曾谈起过用错词语闹笑话的故事：一位青年干部写信给她的领导，最后一句是：敬祝首长千古！有一位在病床上写毕业论文，很想得到王力指导的青年，特向他写一封信，内有"我在弥留时给你写信"之语，王力啼笑皆非，便在复信时说："你在弥留之际，应该是快要断气了，怎么还能给我写信？"

片段二：

一位报社记者在一篇两会新闻报道中写道：每到三月，各省市推选出来的全国人大代表和政协委员都风尘仆仆地赶往北京，齐聚人民大会堂共商国事，造福人民。

这位记者没有弄清楚"国事"与"国是"的含义不同而用错了。虽然这两个词是近义同音词，都指国家的政务、政事，但两者同中有异："国事"是指国家的重大事务，也可泛指一般的国家事务。"国是"是指国家的重大政策，即指治理国家的大政大策。代表和委员在首都商议的是国家发展大计，应该用"国是"才对。

开启解读

一、词义变化

词义是词的语音形式所表达的意义，包括词的词汇意义和语法意义。社会在不断发展，社会生活在不断改变，人们对客观事物的认识不断发展和提高，由此反映客观事物或现象的词义也往往会发生变化。

学习词义，要了解词义的变化，以便能更准确恰当地理解和运用词语。词语意义的变化有以下三种。

（一）词义扩大

有些词的意义，古代比现代范围小。例如："江"，古代专指长江，现在泛指一切江河；"河"，古代专指黄河，现在泛指一切河流；"脸"，古代专指眼睛下面的一小部分，后来扩大到整个面部。

（二）词义缩小

有些词的意义，现代比古代范围小。例如："汤"，古代泛指热水，现在专指食物煮后所得的汁水，原义只在"赴汤蹈火"这样的成语里保留；"金"，原泛指一切金属，后来专指金子；"丈人"，古代是对老年男性的通称，现在专指岳父。

（三）词义转移

有些词的意义，现代和古代比起来，有了很大的转变。例如："乖"，原意是违背、不和谐，现在指小孩懂事、听话、机灵；"牺牲"，原指祭祀时用来做祭品的牲畜，现在指为了某种正义目的而舍弃生命或利益；"兵"，古代指武器，现在指军人、军队。

二、词的本义、基本义、引申义、比喻义

（一）本义、基本义

每个词都有它在造词之初存在的意义，这就是词的本义。词的本义是指词的最初意义，例如：

"走"的本义是"跑"，这个意义现在已经基本不用了，但还保留在成语"走马观花"里。

词的基本义是指词在现代汉语中较早出现的常用意义，"走"的基本义是"步行"。基本义是多义词最基本最常用的意义，一般不超出现代汉语的范围，本义是古代汉语要解决的问题。

词的基本义在现代汉语词典中，常常作为词的第一个义项提出。词的本义在古代汉语词典中，常常作为词的第一个义项提出。例如，"脚"，《现代汉语词典》注释的第一项是"人或动物的腿的下端，接触地面支持身体的部分"，《辞源》注释的第一项是"小腿"。

掌握词的基本义是了解多义词词义的基础，因为多义词的词义不管有多少项，都是从一个基本义直接或间接发展出来的。

（二）引申义

引申义是由词的基本义发展出来的意义。例如，打：(1) 用手或器具撞击物体：打鼓。(2) 器皿、蛋类因撞击而破碎：鸡飞蛋打。(3) 殴打，攻打：打架。(4) 发生与人交涉的行为：打官司。(5) 建造，修筑：打墙。(6) 制造(器物、食品)：打饼、打家具。(7) 搅拌：打糨子。(8) 捆：打绑腿。(9) 编织：打毛衣。(10) 涂抹，画，印：打问号。(11) 揭；凿开：打井。(12) 举，提：打伞。(13) 放射，发出：打信号。

（三）比喻义

比喻义是基本义通过比喻用法形成的固定意义。

例如，结晶：基本义是指由液态或气态形成晶体的现象，也可以指形成的晶体，其比喻义是"珍贵的成果"。

又如，包袱：基本义是包东西用的布，也指用布包起来的包，其比喻义是"影响思想或行动的负担"。词的比喻义往往是由词的比喻用法逐渐固定下来而形成的，词的比喻义与修辞上的比喻不同。比喻义是通过打比方的用法产生出来的新义，是词的一种已经固定下来的意义，而比喻则是临时使用的，离开一定的语言环境，这个意义就不存在了。

三、同义词的辨析

同义词因为意义相近而容易混淆，稍有不慎就会造成麻烦。在使用同义词时必须掌握它真正的用法，可以从词的意义、词的色彩、词的用法这三个方面来进行辨析。

（一）从词义方面辨析

1. 词义的范围大小不同。有些同义词虽然指的是同一事物，但是有的范围大，有的范围小。例如，事情：所指范围大，常泛指一切事。事件：突然发生的重大事情，范围较小。事故：偶然发生的事情或不幸的事情，范围小。

再如，以下几组相对应的词范围也有大小之分：

范围大：时代　战争　局面　边境

范围小：时期　战役　场面　边界

2. 词义的轻重不同。有些同义词表示事物概念虽然相同，但在某种特征或程度上，有轻重的差别。例如，请求：是一般的要求，含有尊重和坚定的意思。恳求：是恳切的要求，含有诚恳和迫切的意思，词义重。

再如以下几组：

词义轻：功劳　缺点　违背　失望

词义重：功勋　错误　背叛　绝望

3. 词义的侧重点不同。例如，屹立：着重高而稳。矗立：着重高而直。耸立：着重向上突出。

以下几组词表示的词义侧重点有所不同：

领会　稳定　爱护　侵占　精明　批判

领悟　稳固　爱惜　侵犯　精悍　批评

4. 词义有集体和个体的不同。有些同义词所指虽然是同一事物,但其中有的指个体,是具体的;有的指集体,是概括的。例如,信件:指很多的信,是集体概念。信:指具体一封一封的信,是个体概念。

以下几组词表示的意义有个体和集体的不同:

集体:书籍　树木　布匹　花卉　船只

个体:书　　树　　布　　花　　船

(二) 从色彩方面辨析

1. 感情色彩不同。有些同义词虽然基本意义相同,但是,有的是带有喜爱或赞美的褒义词,有的是带有憎恶或讽刺、谴责的贬义词,有的是不表示说话者对该事物的褒贬的中性词。例如:成果、结果、后果这一组词都有结局的意思,但是,"成果"是褒义词,"后果"是贬义词,"结果"是中性词。

以下几组词有褒义和贬义感情色彩的不同:

褒义:果断　团结　保护　依靠　鼓舞

贬义:武断　勾结　庇护　依赖　煽动

2. 语体色彩不同。有些词适用于口头语言,带有通俗的色彩;有些词适用于书面语言,带有庄重的风格色彩。有些口语词可以用在书面语中,书面语词则较少用在口语中。例如:

口语:妈妈　吓唬　小气　害怕　光临　走

书面语:母亲　恐吓　吝啬　畏惧　莅临　行走

(三) 从用法方面辨析

1. 词的搭配不同。有些词只和某些词搭配,形成了比较固定的搭配用法。例如:

交换:意见　礼物　资料

交流:思想　经验　物资

改进:工作　方法　技术

改善:关系　条件　生活

2. 词性和句法功能不同。有些同义词的不同往往体现在词性不同,在句子中充当的成分、所起的作用不同。例如:

阻碍:动词,在句子中主要充当谓语。

障碍:名词,在句子中主要充当主语和宾语。

忽然:副词,在句子中只能充当状语。

突然:形容词,在句子中主要充当谓语、定语和状语。

3. 适用对象不同。有些同义词的不同往往体现在适用的对象不同。例如:

肥:多适用于动物。

胖:多适用于人。

美:适用于女性。

帅:适用于男性。

赡养:适用于晚辈对长辈。

抚养:适用于长辈对晚辈。

各抒己见

下面是国家公务员考试冲刺强化训练的部分词义练习题,请选出正确词语,并说说理由。

1. 和我关系要好的同学很不平,执意拉着我去_____说我考试作弊的主考老师。

(问讯　诘责　讯问　询问)

2. 大禹因治水有功,得到了众多部落的拥戴和舜的_____,继舜之后担任了部落联盟的首领。

（相信　信任　信赖）

3. "八一篮球队"的 8 号选手的远投非常_____。　　　　　　　（精准　精确　准确）

4. 他的文章立意很好,行文也_____流畅。　　　　　　　　　（简洁　简捷）

5. 经过众多专家的会诊,王教授的头风病终于被_____了。　　　（祛除　驱除）

6. 从学校毕业走上工作岗位,并不意味学习的_____,而是要在新的条件下继续深入地学习。

（终止　中止）

素养训练

一、选词填空

(1) 她们唱得正高兴,谁都不肯_____。（停顿　停止）

(2) 他的成绩最好,但是他很谦虚,从来不_____自己。（夸奖　夸耀）

(3) 他取得_____的_____是勤奋好学。（成就　成绩；缘故　原因）

(4) 为了挽救这个_____的民族,他们曾_____斗争不息。（垂死　垂危；顽强　坚强）

(5) 她的音色美,音域宽,令人_____。（赞赏　称赞　赞叹　赞许）

(6) 欢乐的_____充满了_____礼堂。（空气　气氛；全部　整个　全）

(7) 由于时间_____,又有字数限制,所以内容过于_____。（匆忙　仓促；简略　简单）

二、选择

1. 依次填入下列各横线处的词语,恰当的一组是(　　)。

(1) 在总统选举投票现场门外,_____着各大新闻媒体的上百名记者。这些记者都是在等待接受"缉查犬"的检查,以探明是否携带武器。

(2) 如果没有丰富的生活积累与深厚的艺术功底,没有较高的语言文字修养,是很难写出高_____的作品来的。

(3) 曹操四言诗的雄浑,陶渊明田园诗的恬淡,自然受人称誉;而张旭草书的奇伟飞动,颜真卿楷书的厚重雄伟,也同样令人_____。

A. 云集　品味　赞叹　　　　　　B. 聚集　品位　赞扬

2. 依次填入下列各横线处的词语,恰当的一组是(　　)。

(1) 2 500 年前的孔子,曾对着_____的江水感叹:逝者如斯夫,不舍昼夜。站在千禧之年的门槛,我们更深刻地领悟到先哲的睿智。

(2) 营房各处_____的灯火,欢腾热闹的情景,使他又激动起来,回想起白天参加国庆大典的场面。

(3) 鲁迅作品,即使是纯属个人生活的回忆,也总能使我们有乐观、清醒的感受,得到深刻的_____。

A. 流逝　闪烁　启发　　　　　　B. 流逝　闪耀　启发

C. 流泻　闪烁　启示　　　　　　D. 流泻　闪耀　启发

3. 依次填入下列各横线处的词语,恰当的一组是(　　)。

有的作家说,要想使自己生活的扁舟轻驶,务必要让它_____的仅限于必不可少之物,不然轻则_____无以进,重则可能压沉自己的生活之舟。道理很明白,什么都舍不得撒手,往往_____什么都不得不_____。

A. 装载　徜徉　致使　割爱　　　B. 承载　徘徊　导致　舍弃

C. 装载　徘徊　致使　舍弃　　　D. 承载　徜徉　导致　割爱

相关链接

使用频率高的新词100个

1. 暗箱操作：利用职权暗地里办事,多指不公正、不合法的。

2. 八面来风：比喻来自四面八方的信息、意见和其他资源。

3. 冰山一角：所暴露出来的部分只是事物的一小部分。

4. 波澜不惊：比喻局面平静、形势平稳,没有什么变化或曲折。

5. 波涛汹涌：比喻热烈的场面、激烈的竞争、严峻的考验等意思。与"波澜不惊"相对。

6. 不归(之)路：来自台湾用语。生活或工作中永不后悔的抉择;走向死亡的道路(当前此义用得较多)。

7. 擦肩而过：双方近距离相对而过(差点碰着或差点遇上)。可以指人,也可以指物。

8. 尘埃落定：比喻事情经过许多变化,终于有了结果;或经过一阵混乱后将结果确定下来。

9. 乘势而上：利用有利的形势求得发展。

10. 重振雄风：在一度落后、衰退、沉寂之后,重新发达兴旺起来。与"雄风不再"相对。

11. 大跌眼镜：指对出乎意料的结果或不可思议的事物感到非常惊讶。

12. 第三只眼：亦作天眼,引申为换个角度看问题。

13. 第一时间：指事情发生后的最早时间。

14. 第一桶金：指第一次获得的丰厚报酬或从事某项经济活动最初获得的收益。

15. 东方不败：泛指某人或某物处于优胜地位,或永远立于不败之地。

16. 豆腐渣工程：比喻施工质量低劣的建筑工程。

17. 多米诺骨牌："多米诺"译自英语domino,泛指连锁反应。

18. 反弹琵琶：来自敦煌壁画中的一种舞姿造型。喻指突破常规的思维和行为;从反面看问题,与常规事物对着干。

19. 风光不再：从前的好形势已经结束;开始走下坡路。

20. 浮出水面：指事物的显露。可以表示新事物的诞生,也可表示原来隐蔽的事物公开暴露,还可以表示通过比赛或评选而得出结果。

21. 公序良俗：指的是公共秩序和善良风俗。

22. 好评如潮：比喻赞扬的评价很多,接连不断。多用于文艺作品。

23. 好戏连台：精彩的节目连续演出或播放;动人的场面或情景不断出现。

24. 何方神圣：来自武侠小说,意思就是什么样的人。

25. 横空出世：形容事物突然出现,尤指事物一出现就很有声威或影响。

26. 红颜知己：对男子所拥有的介于朋友和情人之间的女友的美称。

27. 护花使者：指年轻女子的男友或恋人(取其能起陪同、保护作用而言)。

28. 花落谁家：比喻在众多竞选者、待聘者、参赛者中,谁是最后胜出者。常在结果揭晓之前这样说。

29. 花样年华：指美丽的青春年华。

30. 华山论剑：原意是华山比武,引申为公开的比试或学术争鸣。其含意是:比试各方都是高手;公正较量、不要阴谋。

31. 见光死：一接触现实就消失,不存在了。常指网恋与现实的不相容,网恋者一旦在网下相约见面,就会因为与网上相交时的想象相距太远而使恋爱结束。

32. 金盆洗手：原指某些黑道人物发财之后,准备安享晚年,公开宣布改邪归正,不再干违法的事。现在也泛指放弃以前长期所从事的行业或所做的某件事。

33. 科教兴国：通过发展科学和教育来振兴国家。

34. 可圈可点：原指文章中有精妙的句子,有值得欣赏、赞美的意思。现扩大到其他领域,形容或称赞一切出色、精彩、值得称道的事物。

35. 铿锵玫瑰：特指中国女子足球队及其成员;又引申为女军人、女警察、女强人等。

36. 空手套白狼：原意为没有本钱而进赌场。现指自己不投资而设法让别人投资,利润却由双方共享或自己独吞;或求人办事而不送礼。

37. 空中飞人：在高空表演的高难度杂技动作;指因工作、求学、从商等需要而经常坐飞机来往各地的人。

38. 快意恩仇：指中国传统的有恩报恩、有仇报仇的侠义精神。引申为想怎么干就怎么干,任意而为。

39. 蓝颜知己：仿造"红颜知己"而成,指女子所拥有的介于朋友和情人之间的男友。

40. 临门一脚：原为足球术语,指靠近球门的射门。引申为在整个行动中能起决定性作用的一个动作;最后的也是最关键的一次努力。

41. 邻家女孩：普通女孩的意思,通常指涉世未深、清纯可爱的少女。近似传统的"小家碧玉",与"野蛮女友"相对。

42. 帽子戏法：原是一种魔术,现为足球比赛用语,指一名球员在同一场比赛中连进三球,意为和魔术师变戏法差不多,令人惊奇和赞叹。

43. 梅开二度：再次结婚。再次取胜,特指一名球员在同一场比赛中连进两个球。

44. 迷途羔羊：比喻犯错误、一时失足的年轻人。

45. 免费午餐：指白得的便宜。来自美国谚语:天底下没有免费的午餐! 常用于否定句中。

46. 命悬一线：形容生命和处境十分危险。

47. 魔鬼训练：最早起源于古罗马的斯巴达克训练,它是一种超越常人的生理极限和心理极限的训练模式,其宗旨是锻炼人的意志、心智和团队精神。

48. 逆风飞扬：比喻在不利环境下取得显著成绩。

49. 盆满钵满：指取得丰厚的收入、利润。

50. 强强联合：实力强大的不同公司或企业结合成更强大的集团实体。

51. 人间蒸发：指人或事物突然消失得无影无踪。

52. 人在江湖,身不由己："江湖"的直接词义是"江"与"湖",但其暗指并非纯粹的地理概念,而是身体离开习惯支撑的土地之后漂泊在"凶险难测,前途未卜"的"另一种生活"中。

53. 弱势群体：原指在社会中处于不利地位的群体。我国目前主要指在市场经济条件下,社会成员中处于竞争弱势的阶层或群体。

54. 山不转水转：比喻情况总是在变化的,一时不顺利也不必懊恼和悲伤。

55. 闪亮登场：原为广告用语,表示一种新产品出来了。现泛指一种新事物出现了。

56. 狮子大开口：在讨价或索取钱财上开价太高,远远超出一般的标准。

57. 水泥森林：城市的高楼大厦群,大型的住宅区。北京称为"楼群",台湾则称为"水泥森林"。常含贬义。

58. 双刃剑：比喻既有利又有弊、既可造福人类又可危害人类的同一事物。

59. 素面朝天：原意为不施脂粉而朝见皇帝。现仅指不化妆;引申为事物非常朴素。

60. 烫手(的)山芋：难题,棘手的问题。

61. 涛声依旧：原意是说波涛声和从前一样。引申指情况保持原状,没有发生变化。

62. 饕餮大餐：饕餮原指贪吃之人。现常作广告用语,指集中推出丰富多彩的商品、产品、作品、信息,以供消费者选购、享用或欣赏。内容不限饮食。

63. 特事特办：特殊事情用特殊办法来处理。

64. 提篮小卖：指农民把自家生产的农副产品拿到集镇上去出售。

65. 温柔一刀：指在不经意间受到欺骗;被别人用花言巧语或美人计等方法蒙骗了。

66. 物超所值：原为广告用语,意为商品的作用超过了它的价格,也就是好货卖得便宜,对买主来说很值得。

67. 物欲横流：形容商品经济发达、人们热烈追求物质利益的浓厚社会氛围。

68. 夕发朝至：火车运行的一种模式,旅客晚上乘车,第二天早晨或上午到达目的地。该词语由"朝发夕至"衍生而来。

69. 咸鱼翻身：指处境短时间内由坏变好。

70. 香车宝马：原意是艳丽的车,名贵的马,指富贵人家妇女所乘的马车。这个意义在古诗词中常见,但现已淘汰。今指豪华的坐骑、高档的小轿车,特指个人拥有的私家车。

71. 潇洒走一回：指做事洒脱,不计较后果;或形容某次有浪漫色彩的旅行。

72. 小菜一碟：比喻轻而易举或微不足道的事情。

73. 小富即安：指一部分先富起来的人或企业刚刚取得一些成绩就轻易满足、不思进取的思想。引申为在其他方面取得成绩就自满自足的思想。

74. 笑傲江湖：比喻在某一领域居优胜地位。

75. 心动不如行动：原为广告用语,意为既有购买的欲望,就不要犹豫。引申为勉励自己或鼓励他人果断地采取行动。与传统成语"临渊羡鱼,不如退而结网"义近。

76. 心灵鸡汤：指含有知识、智慧和温暖的话语。

77. 心路历程：指思想转变的过程。

78. 新鲜出炉：最新出品(刚刚产生)的意思。可以形容人,也可形容物。

79. 血本无归：本钱赔光了,一点也没收回。

80. 一步到位：指只经过一个步骤就把事情办完办好。

81. 一地鸡毛：可作为日常生活琐事、鸡毛蒜皮的小事的代称。

82. 一国两制："一个国家,两种制度"的简称。其基本内容是在祖国统一的前提下,国家的主体坚持社会主义制度,同时在台湾、香港、澳门保持原有的资本主义制度和生活方式长期不变。

83. 一亩三分地：京津方言,喻地界儿狭窄,微不足道。又引申为个人生活圈子或个人势力范围。

84. 一炮打响：做成了一件大事就出了名。

85. 一头雾水：情况不明,晕头转向,稀里糊涂。

86. 一枝独秀：指独自保持好的发展势头。

87. 以权谋私：利用职权,牟取私利。党政官员和企事业领导的一种违法犯罪行为。

88. 以人为本：就是要尊重人的人格,维护人的权益,发展人的潜能,满足人的需要。

89. 游戏规则：泛指涉及公众的、具有可操作特点的各种事情的运作规则。

90. 与狼共舞：多比喻参与国际竞争的激烈程度;"狼"比喻竞争对手。

91. 与时俱进：与时代一起前进,即不断进取,永不停顿。

92. 原汁原味：比喻保存原貌,不走样。

93. 朝九晚五：可泛指普通上班族的生活方式。

94. 找不着北：原意为找不到方向、方位,引申为摸不着头脑,弄不清楚。

95. 直奔主题：径直、直接地投入主要问题，不拐弯抹角。

96. 中规中矩：符合规矩，平平常常，甚至比较死板、拘泥。常含贬义。

97. 重拳出击：比喻采取严厉措施，打击违法犯罪行为。

98. 筑巢引凤：比喻国家或地方政府等完善投资环境，招商引资、吸引人才。

99. 走火入魔：原指练功达到痴迷的地步。引申为对某事的喜爱或追求达到癫狂的状态。

100. 足球宝贝：指足球球迷中的年轻女性，她们在球场上活力四射，大喊着为本国球员加油，调动球迷的热情，激发球员的斗志。

第三节 趣 味 成 语

经典素材

由于不了解成语的意思,人们常闹笑话。某大学校长曾引用"七月流火"一词,来形容天气很热,舆论哗然。也有人将"设身处地"理解成"身临其境";或将"差强人意"(大体上还能使人满意)理解成"不能令人满意",意思就相差太远了;有人将"心宽体胖"念成了"xīn kuān tǐ pàng",单一理解成人的长相肥胖,其实这个成语应该念成"xīn kuān tǐ pán",原指人心胸开阔,外貌就安详,后用来指心情愉快,无所牵挂,身体健壮。

开启解读

造成上述错误的原因,大体上可以归结为:由于网络语言流行,再加上中国人盲目崇尚外语,狂攻外语忽略了母语而导致汉语水平降低,汉语弱化的现象确实值得重视,特别是汉语中的尖端领域——成语的使用就更让人担忧了。小学、中学课本上学到的许多成语,似乎已经被"淡忘"了,甚至有人说出了"夫妻本是同根生""油然起敬""兔子三狡""孤民钓鱼(沽名钓誉)"这样让人啼笑皆非的成语来。

一、成语的含义

成语是一种相沿习用、具有书面语色彩的固定短语。成语绝大部分是由四个字组成的,例如,"空中楼阁""鼎鼎大名""青出于蓝""有声有色""欢天喜地"等;也有少于四字的成语,例如"敲门砖""莫须有""想当然"之类;还有多于四个字的成语,例如"桃李满天下""真金不怕火炼""心有余而力不足""江山易改,本性难移""只许州官放火,不许百姓点灯"之类,在成语中都只占少数。

从某些方面来看,成语同专有名词、科学术语、谚语、歇后语、引语和由四个字组成的普通词组,也有相似之处,应注意区别。

有些人往往把由四个字组成的普通词组,尤其是文言色彩比较浓厚的普通词组,也看作是成语。值得注意的是:凡是一个词组里的词可以变换的,就应该把它看作普通词组。例如"密切合作"可以改为"紧密合作","肆意挥霍"可以改成"任意挥霍"或"随意挥霍",改了以后,也觉得是恰当的,并不影响内容表达。像这样可以自由改动的四字结构,都是普通词组。至于成语,则是一个有机的整体,组成成语的词,一般不能用其他意思相同或相近的词来替换。例如"虎口余生"就不能改为"狼口余生"或"豹口余生",也不能改为"虎嘴余生"。

二、成语的组成

(一)结构形式

单一型——乱七八糟	胡说八道	扭扭捏捏	有声有色
复合型——脚踏实地	枉费心机	庖丁解牛	触类旁通

(二)词语组成

近义词——贼眉鼠眼	活蹦乱跳	狐群狗党	胡思乱想	自暴自弃
反义词——七上八下	来龙去脉	苦尽甘来	弃暗投明	上行下效

(三)内容表达

人物——精卫填海	程门立雪	三顾茅庐	四面楚歌	指鹿为马
动物——与虎谋皮	一马当先	龙腾虎跃	引狼入室	杀鸡儆猴
植物——藕断丝连	指桑骂槐	揠苗助长	李代桃僵	柳暗花明
其他——张冠李戴	风调雨顺	山穷水尽	春暖花开	腾云驾雾

三、成语的来源

(一)历史继承

寓言神话——叶公好龙	画龙点睛	刻舟求剑	女娲补天	守株待兔
历史故事——望梅止渴	滥竽充数	江郎才尽	洛阳纸贵	毛遂自荐
典籍诗文——尔虞我诈	门可罗雀	妙笔生花	每况愈下	一鼓作气
口头流传——恭敬不如从命	尚方宝剑	三天两头	狼子野心	能工巧匠

(二)当代创造

艰苦朴素	优胜劣汰	全心全意	万家灯火	百花齐放

(三)外来借鉴

一尘不染	三生有幸	大千世界	五体投地(佛教用语)	火中取栗(寓言)

四、成语运用的注意事项

(一)弄懂成语的意义

运用成语必须掌握成语的确切意义和用法。例如:

栉风沐雨——"栉"指梳头发,"沐"指洗头。字面是说风梳发、雨洗头,形容人经常在外面辛苦奔波。

大放厥词——原指铺张辞藻或畅所欲言,现在用来指大发议论。(含有贬义)

邯郸学步——比喻学别人没学到家,反把自己的一点东西丢了。(此成语出自一个故事,必须弄清它的来源和特定的含义才能明白其意思)

(二)弄清成语的感情色彩

成语有褒义的,有贬义的,有中性的,运用时必须弄清楚,避免出现错误。例如:

褒义的——威武不屈	襟怀坦白	呕心沥血	孜孜不倦	自食其力	画龙点睛
贬义的——沆瀣一气	声名狼藉	故弄玄虚	趾高气扬	自食其果	涂脂抹粉

(三)注意成语的规范性

成语有它紧密的结构形式和完整的意义,具有较强的稳定性,不能随意变动结构、更换成分、调换次序,否则,意思将发生很大的变化。例如,"一见钟情"就不能写成"一见终情"。

(四)辨清成语的字形和读音

要分清成语的字形和读音有密切关系,都具有确定性,不能任意变动。例如:

容易写错的——病入膏肓　川流不息　如火如荼　再接再厉　完璧归赵

容易读错的——博闻强识(zhì)　参差(cēncī)不齐　海市蜃(shèn)楼

五、成语分类举例

(一)成语之最

最长的腿——一步登天	最大的手——一手遮天
最大的嘴——气吞山河	最大的树叶——一叶障目
最吝啬的人——一毛不拔	最厉害的贼——偷天换日
最有价值的话——一诺千金	最大的本领——开天辟地
最贵的字——一字千金	最长的寿命——万寿无疆
最反常的气候——晴天霹雳	最短的季节——一日三秋

(二)有关数字的成语

一心一意	两面三刀	三足鼎立	四通八达
五彩缤纷	六神无主	七手八脚	八仙过海
九死一生	十万火急	百里挑一	大千世界
万象更新	亿万斯年	二三其德	成千上万

（三）带颜色的成语

黑：黑白分明　　起早摸黑　　　　白：白头偕老　　平白无故
红：姹紫嫣红　　红装素裹　　　　绿：花红柳绿　　绿草如茵
青：青梅竹马　　炉火纯青　　　　黄：杳如黄鹤　　信口雌黄
蓝：青出于蓝　　筚路蓝缕　　　　紫：紫气东来　　姚黄魏紫

（四）涉及人体部位的成语

焦头烂额　　另眼相看　　　　画龙点睛　　一目了然
扬眉吐气　　千钧一发　　　　掩耳盗铃　　嗤之以鼻
摇唇鼓舌　　唇齿相依　　　　劈头盖脸　　三头六臂
指手画脚　　了如指掌　　　　口蜜腹剑　　铁石心肠
摩肩接踵　　洗心革面　　　　瞠目结舌　　别具匠心

（五）描写人容貌体态的成语

明眸皓齿　　美如冠玉　　　　鹤发童颜　　眉清目秀
和蔼可亲　　威风凛凛　　　　文质彬彬　　雍容华贵
容光焕发　　落落大方　　　　张牙舞爪　　瘦骨嶙峋
面黄肌瘦　　愁眉苦脸　　　　老态龙钟　　虎背熊腰
弱不禁风　　大腹便便　　　　其貌不扬　　蓬头垢面

（六）形容人物品质的成语

奋不顾身　　舍己为人　　　　坚强不屈　　赤胆忠心
不屈不挠　　忠贞不渝　　　　誓死不二　　威武不屈
舍生忘死　　肝胆相照　　　　克己奉公　　一尘不染
两袖清风　　见利忘义　　　　贪生怕死　　厚颜无耻
豁达大度　　兢兢业业　　　　卖国求荣　　恬不知耻

（七）含有动物的成语

鼠目寸光　　牛鬼蛇神　　　　虎视眈眈　　兔死狐悲
龙飞凤舞　　蛇蝎心肠　　　　马到成功　　羊肠小道
猴年马月　　鸡毛蒜皮　　　　狗急跳墙　　獐头鼠目
万象更新　　声名狼藉　　　　鹤立鸡群　　惊弓之鸟
管中窥豹　　噤若寒蝉　　　　狐群狗党　　蜻蜓点水
瓮中捉鳖　　井底之蛙　　　　蝇头微利　　门可罗雀

（八）有关学习的成语

学无止境　　学而不厌　　　　力争上游　　好学不倦
披荆斩棘　　勤学好问　　　　发愤图强　　废寝忘食
争分夺秒　　孜孜不倦　　　　笨鸟先飞　　闻鸡起舞
自强不息　　只争朝夕　　　　不甘示弱　　全力以赴

（九）有关谦虚的成语

不骄不躁　　大智若愚　　　　功成不居　　戒骄戒躁
洗耳恭听　　虚怀若谷　　　　自知之明　　谨言慎行

（十）有关骄傲的成语

班门弄斧　　孤芳自赏　　　　居功自傲　　目空一切
目中无人　　恃才傲物　　　　妄自尊大　　忘乎所以

唯我独尊　　　　自高自大　　　　自鸣得意　　　　自命不凡

(十一) 表现高兴的成语

眉开眼笑　　　　捧腹大笑　　　　眉飞色舞　　　　手舞足蹈

如获至宝　　　　喜笑颜开　　　　相视而笑　　　　谈笑风生

笑容可掬　　　　兴高采烈　　　　喜上眉梢　　　　喜从天降

(十二) 描写友情的成语

亲密无间　　　　推心置腹　　　　肝胆相照　　　　情同手足

志同道合　　　　风雨同舟　　　　荣辱与共　　　　同甘共苦

关怀备至　　　　盛情款待　　　　促膝谈心　　　　情深似海

(十三) 形容说话的成语

直言不讳　　　　无所顾忌　　　　拐弯抹角　　　　故弄玄虚

侃侃而谈　　　　滔滔不绝　　　　虚情假意　　　　推心置腹

旁敲侧击　　　　喋喋不休　　　　慢条斯理　　　　含糊其辞

唠唠叨叨　　　　振振有词　　　　肆无忌惮　　　　大言不惭

娓娓动听　　　　绘声绘色　　　　对答如流　　　　自圆其说

素养训练

1. 成语接龙游戏。

游戏规则：前一个成语的末字音节为下一个成语的首字音节。

例如：开天辟地——地动山摇——摇曳生姿——姿态万千——千辛万苦——
　　　苦尽甘来——来日方长——长袖善舞——舞文弄墨——墨守成规……

2. 成语填空。

( )( )( )鼠　　( )( )( )牛　　( )( )( )虎

( )( )( )兔　　( )( )( )龙　　( )( )( )蛇

( )( )( )马　　( )( )( )羊　　( )( )( )猴

( )( )( )鸡　　( )( )( )狗　　( )( )( )猪

3. 趣味名字成语游戏。

(1) 含有国名的成语。

( )( )( )中国( )　　( )( )　　( )( )( )印度( )　　( )( )

(2) 含有省名的成语。

( )( )( )吉林( )　　( )( )　　( )( )( )山东( )　　( )( )

( )( )( )四川( )　　( )( )　　( )( )( )云南( )　　( )( )

( )( )( )海南( )　　( )( )　　( )( )( )河南( )　　( )( )

(3) 含有市名的成语。

( )( )( )长春( )　　( )( )　　( )( )( )济南( )　　( )( )

( )( )( )大连( )　　( )( )　　( )( )( )长沙( )　　( )( )

( )( )( )贵阳( )　　( )( )　　( )( )( )西安( )　　( )( )

( )( )( )上海( )　　( )( )　　( )( )( )天津( )　　( )( )

(4) 含有人名的成语。

( )( )( )李白( )　　( )( )　　( )( )( )屈原( )　　( )( )

4. 幽默成语填空。

(1) 小心点,手机千万不能掉到马桶里哦! (　　　　　　)

(2) 请问,哪种动物最勤劳不用休息? (　　　　　　)

(3) 真是痛惜万分哪,连羊都停止了呼吸。(　　　　　　)

(4) 够怪吧? 狗过了独木桥就不叫了。(　　　　　　)

(5) 少见呀! 蜜蜂停在了日历上。(　　　　　　)

(6) 真是太浪费了,那么大一群人拿那么多鸡蛋去砸枪。(　　　　　　)

(7) 有十只羊,九只蹲在羊圈里,一只却蹲在猪圈里了。(　　　　　　)

(8) 一个男人已经把信件放进信箱了。(　　　　　　)

5. 画出下面词语中的错别字,再把正确的字写在括号里。

身材魁悟(　　)　　　千均一发(　　)　　　调兵遗将(　　)

再接再励(　　)　　　迫不急待(　　)　　　直接了当(　　)

气势凶凶(　　)　　　汗流夹背(　　)　　　穿流不息(　　)

换然一新(　　)　　　欢心鼓舞(　　)　　　别出心材(　　)

6. 持久训练。

请在周记和小作文中注意成语的运用,尽力做到逐步增加,以不断扩大自己的成语量。

第四节　熟　语　运　用

经典素材

我国四大名著之一的《三国演义》中有这样一个故事：

公元225年，蜀汉丞相诸葛亮为了巩固后方，率领军队南征。正当大功告成准备撤兵的时候，南方彝族的首领孟获，纠集了被打败的散兵来袭击蜀军。

诸葛亮得知，孟获不但作战勇敢，意志坚强，而且待人忠厚，在彝族中极得人心，就是汉族中也有不少人钦佩他，因此决定把他争取过来。

孟获虽然勇敢，但不善于用兵。第一次上阵，见蜀兵败退下去，就以为蜀兵不敌自己，不顾一切地追上去，结果闯进埋伏圈被擒。孟获认定自己要被诸葛亮处死，因此对自己说，死也要死得像个好汉，不能丢人。不料诸葛亮亲自给他松绑，好言劝他归顺。孟获不服这次失败，傲慢地加以拒绝。诸葛亮也不勉强他，而是陪他观看已经布置过的军营，之后特意问他："你看这军营布置得怎么样？"

孟获观看得很仔细，他发现军营里都是些老弱残兵，便直率地说："以前我不知道你们虚实，给你赢了一次，现在看了你们的军营，如果就是这样子，要赢你并不难！"

诸葛亮也不作解释，笑了笑就放孟获回去。他料定孟获今晚准来偷营，当即布置好埋伏。

孟获回去后，得意洋洋地对手下人说，蜀军都是些老弱残兵，军营的布置情况也已经看清楚，没有什么了不起的，今夜三更去劫营，定能逮住诸葛亮。

当天夜里，孟获挑选了五百名刀斧手，悄悄地摸进蜀军大营，什么阻挡也没有。孟获暗暗高兴，以为成功在即，不料蜀军伏兵四起，孟获又被擒住。

孟获接连被擒，再也不敢鲁莽行事了。他带领所有人马退到泸水南岸，只守不攻。蜀兵到了泸水，没有船不能过去，天气又热，困难重重。诸葛亮下令造了一些木筏子和竹筏子，一面派少量士兵假装渡河，但到了河心一碰到对岸射来的箭立即退回来，随后再去渡河；一面将大军分成两路，绕到上游和下游的狭窄处，渡过河去包围孟获据守的上城。后来，孟获又被擒住。

孟获虽然第三次被擒，但他仍然不服气。诸葛亮还是不杀他，款待他后又放他回去。将士中有人对诸葛亮的这种做法不理解，认为他对孟获太仁慈宽大了，诸葛亮向大家解释说："我军要彻底平定南方，必须重用孟获这样的人。要是他能心悦诚服地联络南人报效朝廷，就能抵得上十万大军。你们现在辛苦些，以后就不必再到这里来打仗了。"

孟获这次被擒又释放后，下决心不再跟蜀兵作战。但时间一长，营里快断粮了，他派人向诸葛亮借粮，诸葛亮同意了，但要孟获亲自出来，与蜀军大将一对一比武。孟获接连打败了几名蜀将，但刚到大堆粮食旁，就被绊马索绊倒被擒。蜀将当即传达诸葛亮的命令，让孟获回去，并把粮食搬走。

在这种情况下，孟获终于从心底里佩服诸葛亮。为了让各部族都归顺蜀国，他把各部族首领请来，带着他们一起上阵。结果又被蜀兵引进埋伏圈，一网打尽。蜀营里传出话来，让孟获等回去，不少部族首领请孟获作主，究竟怎么办。孟获流着眼泪说："作战中七纵七擒，自古以来没有听说过。丞相对我们仁至义尽，我没有脸再回去了。"

就这样，孟获等终于顺服蜀汉，听从管辖。

开启解读

这个大家熟悉的故事叫作《诸葛亮七擒孟获》，流传到今天演变成熟语"七擒七纵"，"诸葛亮征孟获——收收放放"。这些耳熟能详的熟语，言简意赅、生动活泼、幽默风趣，是我们中华民族的宝贵文化财富,对于写作教学、文艺创作、民俗学和语言学研究具有重大的价值。

一、熟语释义

熟语是习用的词的固定组合,语义结合紧密、语音和谐,是语言中独立运用的词汇单位,它包括成语、谚语、歇后语和惯用语。

二、熟语的分类和来源

熟语包括成语、谚语、惯用语、歇后语、格言、警句等,内容十分丰富。熟语来自民间口语、名人之言、古代书面语,也有一些是借自外语。

三、正确使用常见熟语的方法

1. 理解熟语的意义。

(1) 弄清熟语的内部结构。如"道不同,不相为谋"比喻志趣不同的人不会在一起共事。前半句的主语是"道",意为"志趣志向",而后半句的主语是"人"。

(2) 注意熟语的双关现象。特别是歇后语中的双关手法运用更多,要更加留意。如"和尚打伞——无发(法)无天","小葱拌豆腐——一青(清)二白"等。

(3) 把握熟语的本义、比喻义、引申义等。如"道高一尺,魔高一丈"原意是宗教家告诫修行的人要警惕外界的诱惑。后比喻人在取得一定成就以后往往面临新的更大的困难。

2. 辨别熟语的感情色彩。熟语大多是用来调侃人的,因此以批评坏人坏事、讽刺不良现象的居多。所以,判断熟语使用是否正确,应该学会辨别熟语的感情色彩。如"留得青山在,不怕没柴烧"是褒义,而"吹鼓手""出洋相""传声筒"是贬义。

3. 注意熟语使用的语言环境。口语化是熟语的一大特点,因此公文、报告等严肃的语体文禁用;在庄重场合、严肃气氛中也不宜使用熟语。

四、常见熟语及含义举例

背黑锅:代人受过,泛指冤枉。

吊胃口:让人产生欲望或兴趣。

倒胃口:因为味腻而不想吃。

倒插门:男方到女方家结婚并落户。

倒栽葱:摔倒时头先着地。

大锅饭:不管劳动情况如何却享受同等待遇。

吃得开:行得通、受欢迎。

出洋相:闹笑话、出丑。

传声筒:照着人家的话说,自己无主见的人。

挡箭牌:喻推托或掩饰的借口。

冷　门:很少有人从事的、不时兴的工作等。

老掉牙:陈旧过时。

拉下水:引诱人和自己做坏事。

扣帽子:对人或事不经调查研究就加上一个现成的不好的名目。

夸海口:漫无边际地说大话。

冷处理:事情发生后暂时搁置起来,等到适当的时候再处理。

露马脚:泄露出了事情的真相。

留一手:不把本领拿出来。

流水账:指不加分析只罗列现象的叙述或记载。

露一手:显示本领。

落水狗：指失势的坏人。

马大哈：粗心的人。

马后炮：事后才采取措施或发议论，但已无济于事。

马路消息：道听途说的消息。

顶　牛：喻争执不下或互相冲突。

干瞪眼：在一旁着急而又无能为力。

够　格：符合一定标准。

花架子：外表好看但缺少实用价值。

坏　水：坏主意。

放空炮：说了不能兑现。

回马枪：回过头来给追击者以突然袭击。

假斯文：装扮成文化人的样子。

冒失鬼：做事莽撞的人。

开口子：指在某些方面破例或放开限制。

猫　腻：隐私的或暧昧的事/花招。

卖关子：在紧要处故弄玄虚，使对方着急而答应自己的要求。

牛角尖：喻无法解决的问题或不值得研究的小问题。

拍　板：主事的人做出决定。

碰钉子：遭到拒绝或受到斥责。

婆婆妈妈：形容行动缓慢、语言啰唆或感情脆弱。

敲竹杠：利用别人的弱点或借某种口实抬高价格或索取财物。

窝里斗：家族或团体内部彼此钩心斗角。

十年九不遇：指某些情况多年难以遇到。

三下五除二：形容做事动作敏捷利索。

天高皇帝远：指地处偏远，法律制度管束不到。

三寸不烂之舌：指能言善辩的口才。

有色眼镜：妨碍得出正确看法的成见或偏见。

吃闭门羹：被主人拒之门外或碰到主人不在。

吃哑巴亏：吃了亏无处申诉或不敢声张。

穿连裆裤：互相勾结包庇。

八字还没一撇：事情还没有眉目。

拿大旗作虎皮：打着某种旗号虚张声势来吓唬人。

此一时彼一时：时间不同情况有了变化。

丁是丁，卯是卯：做事认真不马虎。

挂羊头卖狗肉：借用好的名义做幌子干坏事。

吃不了兜着走：担待不起，弄得下不了台。

不看僧面看佛面：看另一个人的情面以满足这个人的要求。

不管三七二十一：不顾一切。

车到山前必有路：事到临头总有解决问题的办法。

吹胡子瞪眼：形容发怒的样子。

赶鸭子上架：迫使做力不能及的事。

胳膊肘往外拐：不向着自家人而向着外人。

八九不离十：几乎接近(实际)。

光打雷不下雨：只有声势而无行动。

胳膊扭不过大腿：弱小的敌不过强大的。

鸡蛋里挑骨头：故意找毛病。

脚踏两只船：跟两方面都保持联系。

狗嘴里吐不出象牙：坏人口说不出好话来。

九牛二虎之力：很大的力气。

不知天高地厚：见识短浅、狂妄自大。

做一天和尚撞一天钟：做事敷衍。

打破砂锅问到底：刨根问底。

敬酒不吃吃罚酒：好的劝说不听,用强迫手段就接受了。

快刀斩乱麻：用果断的办法迅速解决复杂的问题。

驴唇不对马嘴：喻答非所问或事物两不相合。

卖狗皮膏药：说得好听,实际上骗人。

头痛医头,脚痛医脚：比喻不从根本上解决,只从枝节上应付。

一是一,二是二：形容对事情认真,一丝不苟。

只许州官放火,不许百姓点灯：形容专制横蛮的统治。

生米煮成熟饭：事情已做成,不能再改。

不到黄河心不死：不达到目的不罢休。

解铃还需系铃人：谁弄出了总是还得由谁去解决。

放下屠刀,立地成佛：作恶的人能悔改,不再作恶,也能成好人。

冰冻三尺非一日之寒：比喻事态的形成,非一朝一夕之故。

不敢越雷池一步：一步也不能越过界限。

恭敬不如从命：态度上的恭敬不如顺从人家的命令。

此地无银三百两：原想隐瞒,结果反而更加暴露。

素养训练

一、选择题

1. 下列熟语如果换成成语,意思完全相符的一项是( )。

  A. 黄鳝泥鳅,差不离 （旗鼓相当）

  B. 黄河水,倒(道)不完 （口若悬河）

  C. 将在外,军令有所不受 （各行其是）

  D. 猪八戒吃人参果,不知其味 （囫囵吞枣）

2. 下列成语如果换成熟语,意思完全相符的一项是( )。

  A. 外强中干——绣花枕头稻草芯

  B. 垂死挣扎——秋后的蚂蚱,跳不了几下

  C. 浮光掠影——骑驴看唱本,走着瞧

  D. 一窍不通——擀面杖灌米汤,滴水不进

3. 把下面句子中画线的熟语换成成语,换得不恰当的一项是( )。

  A. 凡遇院中公文,送府用印,孙大夫动辄<u>横挑鼻子竖挑眼</u>,当即驳回。——吹毛求疵

B. "豪强"和"官家"，历来<u>一个鼻孔出气</u>，狼狈为奸。——沆瀣一气

C. 我，一介书生，而且无家室之累，<u>打开天窗说亮话</u>，又有何妨？——肆无忌惮

D. 况且列强虎视眈眈，<u>吃着碗里看着锅里</u>，正是蚕食鲸吞的时候。——贪得无厌

4. 下列句子中加点的成语（包括熟语）使用不正确的一项是（　　　）。

A. 他写起文章来洋洋洒洒，一动笔就是几十万字，谁知让他作个报告，他竟然惜墨如金，讲了不到三分钟就全讲完了。

B. 做人要宁折不弯，可千万别做墙头草。

C. 费某某为什么如此"低调"？是因为九月份刚吃了东盟国家的闭门羹，所以小心翼翼，还是因为不久前向东盟国家说奉承话，受到了批评？

D. 据了解，一些乐于为国出力，而怵于受奖的同志主要慑于嫉贤妒能者的非议，才不愿当"出头鸟"。

5. 下列句子中加点的成语（包括熟语）使用有错的一项是（　　　）。

A. 天生我材必有用，要在革命斗争中崭露头角，而不被时代的浪潮淹没，就应该在力所能及的条件下，恰当地发展自己。

B. 许多人只会空喊口号，一遇到有什么事要做，就玩空城计，你推我，我推你，谁也不肯干。

C. 打小算盘，要小聪明，官僚主义，阿Q精神，对中国革命都没有什么好处。

D. 她找我干什么？会不会把我和我的小说扣上叛徒、宣扬叛徒哲学的大帽子，打入十八层地狱？

二、填空题

1.《三国演义》歇后语填空：

诸葛亮三气周瑜——＿＿＿＿＿＿　　　张飞吃豆芽——＿＿＿＿＿＿

曹操杀华佗——＿＿＿＿＿＿　　　曹操杀吕伯奢——＿＿＿＿＿＿

诸葛亮借箭——＿＿＿＿＿＿　　　诸葛亮的锦囊——＿＿＿＿＿＿

关云长走麦城——＿＿＿＿＿＿　　　张飞穿针——＿＿＿＿＿＿

诸葛亮挥泪斩马谡——＿＿＿＿＿＿　　　诸葛亮用兵——＿＿＿＿＿＿

2. 根据每句话的意思，在每句话的后面写出一个相关的熟语。

（1）认识人很不容易，只能看到表面，看不到真心。（　　　　　）

（2）认识一个人固然很不容易，但是可以通过时间来考验了解。（　　　　　）

（3）不分主次地做工作。（　　　　　）

（4）形容处理事情瞻前顾后，疑虑重重的样子。（　　　　　）

（5）自己做了坏事、蠢事，自己遭受到祸害。（　　　　　）

3. 写出下面每个歇后语的后半部分。

（1）打破砂锅——

（2）泥菩萨过江——

（3）外甥打灯笼——

（4）狗咬吕洞宾——

（5）哑巴吃黄连——

4. 根据成语的意思，在每个成语的后面写出一个相应的熟语。

（1）见异思迁——

（2）饮水思源——

（3）代人受过——

（4）各执一词——

（5）分道扬镳——

思考讨论

1. 普通话证书是教师资格认定的必要条件,我们该如何行动?

2. 在学校里,我们是不是应该把时间分给靠谱的"人"和"事",为什么?

第五章
应 用 文

内容提示

什么是应用文？幼师学生学习的应用文与公文、一般应用文有什么区别？幼师学生应该掌握哪些应用文？本章着重介绍有关条据、启事、通知、方案、计划等的知识。

素养目标

1. 掌握本章所介绍的几种常见应用文体的特点、格式及写作要求。
2. 能正确书写请假条、借条、欠条、通知、启事、方案、计划等应用文。

第一节 概　　述

一、应用文的含义

应用文是国家机关、企事业单位、民主党派、社会团体和人民群众,在日常工作、生产、科研、学习和生活中办理公务和个人事务时,经常使用的具有直接实用价值和某种惯用格式的一类文体的总称。

二、应用文写作的特点

(一) 内容上的实用性

应用文和人们的实践活动关系十分密切,具有很强的实用性,是为了解决实际问题而写的。

(二) 结构上的固定性

一般文章在结构上没有固定的格式,而应用文在人们长期使用过程中,多数文体已经形成了惯用的格式。

(三) 适用范围上的特定性

文学作品没有特定的适用范围,应用文却不一样,它不仅有自己特定的适用范围,而且有特定的对象。

(四) 表达方式上的简明性

应用文从内容到形式都讲究直接实用,所以表现手法以简朴、明快为特点。以叙述、说明为主,有时有适当的议论,描写则很少见,一般没有抒情。

(五) 语体上的特殊性

应用文的语体是一种事务语体,它对语言的总的要求是朴实、准确、简练、明快。

三、一般应用文的分类

应用文的种类很多,分类方法也很不一致,根据不同的分类标准而有变化。主要有以下几种分类方法。

(一) 根据应用文的性质和应用范围划分

根据应用文的性质和应用范围,可将应用文划分为公文和一般应用文两大类。

第一类,公文。公文又称公务文书,它是指国家法定的行政公文。国务院于 2000 年 8 月 24 日颁布的《国家行政机关公文处理办法》规定了 13 种行政机关公文,即命令(令)、决定、公告、通告、通知、通报、议案、报告、请示、批复、意见、函、会议纪要。

第二类,一般应用文。所谓一般应用文,就是指国务院 2000 年规定的 13 类法定公文以外的应用文,如请假条、计划、启事等。

(二) 根据应用文的行文方向划分

从应用文的行文方向上划分,可将应用文(特别是公文)分为: 上行文、下行文、平行文。

(三) 根据应用文的作用划分

(1) 指导性应用文,如命令、决定、决议、指示、批复等。

(2) 报告性应用文,如请示、报告、简报、总结等。

(3) 计划性应用文,如计划、规划、设想、意见、安排等。

四、幼儿园应用文的分类

对幼师生来说,根据幼儿园应用文的内容和使用范围,我们把幼儿园应用文分为常用文书、业务文书、礼仪文书、专用文书及常用公文等。在本章中,将着重介绍条据、自荐信等常用文书,计划、总结等常用业务文书,请柬、证明、介绍信等常用礼仪文书,通知、海报等常用公文。

第二节　便条　条据

一、便条

（一）便条的概念及特点

便条是一种以传递信息、介绍情况、表达意愿为主的简明信函。常见的有请假条、留言条、托事条等。

便条的特点是简便，写作方法比较灵活，不受太多的限制，以说明为主。

（二）请假条的写作

1. 请假条的概念。当学生、干部、职工因公、因事、因病不能按时上学、上班，或者出席会议，由本人或他人所写的请求允许缺席并说明理由的条子，叫作请假条。

2. 分类。请假条按请假的原因可以分为病假条、事假条两类。

3. 写作的规范格式。请假条一般应包括以下几个部分：

（1）标题。第一行中间写标题"请假条"。

（2）称谓。另起一行顶格写，后加冒号。

（3）正文。要另起一行，空两格。主要写明请假的原因和时间，说明清楚请假起止时间。

（4）结束语。写"请批准"等，也可在后写"此致""敬礼"字样。

（5）落款。在正文右下方分两行书写：第一行署名，若是学生，在姓名前可加上"学生"，表示对老师的尊敬；第二行写上日期。

【示例】

请　假　条

尊敬的姜老师：

　　昨日下午放学，我因未带雨具冒雨回家，晚上即感冒发高烧，头晕，浑身无力。上午我母亲带我去医院，所以今天不能到校上课，特此请假两天，请批准。现托同学张华捎来假条，医院诊断证明随后补上。

　　此致

敬礼！

学生：林飞

×年×月×日

二、条据

（一）条据的概念

条据是个人或单位之间因买卖、借钱、借物等关系给对方的一种作为凭证或说明的具有固定格式的条文。常用的有借条、欠条、收条、领条、发条等。

（二）条据的结构与种类

条据一般由标题、正文、尾语和落款四部分组成。种类有"领条""收条""借条""欠条"等。

（三）几种常见条据的写作

1. 借条的写作。借条是借个人或公家的现金、财物时写给对方的条子。钱物归还后，打条人收回条子，即作废或撕毁。它是一种凭证性文书。

借条的写作格式与要求：

在第一行居中位置，字体稍大写明标题"借条"，或者不写标题，仍于此位置书写"今借到"字样。

书写内容时另起一行，前面空两格。内容一定要具体，依次写清楚被借方姓名，所借物品名称，以及物品数量、物品的借期、归还的时限(要具体写清年、月、日)。如果所借是钱财，有没有利息，利率是多少也要写明白。文后加"此据"二字。

凡借条中涉及数量的数目字均要大写，用汉字壹、贰、叁、肆、伍、陆、柒、捌、玖、拾、佰、仟，以防涂改和添加。

最后写明借方姓名以及书写借条的时间(具体到年、月、日)。署名与日期分占两行，写在内容的右下角。署名应是借方的正式名称，由借方签写。正规的借条后还应加盖借方的私人印章，以示负责。

书写时要用钢笔或毛笔。不要选用易褪色的铅笔或其他笔墨。

【示例】

借　　条

今借到学校财务室人民币壹佰贰拾元整，作为班级开学时的预算开支。借期三个月，到时一次还清。此据。

借款人：×级×班班主任
王娴静(签名盖章)
×年×月×日

今　借　到

学校电教室的音响用具若干：手提电脑壹台、无线话筒肆个、小蜜蜂话筒陆个。借期一个星期，到期一次奉还。此据。

借方：张永刚
×年×月×日

2. 欠条的写作。欠条是向个人或组织借了钱、物，只归还了其中一部分，还有一部分拖欠未还，对拖欠部分所打的条子，叫欠条；还有一种情况，当借了个人或团体的钱、物，事后补写的凭条，也叫欠条。

欠条的写作格式和要求：

在首行居中位置，写明标题"欠条"二字。

从第二行另起，前空两格，书写正式内容。内容要依次具体地写明被欠方的姓名，所欠钱或物的名称、已归还的数量、仍拖欠的数量，归还剩余的尚拖欠部分的时间(写清楚年、月、日)。

在正文内容的右下方，占两行，书写欠者姓名以及日期。

【示例】

欠　　条

原借到张文君同学人民币壹佰捌拾元整，已还壹佰，尚欠捌拾元整，一个月内还清。此据。

李丽霞
×年×月×日

欠　　条

×年×月曾向张文君同学借人民币贰佰捌拾元整，今补欠条，六个月后一次还清，特此为证。

李丽霞
×年×月×日

3. 领条的写作。领条是个人或单位向其他个人或单位领取物品时留给发放人的文字条据。领条是物品发放与接收活动的反映，可以作为证明，留备事后核查。

领条的写作格式与要求：

当面点清所领物品的种类与数量，准确地写到领条上。

在第一行的居中位置书写标题"领条"二字，或不写标题，在这个位置写"今领到"三字。

在标题之下，另起一行，前空两格，开始书写正文。或者在"今领到"三字之下，另起一行，顶格书写正文。

正文内要写清领取人名称，领取物品名称、种类、数量。数目字要使用汉字大写，以防添改。

在正文之后的右下角，占两行，分写署名与打条子的日期。

【示例】

领 条

今领到学校总务处发给语文教研组的水桶壹个，簸箕壹个，扫帚肆把，拖布贰把，洗脸盆壹个，钢笔贰拾支，墨水红蓝两色各贰拾瓶，备课本贰拾本。此据。

经手人：邓晓英

×年×月×日

今 领 到

学校财务室发给语文教研室的"优秀、高效、团结室（组）评比"奖金叁佰陆拾元整。

语文教研组组长：王玉梅

×年×月×日

三、便条与条据写作的注意事项

1. 写便条要注意交代清楚下述四点：一是写给谁的，二是什么事情，三是谁写的，四是什么时候写的。

2. 写条据时，要特别注意以下几点：第一，应使用深色墨水，字体力求端正，以防涂改。一旦涂改，要在涂改处盖章，以示负责。第二，表示财物往来的数目字要用汉字书写，以防篡改。第三，条据内容涉及钱的，在数额前必须加上货币名称，如"人民币""美元""欧元"等；数额末尾还应加个"整"字，以防增减作弊。

素养训练

1. 写作便条时，你觉得应该注意的事项有哪些？

2. 就日常生活和工作的实际需要，班级要组织一次主题班团活动，需要准备的器材很多，而班级又没有这些器材的时候，你该怎么办？请书写出相应的便条。

第三节　启事　通知

一、启事

启事是机关、企事业单位、团体或个人,需要向公众说明某事或希望公众协助办理某事时使用的一种事务文书。"启",是陈述、告诉的意思,"事"就是事情。"启事"就是把事情陈述出来,告诉大家的意思。

常见的启事可以分为招领、找寻、征集、告知、招聘等类型。学校、幼儿园常用的启事主要是与我们学习生活、幼儿园工作有关的事项,有寻物启事、征文启事、招生启事、招聘启事等。

（一）寻物启事的写作

寻物启事是寻找失物的启事。它应写清遗失物的名称、规格、数量,遗失时间、地点,联系人姓名、单位、住址、电话及酬谢方式。如是支票、证件之类,还须附上账号、号码,并宣布作废。它可以在报刊上刊登,也可张贴于丢失处。

【示例】

寻 物 启 事

靳小清于 2021 年 5 月 8 日在成都长途汽车站附近遗失宜宾师范学院毕业文凭壹张,恳请拾到者与成都铁路分局××段吴芳思联系。

电话:028—87……25 面谢。

寻 物 启 事

本人不慎于 4 月 12 日下午 5 时左右上完舞蹈课后,将一文件袋丢失,内装本人名片、手表及物品若干。经多方寻找,仍未找到,有拾到者请与本人联系,必有重谢。

失主:××级×班或一号楼××室×××

联系电话:139……248

2021 年 4 月 13 日

（二）征文(征稿)启事的写作

征文(征稿)启事是征求文稿的启事。应写明所需文稿的刊名、单位、内容范围、基本要求、截止日期等。可以张贴,也可以刊登在报刊上。如"国庆征文"。

【示例】

征 文 启 事

本报自即日起举办"爱我家乡,绿化家乡"征文活动。征文内容"爱我家乡,绿化家乡"。文章体裁不限,字数在 1 500 字左右为宜。截稿日期:2021 年 4 月 30 日。本次征文活动将评选出一、二、三等奖若干名。来稿请在信封上注明"征文"字样,寄本报编辑部或直接转交到本报编辑部。

地址:××校园先锋报编辑部;邮编:642150。

××校园先锋报社

2021 年 4 月 8 日

（三）招聘启事的写作

招聘启事是企事业单位、社会团体公开向社会招聘各类人员时所使用的应用文。

招聘启事的结构一般包括标题、正文、落款三部分。

1. 标题。标题有三种写法：一种是"招聘启事"；另一种是"招聘业务员""招聘科技人才启事"等；第三种是"××公司诚聘法律顾问启事"等。

2. 正文。正文包括五个方面的内容：一是招聘方情况，包括招聘方的业务性质、工作范围、地理位置等；二是招聘对象，包括业务类型、工种、岗位等；三是应聘条件，包括对年龄、性别、学历、工作经历或成果、户口所在地等方面的要求；四是聘用待遇，包括有无住房，住房的面积，年薪或月薪的标准，是否安排家属或子女就业等；五是应聘办法，包括招聘的起止时间、应交验哪些证件、联系地点、联系人、电话号码等。

3. 落款。署上单位、日期。写作招聘启事时，一要实事求是，二要分类标项，并用不同的字体加以区别。

【示例】

招 聘 启 事

为满足幼儿园教育教学的需要，我园拟从社会上招聘 5 名幼儿教师、2 名保育员。具体条件如下：

一、幼儿教师：须接受过正规幼儿师范教育或培训，中专以上文化程度，年龄在 28 岁以下（具有幼儿园教育教学经历，且有中级以上职称者，年龄可适当放宽至 32 岁），身体健康，男女不限。

二、保育员：初中以上文化程度，身体健康，年龄在 45 岁以下的女性。

三、待遇从优，详情面谈。有意应聘者，请带身份证、毕业文凭或学历证明、获奖证书等有关材料，本人一寸半身照片 3 张，于本月 15 日上午 8 时来本园报名。

××幼儿园
2021 年 1 月 18 日

（四）招生启事的写作

招生启事是招考学生的启事，一般在报刊上刊登或在公众场所张贴。写作格式有标题、正文、落款，正文一般要分项写明招生单位、专业、学习期限、考试科目及范围、考试时间、招生的一般条件、录取时间、报名地点等。

【示例】

招 生 启 事

为培养和提高幼儿的艺术素养，应广大幼儿家长的要求，我园新学期开办书法、美术、舞蹈三个特长班。每周活动一次（周六上午 8 时至 11 时），幼儿园将聘请有丰富经验的专业老师辅导。学费每人一学期 60 元整。欢迎前来报名。

报名地点：幼儿园办公室

××幼儿园
2021 年 8 月 30 日

（五）启事的写作要求

1. 写启事总的要求：以通俗简洁的文字表达具体明确的内容，形式安排上力求醒目、生动、有吸引力。

2. 启事写作的基本方法：

（1）激发感情，以求共鸣。在表达启事内容时应激发公众的情感共鸣，使其动情，从而采取关心的态度以及合作的行动。

（2）科学陈述，以理服人。客观、准确地向人们叙述事件，说明情况，摆事实，讲道理，使人们在口服心服后采取启事所希望的行动。

（3）主题单一,分条列项。一篇启事只能说一件事,分条列项表达内容,条理清楚,既容易引起注意,又便于人们识记。

素养训练

1. 语文教研组将在全校范围内举办一年一度的"红五月诗歌"的创作及表演活动,请你以主办者的名义为这次活动起草一则征文启事。

2. 请你为某幼儿园草拟一份新学期的招生启事。

二、通知

（一）通知的概念和特点

通知是机关、团体、企事业单位等常用的一种传达性、指示性、部署性的应用文体。

在幼儿园,通知的使用频率是比较高的,写好通知对提高工作质量和效率有重要作用。

（二）通知的分类

1. 转发性通知。转发需要下级部门知晓的上级单位的文件和指示用转发性通知。如某幼儿园接到市教委关于教师职称评定工作的文件,要求迅速传达给每一位教师,园领导便马上拟定了一份通知,把文件的具体内容转发给全体教师,使全体教师及时了解职称评定工作的具体要求,以便按文件要求申报职称。

2. 指示性通知。领导向下级部门布置工作、作出指示或安排,用指示性通知。如某幼儿园的领导了解到一位教师非常善于学习,积极参与科研,在实践中探讨如何培养幼儿的各方面素质,并取得了一些成果,觉得很有典型意义。为了推动全园的科研工作,幼儿园决定开展向这位教师学习的活动,便发布一项通知,向全体教师传达了园领导的这项决定,并提出了一些具体的要求。

3. 事务性通知。这是向员工或外来办事的有关人员发出的告知某项具体事务的通知。幼儿园有许多工作需要幼儿家长的支持与配合,因此向家长发出的事务性通知较多。如某幼儿园要组织全体幼儿去儿童公园游园,在游园前两天就向幼儿家长发出了通知,要求家长们为孩子准备好游园需要的物品。

4. 会议通知。会议通知是常见的通知类型,以召开某次会议的有关事项为通知的内容。这类通知应该写得具体明确,让与会人员了解会议目的、议题等情况,以便做好准备。

（三）通知的写作要求

1. 格式。通知由标题、对被通知者的称呼、正文、发出通知者署名和日期四部分组成。署名写在正文下面右侧,日期写在署名下面。

2. 主要部分的写法。

（1）标题：标题要用较大字体写在上面中间,有四种写法：

① 基本式。如《××幼儿园关于整顿工作纪律的通知》。

② 省略式。如《关于开展向××同志学习的通知》。

③ 文种式。只写文种,如《通知》。

④ 省略附加式。根据通知的紧急性、重要性或内容在文种前面附加修饰成分。例如,《紧急通知》《重要通知》《会议通知》。

（2）正文：称呼应在标题下面左侧顶格写,并加冒号。正文另起一行空两格写。

这是通知的主体部分,长短详略要根据通知内容的具体情况而定。

事务性通知的正文要写清所通知的事情,如何处理就行了。写完通知的事项后,可用"望周知"

"望按时办理"这类用语结尾。

会议通知的正文要求写得具体明确,要详细交代会议名称、会议内容、主持单位、起止时间、会议地点、参加人员及对参加人员的要求等。

3. 通知的语言。通知的语言应使用规范的书面语。用语通俗易懂,准确明了,简明扼要,庄重朴实,无闲词冗语,不矫揉造作,杜绝空话、大话、假话。

【示例】

关于开展基本功竞赛活动的通知

各位老师:

为了进一步提高保教工作的质量,促进教师素质的全面提高,我园决定在 6 月下旬举行一次教师全员参加的基本功竞赛。现将此次竞赛的有关事宜通知如下。

竞赛项目:幼儿歌曲弹唱、幼儿舞蹈创编、讲故事、教具制作。

个人参赛的具体内容,在竞赛时临时抽签决定(在教材范围内抽签)。

竞赛分初赛和复赛两轮。希望大家积极做好参赛准备,争取在竞赛中取得优异成绩。

蓓蕾幼儿园

2021 年 5 月 5 日

素养训练

1. 某幼儿园要搞观摩教学,需要提前发出通知,告知老师们观摩教学的具体时间、地点、科目、人员,要求大家安排好工作,准时参加。请你根据以上情况,拟定一份通知。

2. 学生会、团委会决定在今年 9 月举行新一届学生会干部的改选,需要召集所有的学生会干部(包括各部门助理)于本周六(9 月 8 日)下午在阶梯教室开会。请你为这次会议提前出一则通知。

第四节 方案 计划

一、方案

方案是计划中内容最为复杂的一种,指进行工作的具体计划或针对某一问题制订的规划。一般有指导思想、主要目标、工作重点、实施步骤、政策措施、具体要求等项目。

【示例】

"感恩母亲"班团活动设计方案

一、班会背景和目的

母亲节就要到了,希望通过组织开展以"感恩母亲"为教育契机的感恩教育活动,弘扬孝敬父母、重视亲情的传统美德,引导学生从理解、关心父母开始,培养感恩的心,学会关爱他人,尊敬师长,与他人和谐共处;并从系列体验活动中,培养学生对家庭、对父母、对亲人有热爱、负责任、愿奉献的良好情感,以此激发学生的学习热情,增强学生的道德素质。

二、班会时间、地点、人员

2021 年 5 月 9 日,2019 级 3 班教室,全班同学。

三、活动准备

1. 全班分成两大组。

第一组:收集有关母亲的诗歌,能有感情地朗诵。

第二组:收集影视媒体中有关母亲的感人事迹。

2. 一部分人制作一个幻灯片,展示自己在母亲关怀下的成长历程。

3. 每人制作"亲情卡片",给妈妈一个惊喜。

收集妈妈生日和爱好的资料,制作在一张亲情卡片上,在母亲节给妈妈送上一份惊喜!

四、活动过程

有一个人,她永远在为我们无私地奉献,用自己的一生呵护着我们,我们也要用自己的一生去爱她,这个人,叫"母亲";有一种爱,它让你肆意地索取,无止境地享用,却不要你任何的回报,这种爱,叫"母爱"! 母亲的爱是一曲最深情的乐谱,为我们弹奏出最动人、最美妙、最圣洁的音符……

1. 了解"母亲节"的由来。

2. 第一小组代表朗诵有关母亲的诗歌。大家阐述诗歌蕴含的深情。

3. 第二小组介绍影视媒体中母亲的感人事迹。大家发表各自的观点。

4. 部分同学展示幻灯片,讲述自己成长经历。有成长过程中与父母亲密的一面,也有与父母出现摩擦的一面。

5. 展示自己为母亲精心制作的卡片,写下对母亲说的"真心话"。

6. 班主任讲述自己的切身感受——"母爱"及对母亲的思念。

7. 集体合唱:《懂你》。

五、拓展延伸——体味生活

1. 记录母亲一天的所作所为,感受母亲的辛劳。

2. 做一件孝敬母亲的事,表达对母亲的敬仰之情。

3. 在母亲节给妈妈送上自己制作的卡片。

从以上实例,我们可以对"活动方案设计"的相关内容进行简要阐述。

(一) 主题班会活动设计的要求

1. 选取恰当的主题。主题班会要针对学生年龄和心理特点,选取内容及设计形式,及时规范学生行为,及时捕捉班级的亮点及学生的闪光点,树立典型并发挥其辐射带动作用。如对刚进校的幼师生开展亲情回味活动,对学生开展异性交往等活动。

2. 全方位展示的平台。在班会课的准备过程中,对"优秀生"不能以偏概全,要关注其心理健康,尤其需要培养其心理承受力,克服自我中心;对"一般生",应更多表现出认可和赏识,肯定其长处和闪光点;对无明显优势特长的"平凡生",更需关爱;各类学生都要有展示的平台,让学生受到集体的感染和熏陶。

3. 多样化的活动形式。如专题讨论会、报告会、演讲会、茶话会、故事会、文艺表演会、游戏活动、参观访问、主题会等。

(二) 活动方案设计的构成与要求

1. 班会活动方案一般由活动目标及重点、时间、内容、步骤、措施五个部分构成。

2. 班会活动设计应做到"五要"。

(1) 活动重点要突出。只有确定了活动的重点,才能在实践活动中抓住主要矛盾。

(2) 活动时间要把握。要根据活动的类型、活动的内容规划好活动时间。

(3) 活动内容要选择。选择活动内容要有利于对学生进行思想品德教育;要生动有趣;要坚持实践性原则,可操作性强;要适应社会发展的要求;适应学生的年龄特征;适合当地的环境条件和师资水平;符合认识规律,遵循循序渐进原则。

(4) 活动步骤要清晰。整个活动过程包括哪几个环节,每个环节中有哪些操作要点都要交代清楚。

(5) 活动措施要得力。

3. 主题活动要体现"五美"。

(1) 立意美。主题立意应该新颖、鲜明、生动、具有时代精神,让学生一看主题就会明了要谈什么问题,而且富有美感,只有这样,才能使主题班会具有较强的感召力、凝聚力。

(2) 内容美。主题班会要真正实现对学生的教育,必须将其主题立意具体化,变为实实在在美的内容,因此,选择材料务必真实、典型、生动形象,不能干瘪无趣,要符合学生的年龄特征和心理水平,要具有说服力和感染力。

(3) 形式美。主题班会的形式一般指主题班会的表现形式,包括活动、编排、人员调配、会场布置、气氛和节奏等。主题班会要形式美,就是指主题班会的形式应该新颖、活泼、丰富多彩。在一次主题班会中可以采用讲演、朗诵、歌舞、小品、采访、报告、座谈、汇报、辩论、竞赛等多种形式中的一种或几种。

(4) 趣味美。趣味是学生接受教育的动力。主题班会一定要开得生动活泼,富有浓厚的趣味性。通过浓厚的趣味性,来激发学生参加主题班会的主动性和积极性。

(5) 教育美。要真正发挥主题班会的教育作用,切忌把主题班会开成"检讨会""批评会"。要巧妙地设计主题班会的活动内容,使学生在活动中受到情感、意志、道德等方面的教育,促进德、智、体全面发展。

各抒己见

1. 下面这份活动方案的显著特点在哪里? 主题是否突出? 设计是否周全?

庆"五四"第八届青年歌手大赛活动方案

为庆祝"五四"青年节,弘扬"五四"精神,丰富学生的课余生活,增进同学间的友谊和交流,同时为同学们提供一个施展声乐才华的舞台,应广大团员和青年的要求,经报学校领导批准,特举办庆"五四"第八届青年歌手大赛。

1. 主题:飞扬的青春

2. 时间:第十三周星期一上午 8:30

3. 地点:大学生艺术中心

4. 参赛对象:获得决赛资格的十五名选手(名单略)

5. 参加对象:2020、2021 届全体幼教学生

6. 程序:

(1) 全体起立,唱校歌

(2) 校团委书记致辞

(3) 县团委书记讲话

(4) 青年歌手大赛

① 宣布评委和评分标准

② 1—7 号选手比赛

③ 中场表演:舞蹈《异域天使》

④ 8—15 号选手比赛

⑤ 评委:音乐高级讲师薛鸣英点评

⑥ 颁奖(学校和县/市领导):一等奖 1 名,二等奖 3 名,三等奖 5 名,优秀奖 6 名(获奖者发给相应奖品证书)

⑦ 学校王校长讲话

7. 经费:奖品证书预计 110 元,矿泉水 20 元,共计 130 元

8. 会场布置:学生会文艺部,2019 级 4 班学生协助

9. 其他:纪律由学生会自律部部长及各班自律委员负责,卫生由 2019 级 2 班负责

2. 你觉得下面这个方案能突显"感恩"主题吗?主要在哪些环节?请你再补充一则关于"感恩"的事迹或诗文以供大家分享。

"感恩"主题班会活动方案

活动目的:让同学们学会感恩,学会感激他人

活动时间:2021 年 5 月 15 日

活动准备:在活动之前,班委会印制了几十份家长邀请函,希望家长们能前来参加我们的班会活动。同时我们也印制了若干份任课老师邀请函,邀请任课老师也来参加我们的活动。班长准备好 DV 记录下我们的班会全过程。×××等同学精心准备主持稿。同学们也都十分积极配合地合唱《感恩的心》。

活动步骤:

1. 主持人开场白引出第一篇章:感恩老师

2. 诗朗诵《园丁颂》

3. 小提琴独奏

4. 中文小品

5. 第二篇章：感恩父母

6. 亲子对话

7. 英文小品《灰姑娘》

8. 第三篇章：感恩社会

9. 诗朗诵

10. 女生独舞

11. 辩论赛：感恩父母与感恩老师哪个重要？

其他事项：

1. 朗诵诗文材料的准备：学习委员，语文课代表

2. 会场的布置：第二小组

素养训练

1. 请你设计一份主题鲜明的"五四"青年节文艺晚会活动方案。

2. 2021 年开学初，请同学们结合新学年、新学期以及即将到来的教师节，设计一份主题班团活动方案，要求结合实际情况，对同学们有积极的影响和教育。

二、计划

计划是为了实现某一管理目标，完成特定的任务，开展某项工作而预先做好安排和设计，并用书面形式表达出来的一种事务文书。在实践中，计划有许多其他称呼，如"安排""要点""设想""方案""规划""打算"等。

（一）计划的特点

计划有目的性、预见性、指导性、可行性、业务性等特点。

（二）计划的格式和写法

一份完整的计划一般包括标题、前言、主体、制订者和日期四部分。

1. 标题。标题是计划的名称。计划的标题常用写法如下。

（1）制订计划的单位名称＋计划适用期限＋计划内容范围＋文种名称，如《××学校 2020—2021 学年度工作计划》。

（2）计划期限＋计划内容＋文种，如《2021 年度义务植树计划》。

（3）制订计划的单位名称＋关于＋事由＋文种，《××学校关于科研工作计划》。

2. 前言。计划的前言一般用简洁的文字阐明制订计划的指导思想、制订计划的依据，说明"为什么做""依据什么做"的问题。这一段是计划的纲领，要言简意赅。

3. 主体。主体是计划的主干部分，是计划的核心。这部分可分写为以下内容。

（1）目标和任务。目标是计划的灵魂，任何计划都要写明计划期内所要完成的任务、目标，尤其是幼儿园计划，一般在总目标下，根据幼儿园的工作特点，具体工作内容及要求、措施分成几个方面，逐一列出，通常是把要求和措施结合起来写，有的列表以示之。总之，以把问题说清楚、看起来醒目为好。

（2）措施和方法。措施和方法是完成任务的具体保证，计划制订出来便要执行，只有把具体的实施措施和完成任务的手段和方法构想出来，才便于执行。这一部分的主要内容是组织领导、任务的分工、完成任务的物质条件、政策保障、采取的措施等，每项内容都要具体落实。

（3）步骤和安排。计划的实施有一个完成的先后顺序问题,因此制订计划时要把计划完成的日程排出来,这样才能使计划有条不紊地执行。步骤和时间的安排要科学,过紧过松,都不利于计划的完成。

4. 制订者和日期。写明计划制订者的名称和日期。如系上报或下达的计划,还应加盖公章。

（三）计划写作的注意事项

1. 对上负责的原则。要坚决贯彻执行党和国家的有关方针、政策和上级的指示精神,避免本位主义。

2. 切实可行的原则。要从实际情况出发定目标、定任务、定标准,既不要因循守旧,也不要盲目冒进。

3. 集思广益的原则。要深入调查研究,广泛听取群众意见、博采众长,避免主观主义。

4. 突出重点的原则。要分清轻重缓急,突出重点,以点带面,不能眉毛胡子一把抓。

5. 防患未然的原则。要预先想到实行中可能发生的偏差,可能出现的故障,要有必要的防范措施或补充办法。

素养训练

1. 请你为本班制订一份提高普通话过级率的实施计划。

2. 你所在的学校将举办艺术节,其中包括摄影、书画、卡拉 OK 等项目的比赛,请你以组织者的名义代拟一份计划书。

三、幼儿园工作计划

根据《幼儿园管理条例》、《幼儿园工作规程》、《幼儿园教育指导纲要(试行)》(以下简称《纲要》)等幼教法律法规和上级有关指示精神,结合本地区、本幼儿园的实际情况,把事先为达到某一目标所要完成的任务,以及实现这项任务所采取的相应措施写成的书面材料,叫作幼儿园工作计划。

【示例】

大班美术兴趣班工作计划

幼儿园大班已经掌握一定的美术线描画的技能。新学期为提高大班幼儿的美术兴趣,让幼儿大胆构思,大胆去画,特制订大班美术兴趣班工作计划。

一、指导思想

幼儿美术教育活动是满足儿童感受美的情感教育活动,最终目标是培养幼儿创造力、想象力、思维能力。幼儿美术活动的内容涵盖了幼儿生活的全部,幼儿的所见所闻,包括周围环境的人物、动物、植物、风格、建筑、各种有趣的玩具和幼儿园的生活游戏等,都是通过美术活动体现出来。

二、目标要求

1. 愿意参加绘画活动,体验绘画活动的快乐,对绘画活动感兴趣并养成大胆作画的习惯。

2. 认识油画棒、蜡笔、水彩笔、水粉画笔、纸等绘画工具和材料,掌握其基本使用方法、正确的握笔方法和作画姿态。

3. 学习画线条(直线、曲线、折线)和简单形态(圆形、方形等),并用于表现生活中熟悉的简单物体的轮廓特征。

4. 认识红、黄、蓝、橙、绿、棕、黑、白等颜色并选用多种颜色作画,对使用颜色感兴趣。

三、活动组织要点

1. 注重幼儿艺术思维能力的培养。老师作用在于激发幼儿感受美、表现美。

2. 注重幼儿自身实践操作能力的培养。让幼儿在轻松愉快的环境中去思维、去发现。

3. 注重幼儿构图技能的培养，充分体现自我创造能力。

4. 注重幼儿美术兴趣的培养。通过活动，培养幼儿动手能力、培养幼儿参与兴趣。

四、活动内容

1. 美丽的焰火（绘画）；

2. 宝塔（绘画）；

3. 升国旗（绘画）；

4. 夜晚在一棵树上（绘画）；

5. 我爱洗澡（绘画）；

6. 脸谱装饰（绘画）；

7. 江南小镇（绘画）；

8. 黄昏的树林（水粉画）；

9. 大公鸡真美丽（水墨画）；

10. 奥特曼（水粉画）；

11. 葡萄（水墨画）；

12. 个人画展。

以上四点是我园大班美术方面新年度工作计划，大班老师会齐努力，将这一计划完成并追求做到更好。

（一）制订幼儿园计划的基本要求

第一，保证《纲要》等幼教法律法规及各级部门幼教政策的全面贯彻。

制订幼儿园计划应保证《纲要》等幼教法律法规的全面贯彻执行。幼儿园应科学合理地编排幼儿游戏、教育教学活动、劳动及日常生活等各项活动，为幼儿准备有意义的活动材料，提供宽松自由的活动空间，保证幼儿个性的全面健康发展。并结合各级部门幼教政策及当地幼教行政部门的工作重点和要求，制订出适合本园、本部门、本班的计划。

第二，以幼儿年龄特征、实际发展水平为计划依据，做到因材施教。

幼儿园计划应以幼儿年龄特征、实际发展水平为根本出发点，才能真正体现出幼儿园的办园宗旨"一切为了孩子"，使幼儿园成为幼儿学习的乐园，活动的乐园，使每一个幼儿的潜力得到最大限度的开发。

第三，注意幼儿园各项工作的系统性、整体性与一致性。

制订幼儿园计划时，各部门、各班之间，班上工作人员、幼儿园与家长之间等各方面应注意工作的系统性、整体性与一致性，发挥各部门之间的整体协调作用，各方面通力合作，优化组合，保证幼儿园工作的顺利进行。

第四，计划要有可行性。

在制订计划时多估计各方面的情况，做周密的考虑。计划制订后，就应当贯彻执行。但是也应有一定的灵活性，当情况变化时，要适当修改计划，不能机械地一成不变。

（二）注意事项

制订幼儿园计划时，应注意以下五个问题。

一忌"老"：计划无新要求、新措施，体现不出时代精神和改革精神。

二忌"套"：计划无针对性，而是搞"纲要搬家"，或套用别人的计划，做"文字游戏"，根本没有自己的鲜明特色。

三忌"空"：目标、要求、措施不具体，似是而非，不可捉摸；讲措施则空洞无物，无操作性、可行性，叫人无所适从。

四忌"冗"：计划无重点，项目多而杂，语言不简练，篇幅冗长。

五忌"死"：提法"绝对"，内容死板，行文不活泼。

(三) 幼儿园班级学期教育工作计划

每学期开始前，幼儿园教师应根据本学期全园教育工作计划的要求和《纲要》规定的目标、内容与要求，结合本班幼儿实际制订班级学期教育工作计划。班级学期教育工作计划大致包含以下九项内容。

1. 本班情况分析。如班级总人数、男女幼儿人数各多少，幼儿智力、道德、健康状况，幼儿个性表现，家庭教育状况等各方面情况。

2. 任务目标。

3. 指导思想。

4. 教育教学工作。

5. 教研工作。

6. 个别教育工作。

7. 家长工作。

8. 小班幼儿(或新班幼儿)的入园接待工作或大班的结业工作。

9. 月工作安排。

(四) 班级每周逐日教育工作计划

在制订周计划时，应根据工作的轻重缓急和先后次序，提出一两项主要工作和教育重点，注意将一般常规性工作与重点工作结合起来，进而再将周计划具体化为逐日教育活动安排，明确从周一到周五的活动内容。一般可以根据全天保教的时间程序，自幼儿入园到离园，对每天的具体活动内容作出大致规定。全日制幼儿园每周逐日活动安排一般包括如下内容：入园晨检、来园活动、早餐、早操(或课间操)、教育活动、游戏活动、午餐、午睡、散步活动、离园活动等。

素养训练

1. 制订一份班级学期德育工作计划。

2. 请依照表格内容，填写一份每周逐日计划表。

××幼儿园×班×月份第×周计划

	周 活 动 计 划
本周发展目标	
生活活动指导	
个别教育	
家长工作	
环境创设	
其他工作	

(续表)

		周 活 动 计 划				
		一	二	三	四	五
入园晨检						
		周 活 动 主 题				
来园活动						
早操(课间操)						
早 餐						
第一次教育活动 (或区角活动)						
第二次教育活动 (或区角活动)						
游戏活动	上 午					
	下 午					
午 餐						
散步活动						
午 睡						
课间活动						
户外活动						
离园活动						
区角活动投放及指导						

×年×月×日

执笔人:×××

思考讨论

1. 微信的表达,体现了个人素养。给自己尊敬的人发微信时采取群发方式,这么做合适吗?

2. 微笑是一张靓丽的名片。今天,你微笑了吗?

第六章
实 用 文 体

内容提示

　　本章精选了日常生活中人们喜闻乐见的对联和串台词,力求以简约的文字,典型的实例使同学们在有限的时间内迅速了解此类文体的内容和特点,快乐地学习并掌握相应的知识和能力。

素养目标

　　1. 熟记经典名联,理解其深刻含义,体会其语言精练之美。

　　2. 理解串台词的含义及特点,结合学习实际,练习写串台词。

第一节　名 联 赏 析

　　对联是一种独特的文学艺术形式,是中华民族文化的瑰宝之一。它发轫于我国古诗的对偶句,始于五代,盛于明清。2005 年国务院把楹联习俗列为第一批国家非物质文化遗产名录。据《宋史·蜀世家》载,五代后蜀主孟昶写了中国历史上第一副对联: 新年纳余庆,嘉节号长春。骚人墨客常以此述志寄怀、策人自勉。

经典素材

(一) 修　养

　　知者乐,仁者寿。

　　大公无我,推己及人。

　　知足常乐,能忍自安。

　　和为高境界,谐是大文章。

　　无情未必真豪杰,有度方为大丈夫。

　　人间清品如荷极,学者虚怀与竹同。

　　气忌躁,言忌浮,才忌满,学忌浅;胆欲大,心欲细,智欲圆,行欲方。

(二) 治　学

　　书到用时方恨少,船行江心补漏迟。

　　才如湖海文始伟,腹有诗书气自华。

　　文章最忌随人后,道德无多祇本心。

求贤急似渴思饮,治学犹如蝶恋花。

贵有恒何必三更起五更眠,最无益只怕一日曝十日寒。

(三) 处　世

世事洞明皆学问,人情练达即文章。

世间唯有读书好,天下无如吃饭难。

敬君子方显有德,远小人不算无能。

大器晚成,少安毋躁;急流勇退,小住为佳。

世事让三分,天高地阔;心田留一点,子种孙耕。

(四) 治　家

万事唯求和气,一家共享春风。

天下无不是父母,世间最难得弟兄。

和谐社会三春里,幸福家庭四季中。

教子课孙为我分,读书为善做人家。

礼以闲心,乐可昭德;智能用事,仁足爱人。

得山水清,其人多寿;饶诗书气,有子必贤。

勤劳节俭,乃治家上策;礼貌谦让,为处世良规。

一粥一饭,当思来之不易;半丝半缕,恒念物力维艰。

(五) 勤　政

上行下效,大法小廉。

上循天理,下合人心。

政静民无讼,心安趣有余。

官当持大体,政在顺民心。

至性至情,得天者厚;实心实政,感人也深。

开启解读

前文所选对联志在书山探宝,意关修身治学等,非常贴近我们的生活。它们或以内容取胜,或以巧对迷人,或以益智增趣见长,颇值玩味。

对联的相关知识简介:

对联,也称"楹联""对子",是一种由字数相同的两句话组成的对仗工整、韵律协调、语义完整的文学形式。对联的长度不定,短的可以只有一两个字,长的则可达几百个字。

对联声律启蒙选:

云对雨,雪对风,晚照对晴空。来鸿对去燕,宿鸟对鸣虫。三尺剑,六钧弓,岭北对江东。人间清暑殿,天上广寒宫。两岸晓烟杨柳绿,一园春雨杏花红。

春对夏,秋对冬,暮鼓对晨钟。观山对玩水,绿竹对苍松。楼对阁,户对窗,巨海对长江。贤对圣,是对非。觉奥对参微。鱼书对雁字,草舍对柴扉。鸡晓唱,雉朝飞。红瘦对绿肥。举杯邀月饮,骑马踏花归。黄盖能成赤壁捷,陈平善解白登危。

各抒己见

1. 阅读背诵以下对联,谈谈你的体会。

"勤学如春起之苗,不见其增,日有所长;辍学如磨刀之石,不见其损,日有所亏。"(晋陶渊明)

"宠辱不惊,看庭前花开花落;去留无意,望天上云卷云舒。"(近代刘海粟)(大意:为人做事能视宠辱如花开花落般平常,才能不惊;视职位去留如云卷云舒般变幻,才能无意。)

2. 对联是由格律诗的对偶句和骈赋的俪句发展而来,在这片独特的文学天空中,群星闪烁,风流韵事,美不胜收。把你知道的有趣味的对联故事或者自己体会最深的对联,说来与大家分享。

心灵感言

对联已然成为人们生活的一部分,劝进治学,兴店开业,节日庆典,红白喜事,均与之相连。许多对联映射生活,直言人性,精练通俗,让我们不能不恭信为之。我们始终铭记:"问渠哪得清如许,为有源头活水来。"

素养训练

1. 经典素材所选对联辞工意远,韵味深长。选几条背一背,看谁记得又多又准。

2. 对联试一试:

(温馨提示)一副好的对联应满足以下几个要求:(1) 字数相等。(2) 断句一致,词性相对。(3) 语义相关。(4) 仄起平落,平仄相对,抑扬顿挫,优美动听。

(1) 二字对:

山外(　　)　　欣赏(　　)　　秋菊(　　)　　汉赋(　　)　　书山(　　)
玉宇(　　)　　绿水(　　)　　斗转(　　)　　冷月(　　)　　春花(　　)
益友(　　)　　沐雨(　　)　　生死(　　)　　戴月(　　)　　花香(　　)

(2) 三字对:

水底月(　　)　　刀子嘴(　　)　　伴明月(　　)　　飞鸟尽(　　)
孙行者(　　)　　水帘洞(　　)　　桃花面(　　)

(3) 四字对:

竭忠尽智(　　)　　青山不老(　　)　　山清水秀(　　)
东西南北(　　)　　云蒸霞蔚(　　)　　水天一色(　　)
锦绣山河(　　)　　疏影横斜(　　)　　事事关心(　　)
励精图治(　　)　　龙腾虎跃(　　)　　功盖天下(　　)
芳草有情(　　)　　人寿年丰(　　)　　清风明月(　　)

(4) 名句对联:

两个黄鹂鸣翠柳(　　　　　　)　　　　横眉冷对千夫指(　　　　　　)
风声雨声读书声(　　　　　　)　　　　明月松间照(　　　　　　)

相关链接

一、对联玩味

顶针联: 开口便笑笑古笑今凡事付之一笑,
　　　　　大肚能容容天容地与己何所不容。

拆字联: 冻雨洒窗,东二点西三点;
　　　　　分瓜切片,竖八刀横七刀。

音韵联: 童子打桐子,桐子不落,童子不乐;
　　　　　麻姑吃蘑菇,蘑菇真鲜,麻姑真仙。

回文联: 客上天然居,居然天上客。

僧游云隐寺,寺隐云游僧。

巧对: 五月黄梅天,三星白兰地。

贾岛醉来非假倒,刘伶饮酒不留零。

山羊上山,山碰山羊角;

水牛下水,水没水牛腰。

鸟在笼中恨关羽不能张飞,

人在世间要悟空更要八戒。

同字异音: 海水朝朝朝朝朝朝朝落,

浮云长长长长长长长消。

四川泸定桥联: 上下影摇波底月,

往来人渡镜中梯。

贵州贵阳城北关外桥联: 说一身去也,送别河头,叹万里长驱,过桥便入天涯路;

盼今日归哉,迎来道左,喜故人见面,把手还疑梦里身。

幼儿园联: 一代英雄从小看,满园花朵向阳开。　　　　　　横批:苗壮成长

今朝花朵娇美,明天栋梁参天。　　　　　　横批:健康快乐

朝气蓬勃与时俱进,霞光天使苗壮成材。　　横批:祖国新一代

满圃幼苗皆成梁栋,一园金鲤早化巨龙。　　横批:心想事成

培新苗一日之计在于晨,看嫩芽小荷尖尖迎朝阳。横批:阳光雨露

挽美学大师季羡林先生联: 文望起齐鲁通华梵通中西通古今至道有道心育英才光北大,

德誉贻天地辞大师辞泰斗辞国宝大名无名性存淡泊归未名。

二、古今对联故事选

故事一

苏东坡小时候,在书房门上贴了一副对联:"识遍天下字,读尽人间书。"这事被一位老者知道了,一天,他拿来一本小书,向苏东坡请教。苏东坡接过小书一看,有许多字并不认识,这本小书也没见过,不禁十分羞愧。老人取回小书,盯着这副对联看了好一会儿,不禁摇摇头走开了。苏东坡看在眼里,觉得自己的这副对联确实狂了一点,很不应该,于是拿起笔来,在开头多添了两个字:"发愤识遍天下字,立志读尽人间书。"这一改,没有了原先的"狂"气。从此以后,苏东坡变得谦逊起来,孜孜不倦地识字、读书,终于成为一代大诗人、大文豪。

故事二

某日,解缙的父亲与友人对弈,开局之前,友人吟道:"天作棋盘星作子,谁人敢下。"解父一时语塞,站在一旁的解缙应声替父解围:"地为琵琶路为弦,哪个能弹。"

故事三

清代小说家蒲松龄撰写的读书联"有志者,事竟成,破釜沉舟,百二秦关终属楚;苦心人,天不负,卧薪尝胆,三千越甲可吞吴",说的是西楚霸王灭秦和越王勾践卧薪尝胆灭吴,以此明志,表达他创作《聊斋志异》不达目的不罢休的意志与决心,用项羽大破秦兵和勾践灭吴雪耻的史事来激励自己,鼓舞自己,最后完成不朽名作《聊斋志异》。(摘自《阅读世界》)

三、名联鉴赏

"知足知不足，有为有弗为。"这是诗人、小说家、散文家冰心（谢婉莹）的祖父谢子修集古人名言而成的自勉联，并作为教育后代的家训。

上联的"知足"语本《老子》的"知足不辱"，即指对物质享受、名利、地位，要知道满足，不能贪求。知足才不致受屈辱。这里既包含"明哲保身"的思想，也蕴含着抑制非分欲求、保持身心和谐的合理内核。

"知不足"语出《礼记·学记》："学然后知不足，知不足，然后能自反也。"大意是说只有通过学习，然后才能了解自己的不足，知道了自己的不足之处，然后才能反过来努力学习。"知不足"表现了积极的进取精神、强烈的求知欲望和谦虚好学的态度。对学问、对事业要不断进取，永不满足。

下联的"有为"是指有作为。语本《礼记·儒行》："爱其死以有待也，养其身以有为也。"即是说，珍惜生命，是为了等待发挥作用的机会；保养身体，是希望有所作为。这是儒家积极用世的态度。"有弗为"，指对不符合正义道德的事坚决不做。语本《孟子·离娄下》："人有不为也，而后可以有为。"大意是说，人要有所不为，才能有所为。下联提出了有为与弗为的界限：对好事、善事、利国利民的事要积极做；对错事、恶事、损人利己的事，要坚持弗为。

中国无产阶级革命家、教育家徐特立就"有为与弗为"给几位青年店员题写了一副赠联："有关家国书常读，无益身心事莫为。"给人们修身养性指明了方向。冰心曾对祖父的家训联作过独到的诠释：对有些事要知足，如生活上；对有些事则永不能知足，如学习、事业上；有些事一定要做，而有些事则坚决不能做。她时时把此联挂在书斋内，以示谨遵祖训。

［选自《人民日报》（海外版），2006年11月10日第14版］

拓展阅读

神奇数字对联

第二节　串　台　词

经典素材

××班"青春聚会"文艺晚会串台词

开场白——

吴：飞扬的青春闪烁着不变的岁月，

卢：欢乐的聚会传递着不变的情怀。

吴：如歌的旋律流淌着欢快的激情，

卢：五彩的梦想编织着绚丽的华章。

陈：迎着春风，我们展开七彩的画卷，

杨：面对朝阳，我们喊出豪迈的誓言。

陈：蓝天作纸，大海为墨，写不完青春的靓丽。

杨：群峰放歌，大江展喉，唱不尽青春的永恒。

陈、吴：送你一千个甜蜜的祝福，

　　　　让甜蜜的祝福飘荡在空中，

　　　　如诗如画。

陈、杨：送你一万个纯真的祈祷，

　　　　让纯真的祈祷弥漫在心中，

　　　　如歌如梦。

陈、杨：青春如歌。

吴、卢：快乐如风。

陈、杨：如歌的青春飞扬着我们的梦想。

吴、卢：如风的快乐飘荡着我们的激情。

四合：今晚，在这绚丽的舞台上，我们用甜蜜的歌声，曼妙的舞姿，将我们五彩斑斓的青春呈现。

　　　××班"青春聚会"新芽文艺晚会现在开始！

节目顺序串词——

1. 哈尼族舞蹈：《木屐与山鼓》

卢：美丽的哈尼族姑娘们，都有一双自己心爱的木屐，而今天呐，她们正穿着自己漂亮的木屐，踏着整齐的脚步来到这里，同学们，你们听到木屐的声音了吗？

2. 小合唱：《猜调》

杨：一群跷花旦儿嬉闹着，她们随着青春的脚步，拍打着现代节奏来了！

3. 幼儿舞：《踩茶》

吴：丰收的岁月里，我们激情四溢，丰收的年华里，我们披荆斩棘，丰收的欢乐里，天真的小朋友用舞步展示着他们丰收的喜悦。

4. 小品:《另类爱》

陈:夜把花悄悄放了,却让白日去领受谢词,美和真,美在人们心中,真在耕耘者臂里。

5. 少儿舞:《寻找回来的世界》

卢:一群天真活泼的小孩子,常常托着下巴望着天空遐想,幻想着去找回一个未来的童话世界。

6. 当代舞:《门》

卢:在求知的学习生涯中,我们曾徜徉,曾徘徊,曾失落,走过那一山,蹚过那一水,蓦然回首,我们年少的心总是那样充满激情,求职路上,我们努力向前,向前……

7. 儿歌:《快乐城堡》

杨:跳跃的音符宝宝告诉我,在这城堡里有它的快乐,在快乐里有它的城堡,让欢乐的旋律,引领我们走进快乐城堡。

8. 白族舞:《绿之灵》

吴:春雨淅淅沥沥地下着,风儿轻轻吹开了森林的白雪鸟,一个鲜活的生命,正用它娇嫩的翅膀、妩媚的身姿绽放出迷人的姿态。

9. 幼儿舞:《举手发言》

杨:手牵着手,告诉我世界上最高的山峰在哪里?

陈:我知道,让我告诉你最高的山峰在心底。

杨:脚踏着脚,告诉我世界上最长的河流在哪里?

陈:我知道,让我告诉你最长的河流在心里。

10. 童话剧:《皇帝的新装》

吴:在一个虚幻的国度里,有这样一个国王,他骄傲、自私、爱慕虚荣,同学们,让我们一起走进这神秘的国度去看看皇帝的新装吧!

11. 器乐合奏:《卡农》

动听的旋律,五彩的音符,一起握住音乐的手,犹如宙斯想要抓住上帝的手,去感受那神气美妙的中西《卡农》吧!

12. 健美操:《舞动青春》

吴:青春因为有追求而美丽,翅膀因为有了勇敢而坚强,舞台因为有你的舞动而绚丽。

13. 苗族舞:《阿达达奇》

夕阳西下,风吹草儿动,一群苗山姑娘踏着矫健的舞步,用婀娜的舞姿传递着她们的纯朴热情。

结束语——

吴:就在昨天,我们提着行李,在爸爸妈妈的护送下,走进这一方青春校园,那一年,我们远离熟悉的家乡,来到了一个崭新的地方——美丽而温馨的校园。

陈:两年前,我们都怀揣着一个美丽的梦想,急切地走向这片沃土,还记得吗?两年来,我们经历了成功时的欣喜和惊喜,也经历了挫折时的懊恼与失望。

吴:在一起生活的日子里,61颗年轻的心,一同在迷茫中觉醒,在磕绊中进步,现在的我们更懂事了!

陈:我们曾为了筹办新芽晚会而整晚兴奋,也曾为了各种比赛而整日忙碌。

吴:曾经在下课后挤在阳台上晒太阳,讲着不知道天南地北的笑话和趣闻。

陈:我们也曾为同学们在球场上的飒爽身姿而欢呼雀跃。

吴:静谧的夜晚,常常回荡着依依惜别的校园歌曲。

合:离别的人群,频频回首深深表达着对母校的无限热爱。

吴：你曾对我说,相逢是一首歌,青春就是这歌的旋律。

卢：你曾对我说,青春是一首诗,亮丽就是这诗的颜色。

杨：你曾对我说,青春是一棵郁郁葱葱的树,一朵含苞欲放的花。

陈：61颗热情奔放的心,在这里聚会,表达我们由衷的敬意。

吴：感谢你,敬爱的领导!

合：感谢你对我们的关心培育。

陈：感谢你,亲爱的老师!

合：感谢你对我们的谆谆教诲。

杨：感谢你,慈爱的爸爸妈妈!

合：感谢你对我们无微不至的呵护。

卢：感谢你,可爱的同学们!

合：感谢你们一路上对我们的鼓励。

四合：感谢你,美丽的母校!

四合：感谢你为我们放飞了心中的梦想,今后无论我们走到哪里,我们都会深情地把你怀想;在人生的路上,我们会昂起头,潇洒地走;我们会微笑勇敢地走,因为母校永远微笑着站立在我们身后,一直在,一直在,一直在!

开启解读

青春是一朵美丽的月季,花开四季香气怡人。青春是人生最新鲜的血液,每一滴都是那样自豪与珍贵,每一滴都会让人心醉。青春是一首美的旋律,唱响人生不老的音符。谁不爱自己的青春,谁又不想花开的日子。朋友,在幼师的日子短暂而又幸福,燃烧吧,奋斗吧,把更多的精彩展示给大家,把最优美的台词留在人生的"不夜城"!

一、串台词的含义

串台词,又叫串连词、串联词、主持词。串台词是在晚会、联欢会等大型联欢活动中,把前后节目恰到好处地联系在一起的关键性词语。串台词是一门艺术,一般来说有固定的套路。

串台词一般需要在两个环节中间穿线搭桥,上串下联,既要关照先前,画龙点睛,又要引导其后,渲染蓄势,把活动的两个环节连接成一个有机的整体,恰到好处地调动活动的气氛。

二、串台词的特点

一是简短扼要。

串台词起连接、辅助过渡的作用。串台词具有极强的现场感,简短的句子、大众化的语言,既使听众易于接受,又让人感到亲切生动。

二是衔接巧妙自然。

(1) 目的：为了节目之间前后过渡和谐,因此衔接要巧合无痕,天衣无缝。

(2) 巧妙：善于发现前后的衔接点,或内容的相关,或形式上的一致。

(3) 自然：不生硬做作,不牵强附会,不画蛇添足。

三是和谐得体。

(1) 幽默诙谐,活跃气氛,调动情绪。

(2) 典雅诗意,提高文化品位。

三、串台词的类型

1. 串节目与主题：这类串台词一般是出现在节目的开头或结尾,字数不宜太长。

【演练】 用饱含激情、简洁有力的语言,为"青春万岁"大型文艺晚会的主持人写几句串台词,引出节目大合唱《年轻的朋友来相会》。

【示例】

① 天也美,地也美,春光更明媚,城市乡村处处增光辉。奇迹的创造要靠我,要靠你,更要靠亲爱的朋友们,要靠我们跨世纪的新一代青年。请欣赏大合唱《年轻的朋友来相会》。

② 青春是一树鲜艳盛开的花,青春是一堆激情燃烧的火;青春意味着奉献,青春意味着事业;青春写满活力,青春歌唱年轻。请欣赏大合唱《年轻的朋友来相会》。

③ 挺起你的胸膛,谱写壮丽的诗篇;迈开你的双脚,攀登成功的阶梯;张开你的双臂,拥抱美好的未来。朋友们,因为我们正年轻!请欣赏大合唱《年轻的朋友来相会》。

2. 串节目与主体:主体是指与节目或事件有关的个人或单位,或是一般的听众。

【演练】　电台计划播送旅游天气预报新闻时,在各条信息之间加上一些衔接的话,以增加知识性、趣味性和人文性。请你在下面的天气信息之间,为电台设计两段这样的话。

三亚(海南)　晴　24～32℃

漠河(黑龙江)　小雪　－22～4℃

大理(云南)　多云转小雨　12～24℃

【示例】

① 今天去三亚旅游,如果能带上一些防晒物品,会使您更加惬意。比起三亚来,黑龙江的漠河却是另一派风光,飞舞的雪花会让南方的朋友欣喜不已。但请您一定不要忘了多穿些衣服,以防感冒。具体天气是……

② 北方的漠河用洁白的雪花迎接来访的客人,而西南的大理则以温柔的小雨期待您的光临,加上舒适的温度,今天登临苍山,泛舟洱海,相信朋友们一定会流连忘返。不过提醒您别忘了带上雨伞。大理今天的天气情况是多云转小雨,12～24℃。

3. 串节目与节目:这类串台词出现的频率最大,它一般是出现在节目进行当中以便演员上下或节目换场,或者是播出内容的转换衔接。

【演练】　为了使新闻播报更加平易自然,编辑准备在每条新闻之间加上一些承上启下的衔接词。请你帮助他们在下面三条新闻之间,设计两段这样的话。要求衔接自然,转换巧妙。

① 沈阳人要不了多久将有第二个"身份证",因为沈阳市公安局将把市民的指掌纹集中起来,建立全民指掌纹数据库。(《华商晨报》)

② 上海市灾害天气预警信号发布自下月开始实施,凡遇有台风、暴雨、高温、低温等灾害性天气,上海市中心气象台将统一发布预警信号,以便市民及时调整衣食住行等活动计划。(《解放日报》)

③ 发生在广东揭阳县、湖南武冈市、安徽马鞍山市雨山区和新疆生产建设兵团 12 师的 4 起高致病性禽流感疫情已被扑灭,昨天疫区封锁被解除。(新华社)

【示例】

① 现代信息技术为公安系统提供了方便,而生活在信息时代,老百姓的日常生活也变得更加方便了。据《解放日报》报道:……

② 今天的好消息还不只这些。下面关于扑灭禽流感疫情的消息想必是大家更关注的。据新华社报道:……

四、串台词的作用

串台词的主要作用是承上启下,上串下联。串台词往往寥寥数语却穿针引线,画龙点睛,在突出晚会主题、把握基调、增强信息量和调动观众情绪等方面,有着不可替代的作用。串台词运用得体,会增加节目的趣味性和人文性,写得糟糕则会影响节目的效果。

五、串台词的语言特征

1. 多用修辞。串台词的语言,可以说是用尽了所有的修辞手法,力求通过形式多样的修辞手法使语言搭配得当,语义、句式不重叠,吸引观众,对晚会、会议等进行良好的引导和宣传。语句上抒情重于叙述,多用排比句以增强气势,强化表达效果;适当重复语句以突出重点,起到强调的作用;还可多用拟人句,使其更加生动形象。

2. 注重音节。串台词要求章节的语言优美,它必须在音节上追求朗朗上口、铿锵有力,讲究抑扬顿挫。

3. 语义浅白。串台词不论怎么写,有一个原则就是语言必须通俗易懂。串台词主持人一次读过,全靠声音去调动观众,观众只有接受,不能选择。如果深奥了,观众没法接收到你的信息,编撰者的目的就无法达到。

4. 语貌得体。串台词整体的语言风貌要根据整台晚会的风格来决定,或庄重或轻松。如"红色经典歌曲",根据晚会举办的宗旨,其风格应该典雅、庄重,语言上要求规范,诙谐幽默调侃的语言往往不宜使用;而迎新晚会、庆祝晚会等纯文艺性的演出,语言则可以采用诙谐幽默的方式,让观众轻松愉快,串台词大可不必太严肃。

六、串台词的写作

写作时要善于抓特点、抓特色,用名人轶事、民间传说、神话故事、诗词歌赋、想象修辞等来增加文采。要力求语言精辟有力、内涵深刻、上下贯通。切不可用高深莫测的警句和过于华丽的辞藻使主持人居高临下,丧失了亲切感。

1. 串台词的写作方式。串联就是一种动态的过渡。它衔接前后节目,调动观众感官,控制现场气氛,给观众创造一种观看节目的心境。

(1) 诗化抒情式。语言的意象美、形式美、音乐美使得众多的串台词呈现出诗化的韵味。

(2) 节目嵌入式。将节目名称自然嵌入在串联语言里,含而不露,一语双关。

(3) 承上启下式。串联语既对上一个节目简要小结,又对下一个节目作观赏提示,使观众的思绪和注意力在"画外音"氛围中作蒙太奇式的切出、切入。

(4) 悬念启发式。这是启迪节目情节内容的悬念,可以使观众了解一点剧情或背景,激起探求结果的欲望。

(5) 介绍演员式。即在串词内加上演员的名字。

2. 串台词的写作角度分为作者角度、内容角度和风格角度。

(1) 作者角度

【示例】

① 有一位诗人,她在溪亭日暮时唱出了"沉醉不知归路",她于月满西楼之时,叹着"才下眉头,却上心头",她虽然"人比黄花瘦",却吟着"应是绿肥红瘦",她就是巾帼词人——李清照。正因为有了她,南渡词人才大放异彩,中国的词坛才不那么寂寞。下面请欣赏诗歌朗诵《声声慢》。

② 李白是我国唐代伟大诗人,他的诗豪迈飘逸,千古传诵;他不拘小节,不媚权贵;他把酒高歌,对影独酌;他生在大唐末世,一生抱负不为君用,却挥洒出"蜀道难,难于上青天"的豪迈感叹。下面请听诗朗诵《蜀道难》。

(2) 内容角度

【示例】

① 大海给了它坚硬的翅膀,为的是能够搏击狂风巨浪。当鸟儿们都躲避风浪的时候,它却高声呼

唤暴风雨来得更猛烈一些。请听《海燕》。

②一首《春江花月夜》,让人在春江花月中感叹岁月、感叹人生,其景色缤纷,蕴含着人生思考、寄托着两地相思,打开此篇,犹如江风扑面、江流入耳、江月照人……请听朗诵《春江花月夜》。

(3)风格角度

【示例】

①"多情自古伤离别",一曲字里行间充满离别之情,曲调清和朗畅,意致绵密。全篇波澜迭起,层层深入,缠绵悱恻,凄婉感人,其中许多佳句一直为世人所传诵。请欣赏《雨霖铃》,作者:柳永。

②毛泽东的《沁园春·雪》被称为千古绝唱。全篇高瞻远瞩,胸襟博大,气魄雄浑,艺术精湛,令人振奋。下面请欣赏《沁园春·雪》。

各抒己见

与同学合组,扮演主持人角色,大声展示下面台词,然后谈谈你心中的感受。

一、中秋节晚会主持人台词

开幕词——

"明月几时有?把酒问青天。不知天上宫阙,今夕是何年。"今天,又一个中秋佳节到来了,我们从来没有像今夜这样特别关爱天边这轮月亮。人们在月下做着团圆美梦,人们在月下聚餐赏景,人们在月下寄物托思……

"嫦娥应悔偷灵药,碧海青天夜夜心。"在一段凄美的故事发生后,月亮便成为人们渴望团圆的象征。"举头望明月,低头思故乡。"在游子的乡愁里,思绪如飞,归心似箭。"但愿人长久,千里共婵娟。"在恋人的思念里,冷月如霜,宛若冻结了曾经的热量。"举杯邀明月,对影成三人。"在诗人的酒杯里,醉满了浓烈的诗行。"海上生明月,天涯共此时。"在月下的团聚里,天伦之乐回荡满堂。月在水里,月在天上;月在画里,月在心上。

今夜,我们放飞所有梦想,去打捞那轮美丽的月亮。中秋晚会现在开始!

闭幕词——

月是期盼,月是挂牵;月是幻想,月是浪漫;月是思念,月是圆满。今夜,月圆如盘,看不见残缺的遗憾;今夜,月光如水,涤荡着我们彼此的友谊;今夜,月华如歌,唱响我们心中的激昂。有你,我们高歌唱响希望;有你,我们将快乐分享;有你,所有的梦都在生长。期待每一天的月圆,期待每一时的相聚,期待每一刻的欢畅。明明暗暗、圆圆缺缺的月亮告诉我们,人生有遗憾,耐住寂寞,坚持执著,去迎接新一轮的较量!

二、演讲比赛主持人台词

开幕词——

A:你,不缺乏感动。

B:冬雪,夏花,和春天里萌动的柳意。

A:你,不缺乏赞美。

B:风雨,日月,还有闪电甘霖之后的虹霓。

合:我的母校,我视若手足的同窗!

A:这里,有我沉默的心弦。

B:这里,有我纷飞的思绪。

A:这里有我的诗,我的笑,我的原始的轻扬的感触。

B：这里有我的歌,我的乐,我的厚实的沉甸甸的收获。

A：爱你,所以满心感恩,为你的雨露,为你的光明。

B：爱你,所以满怀诗情,为你的胸怀,为你的笑意。

A：感恩的尽头,正是诗的初页。

B：感恩的表白,正是歌的飞跃。

A：春天的诗行且让它在冬风中芳菲。

B：春天的文页且让它在冬风中飘曳。

合：让我们用真挚的情感爱我校园!让我们用真挚的行动爱我们的家——学校!"爱我校园,爱我家"主题演讲比赛现在开始!

闭幕词——

A：母校,你织密我的情感,你醇化我的感动。

B：你播下幸福与爱的渴望,在年轻的天空中放飞梦的鸿雁……

三、"青春·阳光"联欢晚会台词

开场——

春天,是自然的青春,去了,又来!

青春,是人生的春天,短暂得无奈!

阳光,可以使春天多姿多彩!

追求,能够让青春无怨无悔!

朋友们,同学们!

让我们注销伤痛的记忆,打开希望的窗口!

让我们将人生重新定义,把未来重新编辑!

因为我们年轻,我们坚强!

因为我们阳光,我们向上!

同学们,朋友们!

尽情地唱吧,唱出青春的梦想;

潇洒地跳吧,跳出阳光的激情!

让我们一起把青春诠释!

让我们一起将阳光演绎!

尊敬的老师,亲爱的朋友们,

"青春·阳光"联欢晚会现在开始!

结束——

同学们,朋友们!

面对春天,我们不能总是陶醉和感叹,赶快将希望播种!

面对青春,我们不要一味享乐和颓废,快快让理想起航!

面对迷茫,我们要抬头看一看太阳,心中就会有方向!

面对诱惑,我们要追求阳光和健康,就不会偏离航向!

难忘今宵,我们将阳光拥抱!

今宵难忘,我们把青春分享!

朋友们!

同学们!

让我们同唱一首《难忘今宵》，
让我们记住这个难忘的夜晚！

心灵感言

"星星在哪里都是很亮的，就看你有没有抬头去看它们。"这是影片《玻璃樽》的经典台词。生活中每当我们为那些荧屏主人公感动得热泪盈眶的时候，细心的人就会发现，给我们带来特别感受的往往就是那些一语中的的经典台词。

素养训练

1. 学校要举办一场诗歌朗诵会，请你结合诗歌内容、风格为主持人写两段串联词，将《念奴娇·赤壁怀古》《再别康桥》《雨霖铃》三首诗词串联起来。要求衔接自然，简明得体，每段不超过 60 字。

2. 班上举行节日文化主题班会，李明同学先介绍了"元宵节"，接下来韩梅同学介绍"中秋节"。这时班会主持人要说一段话，将前后两位同学的节日介绍串联起来。请你为班会主持人写一段这样的话，要求衔接自然、语意连贯，不少于 80 个字。

3. 学校举行课本剧汇报演出，请你结合剧情内容为主持人写两段串联词，将《雷雨》《罗密欧与朱丽叶》《西厢记·长亭送别》三个节目串联起来。要求衔接自然，简明得体，每段不超过 50 字。

4. 幼教毕业班在毕业前夕，将要举办一场以"起碇远航"为主题的汇报演出。请你为活动写一段开场白和结尾词，文字不少于 500 字。

相关链接

××校毕业生"美梦明天，精彩有我"双选会汇报演出主持词

开场白——

A：花开花落又一年，

B：桃李芬芳又一春，

C：美梦明天我追寻，

D：幼教大军添新兵！

A：尊敬的各位领导、各位嘉宾，

B：尊敬的来自全国各地的园长们，

合：大家晚上好！

A：是鸿鹄就当志存高远，

B：是雄鹰定要展翅蓝天，

C：只有不断追寻，美梦才能得到实现！

D：只有拼搏奋斗，人生才会灿烂精彩！

A：今天，我们站在追寻梦想的舞台上，尽情地欢歌畅舞；

B：明天，我们将展翅翱翔在更加自由宽广的蓝天！

合：我校毕业生"美梦明天，精彩有我"双选会文艺演出现在开始！

第一乐章　金色童年

A：都说青年人是早晨初升的太阳，朝气蓬勃；

B：都说可爱的孩子们是一株株嫩绿的新苗，

C：一簇簇即将盛开的蓓蕾，

D：一只只就要展翅的雏鹰。

A：让我们把所有的声音，汇成一首欢快的儿歌；

B：把所有的笑脸，装扮成一幅美丽的童话；

C：把所有的美梦，编织成一本多彩的漫画。

D：让美丽的彩蝶，飞舞在天真的歌谣里！

第二乐章　一路成长

A：阳光洒大地，

B：欢歌满校园。

A：这里是我们学习知识的乐园，

B：这里更是我们追寻梦想的起点。

A：还记得：那一个个清新的早晨，音乐教室里有我们动听的歌声；

B：难忘怀：那一个个明媚的上午，舞蹈楼里有我们曼妙的身影；

A：升旗台上，展现的是我们对理想的渴望与追求的豪情；

B：智慧女神像前，留下的是我们对未来开拓与进取的誓言。

A：今晚，就让我们站在这熟悉而又留恋的舞台上，

B：用动听的歌声、悠扬的旋律，

A：曼妙的舞姿、激情的韵律操，

合：尽情展现我们的精彩！

第三乐章　格桑花开

A：我们相聚在这里，是真情将我们环绕，是关怀将我们凝聚。

B：一条洁白的哈达，一头连接着藏区"9＋3"的同学们，一头连接着家乡的亲人。

A：在这里，同学们积淀学识，增长技能，从懵懂走向成熟。

B：今晚，在这美好的日子里，就让我们心手相牵，欢聚一堂。

A：今晚，在这和谐的家园里，就让我们载歌载舞，放声歌唱。

第四乐章　岁月如歌

A：那些走过的日子，已斑驳成岁月的足迹；

B：那些难忘的记忆，已缤纷成动听的歌曲。

A：青春如诗，

B：岁月如歌，

A：我们坚强的意志，在这里磨炼，

B：我们年轻的梦想，在这里发芽，

AB：让我们怀着一颗诚挚的心，放飞心中的梦想。

结束词——

A：乐曲声声奏响动听的旋律，

B：歌声阵阵唱出心中的梦想，

C：青青校园凝聚莘莘学子的信念，

D：桃李芬芳展现美丽校园的精彩。

A：树高千丈，是因为土地给了它深深的关爱；

B：鹰飞万里，是因为天空给了它辽阔的舞台。

C：今天，当我们站在人生新的起跑线上，请允许我们向您深深地表达最真诚的感谢：

合：亲爱的老师，感谢您，您辛苦了!

D：感谢您的谆谆教诲，无微不至的关怀!

合：亲爱的母校，感谢您!

A：感谢您的悉心培养，为我们插上腾飞的翅膀!

合：各位远道而来的贵宾们，感谢您!

B：感谢您为我们搭建起实现梦想的平台!

C：我们会带上所有人的爱和祝福，去放飞心中的梦想，去实现人生的精彩!

合：让我们共同祝愿：

A：亲爱的老师身体健康，工作顺利!

B：祝愿我们的母校明天更美好!

C：祝愿各位远道而来的贵宾们心想事成，事业蒸蒸日上!

合：祝愿中国幼教的明天更加灿烂辉煌!

D：××学校××届毕业生双选会文艺演出到此结束!

合：朋友们，再会!

思考讨论

"好记性不如烂笔头"，优美的语言来源于日常积累，坚持读书，坚持写作，必定会有所得。谈谈你对"写作成长"的体会。

第七章
名 言 美 文

内容提示

中西迁客骚人多如星汉,世间诗词歌赋丽句比于繁星。发于笔端,香于笔墨,口耳相传,拍案叫绝。引他人之美言,着自己之彩衣;诵他人之佳句,悦自己之心神。岂不妙乎!

无论是卧薪尝胆成就大事业、大学问,还是怦然心动,为伊憔悴爱得叫人心碎,或是发愤识遍天下字,立志读尽人间书,都与我们息息相关。

素养目标

1. 在熟练掌握名言警句的基础之上,自如使用它们,并努力搜集更多的名言警句。

2. 感悟文段的精美,深刻领会其内涵,引领学生立好志,读好书,做好人,处好事,今后在事业与爱情上实现双丰收。

第一节　立志　读书

一、立志

经典素材

发愤识遍天下字,立志读尽人间书。　　　　　　　　　　　　　——苏　轼

苟有恒,何必三更眠五更起;最无益,莫过一日曝十日寒。　　　——胡居仁

三军可夺帅,匹夫不可夺志也。　　　　　　　　　　　　　　　——孔　子

要向大的目标走去,就得从小的目标开始。　　　　　　　　　　——列　宁

志不强者智不达。　　　　　　　　　　　　　　　　　　　　　——墨　子

志之所趋,无远勿届,穷山距海不能限也,志之所向,锐兵精甲不能御也。　——诸葛亮

立志欲坚不欲锐,成功在久不在速。　　　　　　　　　　　　　——张孝祥

最穷的是无才,最贱的是无志。　　　　　　　　　　　　　　　——福楼拜

雄心壮志是茫茫黑夜中的北斗星。　　　　　　　　　　　　　　——勃朗宁

不飞则已,一飞冲天;不鸣则已,一鸣惊人。　　　　　　　　　——司马迁

开启解读

俗话说,做事先做人,做人先立志。岁月如歌,志向乃航标。人的一生,是向左转还是向右转,是

扬帆远航还是踟蹰不前,是砥砺品格还是庸庸碌碌,全在一个"志"。蒲松龄说得好:"有志者,事竟成,破釜沉舟,百二秦关终属楚;苦心人,天不负,卧薪尝胆,三千越甲可吞吴。"

各抒己见

有人说:"幼师生哪里需要立志?只要管理好幼儿,不让幼儿哭就行了。"难道我们幼师生真的就不用砥砺品格,树立志向,只需当好幼儿保姆就行了吗?你是怎么看待这种观点的?

心灵感言

人人当有志。"有志不在年高,无志空活百岁。"不用在乎你的志向是否朗朗上口,不用在乎你的志向是否悦耳动听,只在乎你是否有志向,在乎你是否愿意为之付出。

别把志向当水中月,镜中花。老骥虽伏枥,志向犹在千里。

素养训练

1. 一句有大志的豪言壮语就能鼓舞三军之志,一篇立大志的警策檄文就能激起世人热血。下面是我们所熟知的一些立志名言。除此之外,你还知道哪些?

心不清则无以见道,志不确则无以立功。 ——林 逋

君子之所取者远,则必有所待;所就者大,则必有所忍。 ——苏 轼

丈夫为志,穷当益坚,老当益壮。 ——马 援

面歧路者有行迷之虑,仰高山者有飞天之志。 ——傅 玄

最大的罪过莫过于自暴自弃。 ——程 颐

2. 你还知道别的有关立志的故事吗?请说来听听。

3. 青年人立志问题通常有哪些?能说说原因吗?

二、读书

经典素材

在北大"吃书"的日子

余 杰

高中毕业已经 10 年了,10 年前第一次走进北大的那天晚上好像还是昨夜。那天,当大客车驶进校园的时候,天色已经黑了一大半。那时的海淀还不像今天这样商贾云集、灯火灿烂,比起刚刚走过的长安街来阑珊了许多。校园里弥漫着树叶的香味,那是我所陌生的北方的树叶。两个高年级的师兄蹬着板车来帮我运行李,可惜我没有能够记住他们的名字。后来,我听说校园里有这样一种传统——老生喜欢抢着承担接新生的任务,因为可以趁此机会认识新生中最漂亮的女生。然而,我却相信那两位师兄并不怀有这样的念头。尽管他们跟我同样瘦弱,蹬三轮车的时候是那样的吃力,但还是坚持着汗流浃背地把我的行李扛进了我的新宿舍。那是北大给我的第一份温暖。

在北大的 7 年里,我几乎不参加班级活动,也不知道班上究竟有几个女生。待在图书馆的时候比在宿舍还要多。那时,商品经济的大潮开始翻涌了,校园的静谧也受到了莫名的搅动。面对着各种诱惑和干扰,即便是在北大的校园里,爱读书的学生也日渐稀少。那时,图书馆的新馆还没有开始修建,旧馆的建筑呆板平庸、毫无特色,让我感叹世界上居然有如此愚昧的建筑师。但是,图书馆里的藏书

却是一笔无法估量的宝藏。对于我来说,外观丑陋的图书馆比美丽的未名湖更加重要——未名湖是恋人们的世界,图书馆是单身者的天堂。我最喜欢到图书馆里的各类阅览室去,随心所欲地翻阅那些积满灰尘的书籍。通常在那些最不起眼的角落里,隐藏着最好的书。我穿梭在图书馆与宿舍之间,每隔两天就背回来一大摞砖头一样的书籍。牛仔书包洗得发白,却很结实,无论装多重的书都承受得住。

似乎有一种声音在呼唤着我。《鲁迅全集》是两本两本地借出来看的,然后便是《复活》《莎士比亚全集》《巴黎圣母院》《浮士德》……我不可救药地爱上了20世纪二三十年代的中国,以及文艺复兴时代的欧洲,爱上了那些为文学、艺术、自由、民主和爱情而献出自己生命的人。我似乎在与他们一起讨论、争吵、歌唱和哭泣。普希金的卷发和鲁迅的胡须同样让我着迷,哈姆莱特的脆弱和堂吉诃德的天真都融入了我的血液里。这些高贵的灵魂是可以穿越时空的。

在每一本书的后面,都贴着牛皮纸制作的借阅登记卡。有的密密麻麻地填满了借阅的时间,有的则只有孤零零的一行,甚至还有的全部是空白(有时好书偏偏没有人光顾)。每个时间都对应着一个读书人,每个时间都对应着一段奇妙和青春。我不知道究竟是什么人读过这些书,但他们跟我之间似乎有着某种类似于血缘的奇特关系——喜欢同一本书的人应该都是兄弟姐妹呵。我希望有一天能够在茫茫人海中辨认出他们来,为着我们曾经共同拥有过某一本书。

那些日子,连吃饭都如同在军校里那样迅捷。吃完饭又骑上自行车往图书馆里赶。记得有一年的夏天,我挥汗如雨地在台港报刊阅览室翻完了十几册厚厚的《文星》合订本——这是20世纪60年代台湾最优秀的刊物,它聚集了一群天真而坚强的反抗专制、追求自由的文化人。在密密麻麻的书架与书架之间,我发现了整整一个格子的《文星》,就好像一个考古学家发现了一处文明遗址一样兴高采烈。我如饥似渴地翻阅着那些已经开始泛黄的期刊,也翻阅着李敖他们狂放不羁的青春。30多年前的刊物,装帧和印刷都显得无比简朴,但那些竖排的文字在我眼前像星光一样闪烁着。作者们当年少年轻狂,如今大概已经满头华发。他们在那么小的一个岛屿上,思考着关于大海的问题,我在文字间听到了潮水的声音,也闻到了潮水的腥气。我多么羡慕他们啊,他们的文字能够在像《文星》这样的刊物上发表,而我的文字却只能压在抽屉的最底层。

笔记本很快就写完了一本,然后是下一本。后来等我离开北大的时候,居然积攒了整整一箱子的笔记本,足足有20多本。看着这些用不同颜色的墨水写的笔记,我想,我真是一个卡内提所说的"吃书"的人啊。

北大是一片肥大的桑叶,我是一只小小的蚕。我一辈子都啃不完这片桑叶。这片桑叶,不仅我啃过,我的老师以及老师的老师也啃过,将来我的儿女以及孙子孙女还会来啃。

[摘自《中学生阅读》(高中版)2003年第1期]

开启解读

培根说:"读史使人明智,读诗使人灵秀,数学使人周密,科学使人深刻,伦理学使人庄重,逻辑修辞之学使人善辩:凡有所学,皆成性格。"哲学家贺麟也说:"读书是划分人与禽兽的界限,也是划分文明人与野蛮人的界限。"

其实,"吃书"需要勇气和毅力,需要坚韧不拔。当然,"吃书"也是一种幸福,一种癫狂痴心怡情的幸福。有钱人买不去,贼人盗不走的财富。胸中自有沟壑万千,腹中尽藏包罗万象,眉宇间自信飞扬,纸墨间字字珠玑。指点江山,激扬文字,皆是"吃书"之福。

各抒己见

1. 你觉得幼师生是否该多读名著,为什么?
2. 请说说有哪些好的读书方法。

心灵感言

　　培根说:"知识是第一生产力。"读书可以怡情,可以明智,可以长才。世间不乏读书人,一类真读书,一类假读书。有为前途命运读书,有为非富即贵读书,有为提升素养读书,有为乔装门面读书,有为求真知读书,有为挣口饭读书。

　　读书要讲法,读书要"求放心",读书更要诚。愿我们都做一个快乐的"吃书"人。

素养训练

　　1. 书海拾贝,俯仰间处处可见有关读书的名言。除了下面列举的以外,你还知道哪些?

读书使人心明眼亮。　　　　　　　　　　　　　　　　　　　　　　——伏尔泰

书是人类进步的阶梯,终生的伴侣,最诚挚的朋友。　　　　　　　　——高尔基

书犹药也,善读可以医愚。　　　　　　　　　　　　　　　　　　　——刘　向

书籍是全世界的营养品。　　　　　　　　　　　　　　　　　　　——莎士比亚

人不能像走兽那样活着,应该追求知识和美德。　　　　　　　　　　——但　丁

不去读书就没有真正的教养,同时也不可能有什么鉴别力。　　　　　——赫尔岑

倘能生存,我当然仍要学习。　　　　　　　　　　　　　　　　　　——鲁　迅

书就是社会,一本好书就是一个好的世界,好的社会。它能陶冶人的感情和气质,使人高尚。

　　　　　　　　　　　　　　　　　　　　　　　　　　　　　　　——波罗果夫

无论掌握哪一种知识,对智力都是有用的,它会把无用的东西抛开而把好的东西保留住。

　　　　　　　　　　　　　　　　　　　　　　　　　　　　　　　——达·芬奇

每一本书是一级小阶梯,我每爬上一级,就更脱离畜生而上升到人类,更接近美好生活的观念,更热爱书籍。　　　　　　　　　　　　　　　　　　　　　　　　　——高尔基

人是活的,书是死的。活人读死书,可以把书读活。死书读活人,可以把人读死。——郭沫若

善于想,善于问,善于做的人,其收效则常大而且快。　　　　　　　——谢觉哉

一个家庭中没有书籍,等于一间房子没有窗子。　　　　　　　　　　——约翰森

勤奋就是成功之母。　　　　　　　　　　　　　　　　　　　　　　——茅以升

为中国之崛起而读书。　　　　　　　　　　　　　　　　　　　　　——周恩来

　　2. 幼师生的各项技能学科都非常重要。在招聘会上,用人单位往往首先考查应聘者的声乐、舞蹈、美术、器乐等技能。而文化素养的考查,却不如技能学科来得直接。请结合自身经历或你周围幼师生的文化素养情况,谈谈你的感受。

拓展阅读

邓稼先写给杨振宁的信

第二节　青春　处世

一、青春

经典素材

片段一：

无怨的青春
席慕容

在年轻的时候，如果你爱上了一个人，
请你，请你一定要温柔地对待他。

不管你们相爱的时间有多长或多短，
若你们能始终温柔地相待，那么，
所有的时刻都将是一种无瑕的美丽。

若不得不分离，也要好好地说声再见，
也要在心里存着感谢，
感谢他给了你一份记忆。

长大了以后，你才会知道，
在蓦然回首的刹那，
没有怨恨的青春才会了无遗憾，
如山冈上那轮静静的满月。

片段二：

我喜欢出发
汪国真

我喜欢出发。

凡是到达了的地方，都属于昨天。哪怕那山再青，那水再秀，那风再温柔。太深的流连便成了一种羁绊，绊住的不仅有双脚，还有未来。

怎么能不喜欢出发呢？没见过大山的巍峨，真是遗憾；见了大山的巍峨没见过大海的浩瀚，仍然遗憾；见了大海的浩瀚没见过大漠的广袤，依旧遗憾；见了大漠的广袤没见过森林的神秘，还是遗憾。世界上有不绝的风景，我有不老的心情。

我自然知道，大山有坎坷，大海有波涛，大漠有风沙，森林有猛兽。即使这样，我依然喜欢。

打破生活的平静便是另一番景致，一种属于年轻的景致。真庆幸，我还没有老。即便真老了又怎么样，不是有句话叫老当益壮吗？

于是,我还想从大山那里学习深刻,我还想从大海那里学习勇敢,我还想从大漠那里学习沉着,我还想从森林那里学习机敏。我想学着品味一种缤纷的人生。

人能走多远?这话不是要问两脚而是要问志向;人能攀多高?这事不是要问双手而是要问意志。于是,我想用青春的热血给自己树起一个高远的目标。不仅是为了争取一种光荣,更是为了追求一种境界。目标实现了,便是一光荣;目标实现不了,人生也会因为这一路风雨跋涉变得丰富而充实;在我看来,这就是不虚此生。

是的,我喜欢出发,愿你也喜欢。

开启解读

青春,宛若珠玉,晶莹剔透,掷地有声。多彩的美梦,华丽的外衣,披上了青春岁月的坎肩,惹人注目,却又让人垂怜。不论美丑,都可以拥有属于自己的青春。可以编织美梦,也可以高声呐喊,还可以神采飞扬,笑语如花。

青春,就是这般让人开心不已,又可以这般黯然神伤,然后慢慢地数着指头,从指缝里看着它静静地溜走,今朝变成昨宵,曲终总要谢幕。

青春是流星、是烟花、是白驹、是心酸、是神伤;青春是奋进、是昂扬、是勃发、是战鼓、是号角;青春有麻、有辣、有烫、有酸、有甜、有苦、有涩。

"青春的美丽与珍贵,就在于它的无邪与无瑕,在于它的可遇而不可求,在于它的永不重回。"(席慕容)因为"大胆的想象,不倦的思索,一往直前地行进,这才是青春的美,青春的快乐,青春的本身"(郭小川),所以请幼师同学善待青春,珍惜青春吧。

各抒己见

1. 人生易老,青春不常在。幼师多为女生,你如何看待女生在校园里化妆这一现象?

2. 有人靠青春吃饭,幼师生应该如何处理青春与工作、生存的关系?

心灵感言

"青春啊,永远是美好的,可是真正的青春,只属于这些永远力争上游的人,永远忘我劳动的人,永远谦虚的人!"(雷锋)

"青春是有限的,智慧是无穷的,趁短短的青春,去学无穷的智慧。"(高尔基)

幼师生活精彩纷呈,无数美丽瞬间就在这刹那间绽放;幼师生活紧凑异常,历经千辛万苦才会化蛹为蝶,翩跹飞扬。

素养训练

1. 下面是一些关于青春的名句。除此之外,你还知道哪些?请动手写几句。

时乎时乎不再来,青春光阴贵如金。　　　　　　　　　　　　　　　　　　——臧克家

莫让青春虚度在昨天创伤的呻吟中,莫把希望寄托在明天的幻想上。　　　　——纪伯伦

青春应该是一头醒智的狮,一团智慧的火!醒智的狮,为理性的美而吼,智慧的火,为理想的美而燃。　　　　　　　　　　　　　　　　　　　　　　　　　　　　　　——哥白尼

没有青春的爱情有何滋味?没有爱情的青春有何意义?　　　　　　　　　　——拜伦

乐观的人永葆青春。　　　　　　　　　　　　　　　　　　　　　　　　　——拜伦

青春是一本仓促的书。　　　　　　　　　　　　　　　　　　　　　　　　——席慕容

青春岂不惜,行乐非所欲。　　　　　　　　　　　　　　　　　　　　　　——文天祥

青春是美妙的，挥霍青春就是犯罪。

——萧伯纳

2. 请结合自己的亲身体验写写对青春的感悟。

相关链接

青春是用来奋斗的
——五四之际致青年

青春如朝日，是一个人最宝贵的年华。该如何度过，才能让青春的枝头绽放梦想之花？五四青年节来临之际，让我们一起共话青春。

一代人有一代人的青春。与老一辈相比，这一代年轻人成长在中国发展最快、最好的年代。告别了物质的贫困，远离了信息的匮乏，自幼享受改革开放红利的青年一代，成长拔节一路伴随着祖国的强盛，有更扎实的知识，有更开阔的视野，有更宽广的天地。从"创新创业"到"互联网＋"，社会搭建起广阔的舞台，供青春施展才华、追逐未来，在时代的舞台创造无限的可能。

与此同时，工作的压力、竞争的焦虑、成功的渴望……现实的"骨感"，也让一些年轻人的内心挤满成长的烦恼。以至于有人感慨，"人生的理想越飞越低，低到只能在自己的城堡里贴地飞行"。

究竟怎样的感受才折射真实的存在？青年人又该如何在现实的土壤中涵养梦想的种子？

青春的底色永远是奋斗。"要知道，春天的道路依然充满泥泞"，没有哪一代人的青春是容易的。只有在年轻的时候奋斗过、拼搏过、奉献过，书写过人生的精彩、攀登过人生的高峰，我们才能在以后回忆的时候，自信地道一句"青春无悔"。

让青春因梦想而激扬。心中有阳光，脚下就有力量。青年最大的资本不是经验丰富、胸有成竹，而是敢于做梦、勇于试错。因一时挫折而灰心丧志，因身处逆境而放弃前行，甚至让享受和偷安在我们内心扎根，那青春何以为青春？在生命力最旺盛的日子里，就该像爬山虎一样，向着心中的梦想不断向上攀沿，把青春的绿色铺满征途。

让青春因拼搏而精彩。正如习近平总书记告诫的，"青年时代，选择吃苦也就选择了收获，选择奉献也就选择了高尚。青年时期多经历一点摔打、挫折、考验，有利于走好一生的路"。人生之路不可能一帆风顺，纵然前行之路荆棘密布，只要有那么一股到中流击水的劲头，无论道路多险、风浪多大，都是对自己的超越。而那些以梦为马、激情奋斗的日子，将永远成为人生的财富。

让青春因奉献而厚重。"只有把人生理想融入国家和民族的事业中，才能最终成就一番事业。"这绝不是空洞的口号。从汶川地震的志愿者行动，到北京奥运的火炬传递，从反疆独反藏独的惊天怒吼，到"一带一路"的青春挥洒，这一代年轻人有着极强的民族自信心和国家荣誉感，时代也需要我们用坚实的肩膀扛起民族复兴的重任。不管是身处象牙塔的年轻大学生，还是扎根基层的青年村官，抑或是穿行于大街小巷的快递小哥，只要尽心做好本职工作，又何尝不是在为国为家添砖加瓦？把个人梦想汇入时代洪流，让蓬勃青春与家国情怀共振，我们一定能"肩兹砥柱中流之责任"，让人生的色彩更加绚烂。

百余年前，五四先驱李大钊这样激励青年："青年之字典，无'困难'之字，青年之口头，无'障碍'之语；惟知跃进，惟知雄飞，惟知本其自由之精神，奇僻之思想，锐敏之直觉，活泼之生命。"靠什么征服通往梦想的火焰山，拿什么安放我们心中如火的激情？奋斗，唯有奋斗。

"现在，青春是用来奋斗的；将来，青春是用来回忆的。"青春不息，奋斗不止。

（摘自《人民日报》2017 年 05 月 03 日 01 版）

二、处世

经典素材

片段一：

求一支上签　沐一世佛光
程晓霞

　　两座相邻的山头，北山和南山；两座相似的庙宇，北庙和南庙；两个同样老的和尚。不同的境况，南庙终年香火不断，佛香缭绕，北庙却冷冷清清。北边的香客宁可翻山越岭爬过两座山，或者开着私家车绕过两条盘山公路，也要到南庙烧香。眼看香客越来越少，香火越来越薄，北庙的老和尚坐不住了，带了足够的干粮，独自下山、上山，他想到南庙看个究竟。

　　入夜，山里一片寂静，两个老和尚坐在庙外的石桌前品茶。北庙的老和尚一脸迷惘说道："论庙宇，北山比这儿修的要好，论诚意，我认真接待每位香客，不敢丝毫懈怠。为什么这儿香客如织，而北山却寥寥无几？"主人笑而不答，起身续了一壶竹叶青，袅袅水雾中，取出了白天所用的佛签说道："来，抽一签！"北庙的老和尚犹豫了一下，认真地取了一只说："上签！"主人看也不看签上的内容说："再抽一签！"又取一签还是上签。主人把签放在一旁还是不看说："再抽！"仍是上签。北庙的老和尚拿签的手停留在半空中，狐疑地看着主人说："怎么还是上签？""接着抽！"这次，北庙的老和尚索性取了三支，全是上签！"难道……"他大惊，而后大怒："这不是愚弄香客吗？世上之事天有阴晴，月有圆缺，事有成败，为何不按佛意如实相告呢？"

　　主人笑着摇摇头："香客何以求佛？或为情所困，或为功名利禄所扰，心如乱麻，举棋不定，需要佛祖指点迷津，授以佛意。一支上签，对处于灰色中的世人来讲，无异于一世的佛光，它带给世人的是人能全、事能圆的坚定信念，世人会因为一支上签点亮心灵之灯，挣脱纷扰，分辨是非，以足够的信心和勇气迎接生活。心有七窍，还有什么比信心更重要呢？世上之事本一善一恶，告诉世人摒弃恶念，一心向善，方可成功，如此而已，怎能说是愚弄呢？"

片段二：

为他人开一朵花
姜夔

　　少女喜欢玫瑰，老人喜爱秋菊，文人咏叹荷花，寒士赞赏腊梅……花是世界的春色，花是人间的温馨。躺在病房中，友人送来一束鲜花，你会顿感春意融融；晚会上登台唱支歌，儿童献上一束鲜花，你会倍加欢欣鼓舞。人在旅途，孑然落寞，路旁一朵花儿向你颔首，会驱走你心灵的孤独；老人独坐黄昏，窗台上一盆雏菊倏然怒放，会给你带来生命的惊喜……

　　五色迷目、娇态可掬，只是花的形象，而"零落成泥碾作尘，只有香如故"才是花的精神。读毛姆的小说看过这样一段情节：种花老人桑迪·巴雷特正准备回答儿子"如何做人"的提问时，却发现儿子脚下踩翻了一盆玫瑰。老人说："你踩伤了玫瑰，玫瑰却给你的脚底留下了清香！"儿子似有所悟地脸红了，老人挥了挥手说："去吧，为他人开一朵花！"

　　"为他人开一朵花"，这句话成了英国一代青年做人处世的格言。

　　欣赏美好是人类的天性。只要不是心灵扭曲、情感异化的人，都会对花儿报之以微笑。邻居家有

115

一个青年,高考落榜后去一家自行车修理店当学徒,有人送来一辆车胎漏气的自行车,青年人认认真真地将车胎补好后,手头再没活干了。他本可以悠闲地坐下来抽一支烟或和同事聊聊天,但他却为这辆自行车的各个部件加了油,又将车圈、车架的锈斑全部擦得锃亮亮的,简直整旧如新,其他的学徒笑他多此一举。后来,车主将自行车领走的第二天,青年人就被挖到那位车主的公司上班。原来,"为他人开一朵花"就是这么简单。

一位中学的生物老师在课堂上被一个学生的提问难住了,她记起这位学生的祖父是大学著名的生物教授。于是说:"这个问题请教你的祖父,他一定知道。"学生回家对祖父讲了,祖父没有说一句话却提笔给孙儿的老师写了一封信,信上详细地做了解答,并说:"您是孩子的老师,问题还是由您在课堂上回答,不要公开我的信。"这位生物老师读完信后,心中充满了敬重与感激,一辈子记住了这位教授的美德。

一位学者说:"让自己的生命为他人开一朵花,为他人灿烂一片心地,增加一缕温馨,添一份生存下去的理由,多一点向上攀登的勇气,就是提高自己的生存质量……"能为别人开花的心是善良的心,能为别人缤纷的赞美是真诚的,能为别人的生活绚丽而付出的人是不寻常的人,这类人必定有高贵的精神,有高尚的品格,有天使般的心灵。这类人是人心的旗帜,人世的脊梁,人群的魂魄。

当我看完这篇美文时,脑中闪过一句话——"把自己当成别人,把别人当成自己"。已经忘了是谁告诉我的,但是我认为这句话正是印证的这篇文章的主题。只有拥有一颗懂得付出的心,才会获得完整的人生。也许付出与你的收获会成不等式,但是我相信真理会让天平的一端下沉。

开启解读

《论语》:"君子成人之美,不成人之恶。"孟子曰:"仁者爱人,有礼者敬人。爱人者,人恒爱之;敬人者,人恒敬之。"

各抒己见

1. 有人说,我的地盘我做主。当你在处世时你如何应对?

2. 在处世时,特别是遇到问题时,你会首先为别人考虑吗?

3. 有人说:"处世,人不能太方,也不能太圆,太方会伤人,太圆会让人远离你,因此人要椭圆。"你怎么看?

心灵感言

赠人玫瑰,手有余香。人在旅途,需要援手的地方太多太多。你是袖手旁观,还是投之以桃?冷眼旁观者有之,倾其所有助人者亦有之。助人者,人恒敬之;冷眼者,人冷之。为他人开一朵花,给别人一支上签,人人将沐一世佛光。

只要你的心是晴的,人生就没有雨天;不要为旧的悲伤,浪费新的眼泪。

青春一旦被典当,则永远不能赎回。

素养训练

1. 现实世界,人心不古,谁不想得利,谁不想争名。利益当头各自飞,哪管他人瓦上霜。请谈谈你对此的理解。

2. 现实中有"投之以桃,报之以李"的事吗?

第三节　事业　爱情

一、事业

经典素材

昨夜西风凋碧树。独上高楼,望尽天涯路。　　　　　　　　　　——晏殊《蝶恋花》

衣带渐宽终不悔,为伊消得人憔悴。　　　　　　　　　　　　——柳永《凤栖梧》

众里寻他千百度,蓦然回首,那人却在,灯火阑珊处。　　——辛弃疾《青玉案·元夕》

开启解读

王国维在《人间词话》里,分别引用晏殊《蝶恋花》、柳永《凤栖梧》、辛弃疾《青玉案·元夕》的句子,来解释古今那些成就大事业、大学问的人,都必然经历的三种境界。第一种是入门前的毫无头绪、求索无门的疑惑与苦痛;第二种是叩门时以苦作舟、以勤为径、上下求索的执着与忍耐;第三种是水到渠成、参透真谛、已入门中的喜悦与欣然。

各抒己见

1. 你喜欢上面的词句吗? 为什么?

2. 有人说成大事者不拘小节,也有人说不经历风雨怎能见彩虹。是否要成就大事、大学问就必须历经痛苦坎坷,方能抵达胜利彼岸?

心灵感言

虽说成就大事、大学问要历经三种境界,但又有几人能够一一遍尝? 高楼未上,已驻足叹息。可人间万事莫不如此,要想摘得最红最大的果实,就必然要经历过程的付出与阵痛。幼师生刚进学校,既要学文化理论,又要学琴棋书画,还要承受弹琴的指痛,跳舞的劈腿下叉……然则,三年五载,当你实习、工作时蓦然回首,发现往昔的付出已在不经意间见成长。

素养训练

1. 下面是三句关于磨砺与成功的话语,读后请大家围绕"要成就事业和学问,就需好好磨砺",谈谈自己的看法。

业精于勤而荒于嬉,行成于思而毁于随。　　　　　　　　　　　　　——韩　愈

盖文王拘而演《周易》;仲尼厄而作《春秋》;屈原放逐,乃赋《离骚》;左丘失明,厥有《国语》;孙子膑脚,《兵法》修列;不韦迁蜀,世传《吕览》;韩非囚秦,《说难》《孤愤》;《诗》三百篇,大抵圣贤发愤之所为作也。　　　　　　　　　　　　　　　　　　　　　　　　　　——司马迁

只有把抱怨环境的心情,化为上进的力量,才是成功的保证。　　　——罗曼·罗兰

2. 请根据下面句子的内容,结合自己幼师生的身份,写下自己的经历或看法。

天将降大任于斯人也,必先苦其心志,劳其筋骨,饿其体肤,空乏其身,行拂乱其所为,所以动心忍性,曾益其所不能。　　　　　　　　　　　　　　　　　　　　　——孟　子

千淘万漉虽辛苦,吹尽狂沙始到金。　　　　　　　　　　　　　　——刘禹锡

要为天下奇男子,须历人间万里程。　　　　　　　　　　　　　　——冯梦龙

古之立大事业者，不惟有超世之才，亦必有坚忍不拔之志。 ——苏 轼

无论是谁，假如丧失忍耐，也就丧失灵魂。 ——培 根

附：

蝶 恋 花

晏 殊

槛菊愁烟兰泣露。罗幕轻寒，燕子双飞去。明月不谙离恨苦，斜光到晓穿朱户。　昨夜西风凋碧树。独上高楼，望尽天涯路。欲寄彩笺兼尺素，山长水阔知何处。

凤 栖 梧

柳 永

伫倚危楼风细细，望极春愁，黯黯生天际。草色烟光残照里，无言谁会凭阑意。　拟把疏狂图一醉，对酒当歌，强乐还无味。衣带渐宽终不悔，为伊消得人憔悴。

青玉案·元夕

辛弃疾

东风夜放花千树，更吹落，星如雨。宝马雕车香满路。凤箫声动，玉壶光转，一夜鱼龙舞。蛾儿雪柳黄金缕，笑语盈盈暗香去。众里寻他千百度，蓦然回首，那人却在，灯火阑珊处。

二、爱情

经典素材

上邪！我欲与君相知，长命无绝衰。山无陵，江水为竭，冬雷震震，夏雨雪，天地合，乃敢与君绝！

——《汉乐府》

枕前发尽千般愿，要休且待青山烂。水面上秤锤浮，直待黄河彻底枯。白日参辰现，北斗回南面。休即未能休，且待三更见日头。

——《菩萨蛮》敦煌曲子词

你那大眼睛瞬间可以把我杀掉：
它们的美丽摇撼了我往日的安宁，
锋利迅捷的刃径直在我的心头留下创伤，
只有你的话语才能治愈。

——乔叟《无情美人回旋曲》

相见时难别亦难，东风无力百花残。春蚕到死丝方尽，蜡炬成灰泪始干。晓镜但愁云鬓改，夜吟应觉月光寒。蓬山此去无多路，青鸟殷勤为探看。

——李商隐《无题》

死怎能不从容不迫
爱又怎能无动于衷
只要彼此爱过一次
就是无憾人生

——汪国真《只要彼此爱过一次》

你侬我侬,忒煞情多! 情多处,热如火;把一块泥,捻一个你,塑一个我。将咱两个,一齐打破,用水调和;再捏一个你,再塑一个我。我泥中有你,你泥中有我;我与你生同一个衾,死同一个椁。

——管道升《我侬词》

开启解读

千百年以来,以死相争,以死决斗,相随相从,震撼世人。在人类的爱情史上,海枯石烂,至死不渝,用生命去维护爱情的尊严,是值得我们尊敬的。

各抒己见

1. 你喜欢读爱情诗吗? 每当你读爱情诗时,你的感受怎样?
2. 有人说,一代人有一代人的爱情。你觉得呢?
3. 请谈谈作为学生应该如何处理好学业与爱情的关系。

心灵感言

世间爱情有使人动心的爱,有使人震撼的爱,有苦涩的爱,有忐忑的爱,有沉痛的爱,有最富想象的爱,有最优美的爱,有最应受谴责的爱。从最早的情歌《关雎》所传递的对美好爱情的向往,到《陌上桑》中罗敷巧喻嬉骂的翩然风流,李清照《声声慢》十四叠字的深沉幽怨,再到《牡丹亭》杜丽娘为爱穿越生死门,《红楼梦》里宝玉"千芳""万艳"丛中对黛玉情有独钟。(刘扬体《经典中的爱情》)爱情的确历久弥新、让人怦然心动。就如上面乔叟诗一样,女人的美有如利器,具有极大的杀伤力,连"我"的伤口都很特别,只有她的话语才能把伤口抚平。

处于青春期的我们,正如歌德所说:"青年男子谁个不善钟情,妙龄女子谁个不善怀春? 这是人性中的至洁之纯。"那是否就意味着我们可以尽情去爱,尽情去享受爱情的魔力呢? 汪国真在《默默的情怀》里写道:"不是不想爱,不是不去爱,怕只怕,爱也是一种伤害。"青春期的少男少女有几人已读懂爱的真谛,有几人已懂应该怎样去爱?

素养训练

1. 一句句爱的语言撩拨我们的心弦,一首首爱的赞歌震撼我们的世界。下面是我们所熟知的一些爱的名言。除此之外,你还知道哪些?

执手相看泪眼,竟无语凝噎……多情自古伤离别,更那堪,冷落清秋节! ——柳永《雨霖铃》
两情若是久长时,又岂在朝朝暮暮! ——秦观《鹊桥仙》
花自飘零水自流,一种相思,两处闲愁。 ——李清照《一剪梅》
莫道不消魂,帘卷西风,人比黄花瘦。 ——李清照《醉花阴》
东边日出西边雨,道是无晴却有晴。 ——刘禹锡《竹枝词》
剪不断,理还乱,是离愁,别是一番滋味在心头。 ——李煜《相见欢》
死生契阔,与子成说。执子之手,与子偕老。 ——《诗经·邶风·击鼓》

2. 心动的爱情是不期而至的,可以期待,但不可以制造。你认同吗? 谈谈你的看法。
3. 思考:为何《婚姻法》规定,男性公民要22岁,女性公民要20岁才能结婚?(提示:可从生理、心理、物质基础等几方面思考)

思考讨论

少年强、青年强则国强。我们该如何担当时代重任?

附：

蝶 恋 花
欧阳修

庭院深深深几许？杨柳堆烟，帘幕无重数。玉勒雕鞍游冶处，楼高不见章台路。
雨横风狂三月暮，门掩黄昏，无计留春住。泪眼问花花不语，乱红飞过秋千去。

钗 头 凤
陆 游

红酥手，黄縢酒，满城春色宫墙柳。东风恶，欢情薄，一怀愁绪，几年离索。错、错、错！
春如旧，人空瘦，泪痕红浥鲛绡透。桃花落，闲池阁，山盟虽在，锦书难托。莫、莫、莫！

钗 头 凤
唐 琬

世情薄，人情恶，雨送黄昏花易落。晓风干，泪痕残。欲笺心事，独语斜阑。难、难、难！
人成各，今非昨，病魂常似秋千索。角声寒，夜阑珊。怕人寻问，咽泪装欢。瞒、瞒、瞒！

附 录

一、历代古诗文经典名句 100 句

(一) 先秦名句

1. 关关雎鸠,在河之洲。窈窕淑女,君子好逑。　　　　　　　　　　　《诗经·周南·关雎》
2. 青青子衿,悠悠我心。　　　　　　　　　　　　　　　　　　　　　《诗经·郑风·子衿》
3. 蒹葭苍苍,白露为霜;所谓伊人,在水一方。　　　　　　　　　　　《诗经·秦风·蒹葭》
4. 昔我往矣,杨柳依依。今我来思,雨雪霏霏。　　　　　　　　　　　《诗经·小雅·采薇》
5. 一日不见,如三秋兮。　　　　　　　　　　　　　　　　　　　　　《诗经·王风·采葛》
6. 玩人丧德,玩物丧志。　　　　　　　　　　　　　　　　　　　　　　　　　　《尚书》
7. 士为知己者死,女为悦己者容。　　　　　　　　　　　　　　　　　《战国策·赵策》
8. 信言不美,美言不信。　　　　　　　　　　　　　　　　　　　　　《老子·八十一章》
9. 欲治其国者,先齐其家,欲齐其家者,先修其身。　　　　　　　　　　　　　　《大学》
10. 泰山不让土壤,故能成其大;河海不择细流,故能就其深。　　　　（李斯《谏逐客书》）
11. 工欲善其事,必先利其器。　　　　　　　　　　　　　　　　　　　《论语·卫灵公》
12. 君子成人之美,不成人之恶,小人反是。　　　　　　　　　　　　　《论语·颜渊》
13. 人无远虑,必有近忧。　　　　　　　　　　　　　　　　　　　　　《论语·卫灵公》
14. 仰不愧于天,俯不怍于人。　　　　　　　　　　　　　　　　　　　《孟子·尽心上》
15. 达则兼济天下,穷则独善其身。　　　　　　　　　　　　　　　　　《孟子·尽心上》
16. 风萧萧兮易水寒,壮士一去兮不复还!　　　　　　　　　　　　　　　　　《战国策》
17. 鸟之将死,其鸣也哀;人之将死,其言也善。　　　　　　　　　　　　　　　《论语》
18. 人非圣贤,孰能无过,过而能改,善莫大焉。　　　　　　　　　　　　　　　《左传》
19. 好学近乎智,知耻近乎勇。　　　　　　　　　　　　　　　　　　　　　　　《礼记》
20. 良药苦口利于病,忠言逆耳利于行。　　　　　　　　　　　　　　　　　《孔子家语》
21. 举世皆浊我独清,众人皆醉我独醒。　　　　　　　　　　　　　　　《楚辞·渔父》
22. 路漫漫其修远兮,吾将上下而求索。　　　　　　　　　　　　　　　　　　《离骚》
23. 投我以木桃,报之以琼瑶。　　　　　　　　　　　　　　　　　　　　　　　《诗经》
24. 他山之石可以攻玉。　　　　　　　　　　　　　　　　　　　　　　　　　　《诗经》
25. 君子之交淡如水,小人之交甘若醴。　　　　　　　　　　　　　　　　　　　《老子》
26. 不登高山,不知天之高也;不临深溪,不知地之厚也。　　　　　　　　　　　《荀子》
27. 老吾老以及人之老,幼吾幼以及人之幼。　　　　　　　　　　　　　《孟子·梁惠王上》

(二) 两汉、魏晋、南北朝名句

28. 运筹策帷帐之中,决胜于千里之外。　　　　　　　　　　　（西汉·司马迁《史记·陈涉世家》）

29. 人固有一死,或重于泰山,或轻于鸿毛。 (西汉·司马迁《报任少卿书》)

30. 人生天地间,忽如远行客。 (汉·无名氏《古诗十九首》)

31. 少而好学,如日出之阳;壮而好学,如日中之光;老而好学,如秉烛之明,孰与昧行乎?

(西汉·刘向《说苑》)

32. 天下熙熙,皆为利来;天下攘攘,皆为利往。 (西汉·司马迁《史记·货殖列传》)

33. 受任于败军之际,奉命于危难之间。 (三国·诸葛亮《出师表》)

34. 非学无以广才,非志无以成学。 (三国·诸葛亮《诫子篇》)

35. 不戚戚于贫贱,不汲汲于富贵。 (东晋·陶渊明《五柳先生传》)

36. 时危见臣节,世乱识忠良。 (南朝宋·鲍照《代出自蓟北门行》)

37. 操千曲而后晓声,观千剑而后识器。 (南朝梁·刘勰《文心雕龙》)

(三)唐、五代名句

38. 夫以铜为镜,可以正衣冠;以史为镜,可以知兴替;以人为镜,可以明得失。

(李世民引自《资治通鉴》)

39. 老当益壮,宁移白首之心;穷且益坚,不坠青云之志。 (唐·王勃《滕王阁序》)

40. 前不见古人,后不见来者。念天地之悠悠,独怆然而涕下! (唐·陈子昂《登幽州台歌》)

41. 年年岁岁花相似,岁岁年年人不同。 (唐·刘希夷《代悲白头翁》)

42. 君不见黄河之水天上来,奔流到海不复回。 (唐·李白《将进酒》)

43. 蜀道之难,难于上青天! (唐·李白《蜀道难》)

44. 抽刀断水水更流,举杯消愁愁更愁。 (李白《宣州谢朓楼饯别校书叔云》)

45. 仰天大笑出门去,我辈岂是蓬蒿人? (唐·李白《南陵别儿童入京》)

46. 人生得意须尽欢,莫使金樽空对月。 (唐·李白《将进酒》)

47. 弃我去者,昨日之日不可留;乱我心者,今日之日多烦忧。

(唐·李白《宣州谢朓楼饯别校书叔云》)

48. 十年磨一剑,霜刃未曾试。 (唐·贾岛《剑客》)

49. 在天愿作比翼鸟,在地愿为连理枝。 (唐·白居易《长恨歌》)

50. 剪不断,理还乱,是离愁,别是一番滋味在心头。 (五代·李煜《相见欢》其二)

51. 此处不留人,自有留人处。 (五代·陈后主《戏赠陈应》)

52. 羌笛何须怨杨柳,春风不度玉门关。 (唐·王之涣《凉州词》)

53. 战士军前半生死,美人帐下犹歌舞。 (唐·高适《燕歌行》)

54. 一夫当关,万夫莫开。 (唐·李白《蜀道难》)

55. 射人先射马,擒贼先擒王。 (唐·杜甫《前出塞》)

56. 春潮带雨晚来急,野渡无人舟自横。 (唐·韦应物《滁州西涧》)

57. 天街小雨润如酥,草色遥看近却无。 (唐·韩愈《初春小雨》)

58. 今年欢笑复明年,秋月春风等闲度。 (唐·白居易《琵琶行》)

59. 天长地久有时尽,此恨绵绵无绝期。 (唐·白居易《长恨歌》)

60. 多情却似总无情,唯觉樽前笑不成。 (唐·杜牧《赠别》)

61. 少年辛苦终身事,莫向光阴惰寸功。 (唐·杜荀鹤《题弟侄书堂》)

62. 不知魂已断,空有梦相随。 (五代前蜀·韦庄《女冠子》)

(四)宋、辽、金名句

63. 多情自古伤离别,更那堪,冷落清秋节? (宋·柳永《雨霖铃》)

64. 两情若是久长时,又岂在朝朝暮暮? (宋·秦观《鹊桥仙》)

65. 一种相思，两处闲愁。 （宋·李清照《一剪梅》）

66. 莫道不消魂，帘卷西风，人比黄花瘦。 （宋·李清照《醉花阴》）

67. 位卑未敢忘忧国。 （宋·陆游《病起书怀》）

68. 众里寻他千百度，蓦然回首，那人却在，灯火阑珊处。 （宋·辛弃疾《青玉案·元夕》）

69. 三十功名尘与土，八千里路云和月。 （宋·岳飞《满江红》）

70. 昨夜西风凋碧树，独上高楼，望尽天涯路。 （宋·晏殊《蝶恋花》）

71. 书中自有黄金屋，书中自有颜如玉。 （宋·赵恒《劝学篇》）

72. 枝上柳绵吹又少，天涯何处无芳草。 （宋·苏轼《蝶恋花·春景》）

73. 当年不肯嫁春风，无端却被秋风误。 （宋·贺铸《踏莎行》）

74. 月儿弯弯照九州，几家欢乐几家愁。 （宋·吴歌《京本通俗小说》）

75. 问世间情为何物，直教生死相许。 （金·元好问《摸鱼儿·雁丘词》）

（五）元、明、清名句

76. 人无千日好，花无百日红。 （元·杨文奎《儿女团圆》）

77. 明日复明日，明日何其多！我生待明日，万事成蹉跎。 （明·文嘉《明日歌》）

78. 周郎妙计安天下，赔了夫人又折兵。 （明·罗贯中《三国演义》）

79. 心病终须心药医，解铃还需系铃人。 （清·曹雪芹《红楼梦》）

80. 好风凭借力，送我上青云。 （清·曹雪芹《红楼梦》）

81. 着意栽花花不发，等闲插柳柳成阴。 （元·关汉卿《鲁斋郎》）

82. 晓来谁染霜林醉？总是离人泪。 （元·王实甫《西厢记》）

83. 十年窗下无人问，一举成名天下知。 （元·高明《琵琶记》）

84. 观棋不语真君子，把酒多言是小人。 （明·冯梦龙《醒世恒言》）

85. 平生不做亏心事，半夜敲门不吃惊。 （明·兰陵笑笑生《金瓶梅》）

86. 笔下虽有千言，胸中实无一策。 （明·罗贯中《三国演义》）

87. 万两黄金容易得，知心一个也难求。 （清·曹雪芹《红梦楼》）

88. 踏破铁鞋无觅处，得来全不费功夫。 （明·冯梦龙《警世通言》）

89. 铁肩担道义，妙手著文章。 （清·杨继盛）

90. 江山代有人才出，各领风骚数百年。 （清·赵翼《论诗》）

91. 不是一番寒彻骨，怎得梅花扑鼻香。 （元·高明《琵琶记》）

92. 男儿有泪不轻弹，只因未到伤心处。 （元·李开先《宝剑记》）

93. 墙上芦苇，头重脚轻根底浅；山间竹笋，嘴尖皮厚腹中空。 （明·解缙）

94. 有缘千里来相会，无缘对面不相逢。 （元末明初·施耐庵《水浒传》）

95. 书痴者文必工，艺痴者技必良。 （清·蒲松龄《聊斋志异》）

96. 我自横刀向天笑，去留肝胆两昆仑。 （清·谭嗣同《狱中题壁》）

97. 一叶浮萍归大海，人生何处不相逢。 （明·吴承恩《西游记》）

98. 海纳百川，有容乃大；壁立千仞，无欲则刚。 （清·郑板桥·对联）

99. 长亭外，古道边，芳草碧连天。 （民国·李叔同《送别》）

100. 做人不可有傲态，不可无傲骨。 （清·陆陇其）

二、《三字经》（节选）

人之初，性本善。性相近，习相远。苟不教，性乃迁。教之道，贵以专。
昔孟母，择邻处。子不学，断机杼。窦燕山，有义方。教五子，名俱扬。
养不教，父之过。教不严，师之惰。子不学，非所宜。幼不学，老何为。
玉不琢，不成器。人不学，不知义。为人子，方少时。亲师友，习礼仪。
香九龄，能温席。孝于亲，所当执。融四岁，能让梨。弟于长，宜先知。
首孝悌，次见闻。

⋯⋯　⋯⋯

凡训蒙，须讲究。详训诂，明句读。为学者，必有初。小学终，至四书。
论语者，二十篇。群弟子，记善言。孟子者，七篇止。讲道德，说仁义。
作中庸，乃孔级。中不偏，庸不易。作大学，乃曾子。自修齐，至平治。
孝经通，四书熟。如六经，始可读。诗书易，礼春秋。号六经，当讲求。
有连山，有归藏。有周易，三易详。有典谟，有训诰。有誓命，书之奥。
我周公，作周礼。著六官，存治体。大小戴，注礼记。述圣言，礼乐备。
曰国风，曰雅颂。号四诗，当讽咏。诗既亡，春秋作。寓褒贬，别善恶。
三传者，有公羊。有左氏，有穀梁。经既明，方读子。撮其要，记其事。
五子者，有荀杨。文中子，及老庄。

经子通，读诸史。考世系，知终始。自羲农，至黄帝。号三皇，在上世。
尧舜兴，禅尊位。号唐虞，为二帝。夏有禹，商有汤。周文武，称三王。
夏传子，家天下。四百载，迁夏社。汤伐夏，国号商。六百载，至纣亡。
周武王，始诛纣。八百载，最长久。周共和，始纪年。历宣幽，遂东迁。
周道衰，王纲坠。逞干戈，尚游说。始春秋，终战国。五霸强，七雄出。
嬴秦氏，始兼并。传二世，楚汉争。高祖兴，汉业建。至孝平，王莽篡。
先武兴，为东汉。四百年，终於献。魏蜀吴，争汉鼎。号三国，迄两晋。
宋齐继，梁陈承。为南朝，都金陵。北元魏，分东西。宇文周，与高齐。
迨至隋，一土宇。不再传，失统绪。唐高祖，起义师。除隋乱，创国基。
二十传，三百载。梁灭之，国乃改。梁唐晋，及汉周。称五代，皆有由。
赵宋兴，受周祥。十八传，南北混。辽兴金，皆夷裔。元灭之，绝宋世。
莅中国，兼戎狄。九十年，返沙碛。太祖兴，称大明。纪洪武，都金陵。
迨成祖，迁宛平。十六世，至崇祯。权阉肆，流寇起。自成入，神器毁。
清太祖，兴辽东。金之后，受明封。至世祖，乃大同。十十世，清祚终。
凡正史，廿四部。益以清，成廿五。史虽繁，读有次。史记一，汉书二。
后汉三，国志四。此四史，最精致。先四史，兼证经。参通鉴，约而精。
历代事，全在兹。载治乱，知兴衰。读史者，考实录。通古今，若亲目。

汉贾董，及许郑。皆经师，能述圣。宋周程，张朱陆。明王氏，皆道学。
屈原赋，本风人。逮邹枚，暨卿云。韩与柳，并文雄。李若杜，为诗宗。
凡学者，宜兼通。翼圣教，振民风。口而诵，心而惟。朝于斯，夕于斯。

昔仲尼，师项橐。古圣贤，尚勤学。赵中令，读鲁论。彼既仕，学且勤。

披蒲编，削竹简。彼无书，且知勉。头悬梁，锥刺股。彼不教，自勤苦。

如囊萤，如映雪。家虽贫，学不辍。如负薪，如挂角。身虽劳，犹苦卓。

苏老泉，二十七。始发愤，读书籍。彼既老，犹悔迟。尔小生，宜早思。

若梁灏，八十二。对大廷，魁多士。彼既成，众称异。尔小生，宜立志。

莹八岁，能咏诗。泌七岁，能赋棋。彼颖悟，人称奇。尔幼学，当效之。

蔡文姬，能辨琴。谢道韫，能咏吟。彼女子，且聪敏。尔男子，当自警。

唐刘晏，方七岁。举神童，作正字。彼虽幼，身己仕。尔幼学，勉而致。

有为者，亦若是。犬守夜，鸡司晨。苟不学，曷为人。蚕吐丝，蜂酿蜜。

人不学，不如物。幼而学，壮而行。上匡国，下利民。扬名声，显父母。

光于前，裕于后。人遗子，金满赢。我教子，惟一经。勤有功，戏无益。

戒之哉，宜勉力。

三、《论语》选译

教 育

1. 子曰:"学而时习之,不亦说乎? 有朋自远方来,不亦乐乎? 人不知而不愠,不亦君子乎?"

【译文】 孔子说:"学习知识而又经常温习功课,不是很愉快吗? 有朋友从远方赶来,不是很快乐吗? 别人不了解自己也并不恼怒,不也是个有德的君子吗?"

2. 子曰:"温故而知新,可以为师矣。"

【译文】 孔子说:"在温习旧知识后,又学会新知识,就可以当老师了。"

3. 子曰:"由,诲女知之乎! 知之为知之,不知为不知,是知也。"

【译文】 孔子说:"由,教给你对待知与不知的态度吧! 知道就是知道,不知道就是不知道,这才是聪明(的做法)。"

4. 子贡问曰:"孔文子何以谓之'文'也?"子曰:"敏而好学,不耻下问,是以谓之'文'也。"

【译文】 子贡问道:"孔文子〔的谥号〕为什么称'文'呢?"孔子说:"〔他〕聪敏,爱好学习,向下面的人请教而不以为耻,所以称他为'文'。"

5. 子曰:"默而识之,学而不厌,诲人不倦,何有于我哉?"

【译文】 孔子说:"默默地记住〔所见所闻所学的知识〕,学习永不满足,耐心地教导别人而不倦怠,〔这三方面〕我做到了哪些呢?"

6. 子曰:"三人行,必有我师焉;择其善者而从之,其不善者而改之。"

【译文】 孔子说:"几个人一同走路,其中必定有我的老师,我要选择他们的长处来学习,看到自己也有他们那些短处就要改正。"

7. 子曰:"知之者不如好之者,好之者不如乐之者。"

【译文】 孔子说:"知道学习不如喜欢学习,喜欢学习不如以学习为快乐。"

8. 子在川上曰:"逝者如斯夫,不舍昼夜。"

【译文】 孔子在河边说:"消逝的时光就像这河水一样啊,不分昼夜地向前流去。"

9. 子曰:"吾尝终日不食,终夜不寝,以思,无益,不如学也。"

【译文】 孔子说:"我曾经整天不吃,整夜不睡,用来思考,却没有长进,不如去学习。"

10. 子曰:"有教无类。"

【译文】 孔子说:"人人都可以接受教育,不分族类。"

11. 子曰:"性相近也,习相远也。"

【译文】 孔子说:"人性本相近,积习使彼此相距悬殊。"

12. 子曰:"中人以上,可以语上也;中人以下,不可以语上也。"

【译文】 孔子说:"具有中等以上才智的人,可以给他讲授高深的学问;在中等水平以下的人,不可以给他讲高深的学问。"

13. 子曰:"不学《诗》,无以言。不学礼,无以立。"

【译文】 孔子说:"不学《诗经》不会说话。不学礼,便无法立足社会。"

14. 子曰:"《诗》三百,一言以蔽之,曰:'思无邪。'"

【译文】 孔子说:"《诗经》三百(零五)首,用一句话可以概括,即:'思想纯正,没有邪恶的东西。'"

15. 子曰:"《关雎》乐而不淫,哀而不伤。"

【译文】 孔子说:"《关雎》这首诗,快乐而不放纵,悲哀而不痛苦。"

伦　理

16. 子曰:"唯仁者能好人,能恶人。"

【译文】　孔子说:"只有那些有仁德的人,才能爱人和恨人。"

17. 子曰:"父母在,不远游,游必有方。"

【译文】　孔子说:"父母在世,不远离家乡;如果不得已要出远门,也必须告诉他们要去的地方。"

18. 子曰:"父母之年,不可不知也。一则以喜,一则以惧。"

【译文】　孔子说:"父母的年纪,不可不知道并且常常记在心里。一方面为他们的长寿而高兴,一方面又为他们的衰老而恐惧。"

19. 子曰:"君子喻于义,小人喻于利。"

【译文】　孔子说:"君子明白大义,小人只知道小利。"

20. 子曰:"君子坦荡荡,小人长戚戚。"

【译文】　孔子说:"君子心胸宽广,小人经常忧愁。"

21. 子曰:"其身正,不令而行;其身不正,虽令不从。"

【译文】　孔子说:"自身品行端正了,即使不发布命令,老百姓也会去干;如果自身不端正,即使发布命令,老百姓也不会服从。"

为　人

22. 子曰:"君子食无求饱,居无求安,敏于事而慎于言,就有道而正焉,可谓好学也已。"

【译文】　孔子说:"君子吃不追求饱足,住不追求安逸,做事灵敏,言谈谨慎,时时改正自己的错误,就算好学了。"

23. 子曰:"岁寒,然后知松柏之后凋也。"

【译文】　孔子说:"(碰上)寒冷的冬天,才知道松柏树是最后落叶的。"

24. 子曰:"三军可夺帅也,匹夫不可夺志也。"

【译文】　孔子说:"三军可以剥夺主帅,匹夫不可剥夺志向。"

25. 子曰:"朝闻道,夕死可矣。"

【译文】　孔子说:"早晨理解真理,晚上死去也值得。"

26. 子曰:"贫而无怨难,富而无骄易。"

【译文】　孔子说:"穷却没有怨恨,很难;富贵却不骄傲,倒容易做到。"

27. 子曰:"君子道者三,我无能焉。仁者无忧,知者不惑,勇者不惧。"子贡曰:"夫子自道也。"

【译文】　孔子说:"君子的风范有三种,我没能做到。仁德的人不忧虑,智慧的人不迷惑,勇敢的人不惧怕。"子贡说:"先生说的正是自己呢。"

28. 子曰:"过而不改,是谓过矣。"

【译文】　孔子说:"有错误却不改正,那真叫错误了。"

29. 食不语,寝不言。

【译文】　吃饭的时候不说话,睡觉的时候也不说话。

30. 子贡问曰:"有一言而可以终身行之者乎?"子曰:"其恕乎!己所不欲,勿施于人。"

【译文】　子贡问孔子:"有没有一句话可以奉行终生?"孔子说:"大概就是'恕'了。自己不想要的东西(或不想做的事),不要强加在别人身上。"

四、《增广贤文》（节选）

知己知彼，将心比心。

酒逢知己饮，诗向会人吟。

相识满天下，知心能几人。

近水知鱼性，近山识鸟音。

易涨易退山溪水，易反易覆小人心。

运去金成铁，时来铁似金。

读书须用意，一字值千金。

有意栽花花不发，无心插柳柳成荫。

画虎画皮难画骨，知人知面不知心。

钱财如粪土，仁义值千金。

路遥知马力，日久见人心。

美不美，乡中水，亲不亲，故乡人。

长江后浪推前浪，世上新人赶旧人。

近水楼台先得月，向阳花木早逢春。

莫道君行早，更有早行人。

山中有直树，世上无直人。

一年之计在于春，一日之计在于寅，一家之计在于和，一生之计在于勤。

责人之心责己，恕己之心恕人。

守口如瓶，防意如城。

宁可人负我，切莫我负人。

远水难救近火，远亲不如近邻。

同君一席话，胜读十年书。

救人一命，胜造七级浮屠。

城门失火，殃及池鱼。

宁可信其有，不可信其无。

差之毫厘，失之千里。

好事不出门，恶事传千里。

人无远虑，必有近忧。

知我者为我心忧，不知我者谓我何求。

成事莫说，覆水难收。

忍得一时之气，免得百日之忧。

人生一世，草生一春。

月到十五光明少，人到中年万事休。

人生不满百，常怀千岁忧。

送君千里，终须一别。
善事可作，恶事莫为。
养儿待老，积谷防饥。
好言难得，恶语易施。
一言既出，驷马难追。
少壮不努力，老大徒悲伤。
君子爱财，取之有道。

凡人不可貌相，海水不可斗量。
千里送毫毛，礼轻仁义重。
光阴似箭，日月如梭。
天时不如地利，地利不如人和。
羊有跪乳之恩，鸦有反哺之义。
由俭入奢易，由奢入俭难。

下编

第一章
感悟《孝经》《道德经》

内容提示

《孝经》是历朝历代教化之核心和灵魂,启发心智,感化人心,引人正行。孝道没有文字之分,没有民族之别,没有信仰之异,没有国界之区,没有时空之限。它是一种社会文明,是构建和谐社会的基础与根本。

《老子》一书为道家鼻祖,旨义深邃玄奥。"上善若水"选自第八章,作者借水性点化人性,以水品喻人品,昭示一种从善如流的为人之道,以及至刚至柔至洁的操行境界,值得我们借鉴和研究。"天人合一"是老子"自然之道"思想的核心,源于对自然和自然规律的诚信,对当今开展生态文明建设富有重要启示。

素养目标

1. 理解"孝"的含义,做尊老扶幼的时代新人。
2. 感悟"水"德,学习"水"的精神品质。
3. 深刻领悟人与自然和谐相处的生存之道。

第一节 德 孝 立 身

经典素材

片段一: 身体发肤,受之父母,不敢毁伤,孝之始也。立身①行道,扬名于后世,以显父母,孝之终也。夫孝,始于事亲,中于事君②,终于立身。

注释: ① 立身:使身立。因人格完整而被社会认可。
　　　　② 君:国君。现代文明社会当指国家和人民。

译文: 人的身体四肢、毛发皮肤,都是父母赋予的,不敢予以损毁伤残,这是孝的开始。人在世上遵循仁义道德,有所建树,显扬名声于后世,从而使父母荣耀,这是孝的终极目标。孝,从侍奉父母开始,然后效力于国君,最终建功立业,功成名就。

开启解读: 孝自爱身始。一个人的身体,哪怕细小的头发和皮肤,均是父母馈留的礼物。身体发肤,既然承受于父母,就当体念父母之爱心,保全自己身体不敢稍有毁伤,这就是孝的开始。

一个人站得住,独立不倚,不为外界利欲所摇夺,其人格当合乎标准,这就是立身。做事本乎正道,不越轨,不妄行,有始有终,这就是行道。人格道德为众人景仰,传诵于当时,也将播扬于后世。父母教养的贤德声名,因儿女的德望也将光荣起来,这就是孝的完成。

孝,大致可分三个阶段。幼年应承欢膝下,爱戴双亲。中年,便要充当公仆,努力做事,为国家尽忠,为民众服务。老年,则要自省身体和人格道德,没有缺欠和遗憾是谓立身。

片段二: 子曰:"爱亲者不敢恶①于人,敬亲者不敢慢②于人。爱敬尽于事亲,而德孝加于百姓,刑③于四海,盖天子之孝也。"

注释:① 恶(wù):厌恶。

② 慢:怠慢、鄙弃。

③ 刑:同"型",作典范、作榜样。

译文:孔子说:"能够亲爱自己父母的人,就不会厌恶别人的父母;能够尊敬自己父母的人,也不会怠慢别人的父母。以亲爱恭敬的心情尽心尽力地侍奉双亲,将德行教化施之于黎民百姓,作天下行孝的榜样(让天下百姓遵从效法),这就是天子的孝道呀!"

开启解读:孝即爱人。人无分种族,地无分中外,元首之孝,当为垂范。孔子说:"要亲爱自己的父母,必先博爱,就不敢对他人的父母有一点厌恶之心。要恭敬自己的父母,必需广敬,就不敢对于他人的父母有一毫的简慢之情。"

元首亲爱恭敬父母,其身教之德,就将如疾风吹草,很快地遍及到百姓身上。世人自会争相模仿,取法实行。这或许就是一种东方的文明。

片段三: 用天之道,分地之利,谨身节用,以养父母,此庶人①之孝也。故自天子至于庶人,孝无终始,而患②不及者,未之有也。

注释:① 庶人:贫民、普通百姓。

② 患:担心。

译文:利用自然的季节,认清土地的高下优劣,行为谨慎,节省简约,以此来孝养父母,这就是普通老百姓的孝道了。所以,上自天子,下至普通老百姓,不论尊卑高下,孝道是无始无终、永恒存在的,有人担心自己不能做到孝,那是没有的事情。

开启解读:人人可行孝。书云:"民为邦本,本固邦宁。"孔子说:我国自古以来就是一个农业国家,孝道就是要顺应气候耕耘收获,分辨土地性质种植庄稼,以收地利之果来赡养父母。

普通人的孝道,除利用天时地利外,尚要谨慎地保重自己的身体,爱护自己的名誉,不使父母馈留下来的身体有一点损伤、名誉有一点败坏;还要节省用度,不把有用的金钱无谓地消耗。这样,才可以孝养父母、教养子女、应酬社会。所以说:上自国家元首,下至一般平民,都源于人的天性来孝顺父母,孝是没有等级、没有高低贵贱的。

片段四: 子曰:孝子之事亲也,居①则致其敬,养则致其乐,病则致其忧,丧则致其哀,祭则致其严,五者备矣,然后②能事亲。

注释:① 居:平时。

② 然后:这样以后。

译文:孔子说:"孝子对父母亲的侍奉,在日常家居的时候,要竭尽全力对父母恭敬;饮食生活上,要保持和悦愉快的心情去服侍;父母生了病,要带着忧虑的心情去照料;父母去世了,要竭尽悲哀之情料理后事;对先人的祭祀,要严肃对待。这五方面做得完备周到了,方可称为对父母尽到了子女的责任。"

开启解读:孝在点滴细节中。孔子说:大凡有孝心的子女侍奉父母,在平居无事的时候,当尽敬谨之心,多方注意。奉养父母当尽和乐之心,笑容承欢,不敢使父母感到不安。父母有病时,要尽忧虑之情,请医诊治、亲奉汤药,父母一日不愈,则一日不能安心。父母不幸病故,要在临终之时,谨慎小心,备办一切,极尽哀戚之情。祭祀父母时,要尽思慕之心、庄严肃敬。这五个方面,必出于至诚,方可称得上侍养双亲。倘若徒具外表假象,那就失去孝的真义了。

各抒己见

1. 孝不仅是一种伦理,也是对生命的敬重。在生活中,我们应该怎样珍爱生命、积极生活,才符合孝之道呢?

2. 你知道古人"割股疗亲""卧冰求鲤""尝粪忧心"的故事吗? 对于古人这种孝道你怎么看? 当代人的孝道观又应该是什么呢?

心灵感言

孝道是中华民族的传统美德,古有"二十四孝"感人故事,今有百姓新孝楷模。新时期全国各地涌现出了许多孝子和道德模范,他们感动着世人,也感动着中国。他们不分年龄、职业、身份,但是他们有着一样的孝道和坚持、勇气与责任、良心与真情。他们就生活在我们周围,他们是平凡而又伟大的华夏子孙。

孝虽是家庭伦理,但关乎社会安定、民族精神。多少大德高僧每讲孝道声泪俱下,难道只是一种自我感动吗? 或许更深的含义是为人类的命运而慈悲。在构建当今和谐社会的洪流中,身为幼儿教师,当知"孝"传"孝",积极传承华夏文明,为民族的伟大复兴不懈努力。

素养训练

谁言寸草心,报得三春晖。阅读下面"新二十四孝"行动标准,虽然每一项都是一些生活中的小动作、小事情,但体现的却是子女的用心、孝心。高节奏的现代社会,儿女们或求学在外,或谋生在外,或成家立业,肩负更多责任与压力,无论如何,我们都不要把孝顺父母这件事儿放在角落,一定要挤时间为父母做一点事。请你将为父母尽孝心的事儿,用心记录下来,写成一篇发言稿,在"孝敬长辈"主题班团会上交流。

"新二十四孝"行动标准

细微之处见真情。节假日经常与父母共度、亲自给父母做饭、每周给父母打个电话,就是高素质时代青年的表现。"新二十四孝"行动标准:

1. 经常带着爱人、子女回家;
2. 节假日尽量与父母共度;
3. 为父母举办生日宴会;
4. 亲自给父母做饭;
5. 每周给父母打个电话;
6. 父母的零花钱不能少;
7. 为父母建立"关爱卡";
8. 仔细聆听父母的往事;
9. 教父母学会上网;
10. 经常为父母拍照;
11. 对父母的爱要说出口;

12. 打开父母的心结;

13. 支持父母的业余爱好;

14. 支持单身父母再婚;

15. 定期带父母体检;

16. 为父母购买合适的保险;

17. 常跟父母做交心的沟通;

18. 带父母一起出席重要的活动;

19. 带父母参观你工作的地方;

20. 带父母去旅行或故地重游;

21. 和父母一起锻炼身体;

22. 适当参与父母的活动;

23. 陪父母拜访他们的老朋友;

24. 陪父母看一场老电影。

相关链接

1. 百善孝为先。　　　　　　　　　　　　　　　　　　　　　　　　——王永彬

2. 孝有三:大孝尊亲,其次弗辱,其下能养。　　　　　　　　　　——《礼记》

3. 天地之性,人为贵;人之行,莫大于孝,孝莫大于严父。　　　　——《孝经》

4. 不爱其亲而爱他人者,谓之悖德;不敬其亲而敬他人者,谓之悖礼。——《孝经》

5. 不得乎亲,不可以为人;不顺乎亲,不可以为子。　　　　　　　——《孟子》

6. 仁之实,事亲是也;义之实,从兄是也。　　　　　　　　　　　——《孟子》

7. 老吾老以及人之老,幼吾幼以及人之幼。　　　　　　　　　　　——《孟子》

8. 鸦有反哺之义,羊有跪乳之恩,马无欺母之心。　　　　　　　——《增广贤文》

9. 一个人如果使自己的母亲伤心,无论他的地位多么显赫,无论他多么有名,他都是一个卑劣的人。

——亚米契斯

10. 亲善产生幸福,文明带来和谐。　　　　　　　　　　　　　　　　——雨果

小故事

孝感动天

舜,传说中的远古帝王,五帝之一,姓姚,名重华,号有虞氏,史称虞舜。相传他的父亲瞽叟及继母、异母弟象,多次想害死他:让舜修补谷仓仓顶时,从谷仓下纵火,舜手持两个斗笠跳下逃脱;让舜掘井时,瞽叟与象却下土填井,舜掘地道逃脱。事后舜毫不嫉恨,仍对父亲恭顺,对弟弟慈爱。他的孝行感动了天帝。舜在厉山耕种,大象替他耕地,鸟代他锄草。帝尧听说舜非常孝顺,有处理政事的才干,把两个女儿娥皇和女英嫁给他,经过多年观察和考验,选定舜做他的继承人。舜登天子位后,去看望父亲,仍然恭恭敬敬,并封象为诸侯。

亲尝汤药

汉文帝刘恒,汉高祖第三子,为薄太后所生。高后八年(公元前180年)即帝位。他以仁孝之名,闻于天下,侍奉母亲从不懈怠。母亲卧病三年,他常常目不交睫,衣不解带,母亲所服的

汤药,他亲口尝过后才放心让母亲服用。他在位 24 年,重德治,兴礼仪,注意发展农业,使西汉社会稳定,人丁兴旺,经济得到恢复和发展,他与汉景帝的统治时期被誉为"文景之治"。

带父求学

大学里,黄来女认为最奢侈的事情就是不用看专业书、不做家务活,从图书馆借一本小说,挑一个风和日丽的下午,在风景优美的武大校园草坪坐下来,悠闲地看看书、看看蓝蓝的天空。可这样的事情,竟然一次也没有发生过。

22 岁的她背负着病重的父亲在武汉大学求学。在此期间,她的父亲黄道富 6 次脑溢血、脑梗阻,右肢一度瘫痪,后又查出糖尿病、膀胱癌。黄来女一边上课,一边做家教勤工俭学挣钱给父亲治病,维持生计。当所有苦难向她压来的时候,她微笑着用单薄的肩膀撑起了一片天。

第二节 上善若水

经典素材

片段一： 上善若水①。水善利万物而不争,处众人之所恶②,故几于道③。居善地④,心善渊⑤,与善仁⑥,言善信,正善治⑦,事善能,动善时。夫唯不争,故无尤。

——《道德经》第八章

注释： ① 上善若水：上,最。此句意谓最善的人(即指圣人),其品格就像水一样。老子认为水德近于道,故以水喻圣人。

② 处众人之所恶：恶,指卑湿之地。此句意为居住在众人所不愿意去的卑湿低洼的地方。

③ 几于道：几,接近。即接近于道。

④ 居善地：居住时善于选择地方(即卑下之地)。此段中的"善",都是"善于"的意思。

⑤ 渊：沉静、深沉之意。

⑥ 与善仁：与,交往。此句意为交往要善于真诚相待。

⑦ 正善治：正,通"政"。为政要善于治理好国家。

译文： 圣人的品格就像水一样。水善于滋润万物而不与万物相争,处在众人不愿意去的卑下之地,所以最接近于"道"。

圣人善于选择地方,心胸善于保持沉静,与人交往善于真诚相待,说话言谈善于遵守信用,为政治国善于精简清静,处世善于发挥所长,行动善于把握时机。

圣人正因为有不争的品格,所以没有过失。

开启解读： 老子把"上善"的人,即"圣人",比作水,并用水的性状来描绘和歌颂"上善"之人的品格。颂扬的方面虽多,但核心是谦退不争。老子以为这才是最接近"道",有了这种品格才能够无怨无咎。实际上是要以柔克刚,以退为进,用不争以达到争的目的。

片段二： 天下莫柔弱于水,而攻坚强者莫之能胜,以其无以易之①。弱之胜强,柔之胜刚,天下莫不知,莫能行。是以圣人云："受国之垢②,是谓社稷主;受国不祥③,是为天下王。"正言若反④。

——《道德经》第七十八章

注释： ① 无以易之：易,替代、取代。意为没有什么能够代替它。

② 受国之垢：垢,屈辱。意为承担全国的屈辱。

③ 受国不祥：不祥,灾难,祸害。意为承担全国的祸难。

④ 正言若反：正面的话好像反话一样。

译文： 遍天下再没有什么东西比水更柔弱了,而攻坚克强却没有什么东西可以胜过水,因此没有什么能够代替它。弱胜过强,柔胜过刚,遍天下没有人不知道,但是没有人能实行(做到)。所以有道的圣人这样说："能承担起全国屈辱的,才能成为国家的君主,能承担全国祸灾的,才能成为天下的君王。"正面的话好像在反说一样。

开启解读： 这章是对水的赞美。老子认为,水虽然表面上看来是柔弱的,但它能穿山透石,淹田毁舍,任何坚强的东西都阻止不了它,战胜不了它;因此,老子坚信柔弱的东西必能胜过刚强的东西。对于老子柔弱似水的主张,我们应该加以深入理解,不能停留在字面上,有道的圣人就像水一样,甘愿处于卑下柔弱的位置,对国家和人民实行"无为而治"。

各抒己见

1. 老子觉得水能较全面地体现道的哲学含义。它谦和柔顺,甘居卑下,在永恒的变动中表现其善性。孔子说:"智者乐水。"水,它能带给你什么样的启示?

2. 红尘滚滚,物欲横流,人迷津渡。保持至真至纯的心性,才能不迷失自我。请以"水与做人"为题展开讨论。

心灵感言

静止的水,外无水波,内里透明。人心也是如此,如果内心能保持平静,便不会被外物所动摇。

释迦牟尼佛说:"大海不容死尸。"就是说明水性至洁,从表面看,虽能藏垢纳污,其实它的本质,水净沙明,晶莹剔透,毕竟是至净至刚,而不为外物所污染。

孔子观水,以它"逝者如斯夫"的前进,来说明流水虽是不断地过去,却具有永恒的、"不舍昼夜"的、勇迈古今的精神。

水,是一种文化,一种精神。老子最有代表性的学说是不争、谦恭、涵养及就低位。以此相关照,水更是代表一种为人处世的态度。

素养训练

中国有句古话叫:"储水万担,用水一瓢;大厦千间,夜眠六尺;黄金万两,一日三餐。"意思是说,无论做人还是做事都应淡泊名利,追求崇高。

请你联系老子的水之"道",谈谈对这段话的理解,并形成一篇600字的文章。

相关链接

1. 子在川上曰:"逝者如斯夫,不舍昼夜。" ——《论语》
2. 水有五德,因它长流不息,能普及一切生物,好像有德。 ——孔 子
3. 知者乐水,仁者乐山;知者动,仁者静;知者乐,仁者寿。 ——《论语》
4. 君子九思:视思明,听思聪,色思温,貌思恭,言思忠,事思敬,疑思问,忿思难,见得思义。 ——孔 子
5. 出淤泥而不染,濯清涟而不妖。 ——周敦颐
6. 君子之交淡若水,小人之交甘若醴。 ——庄 子
7. 知人者智,自知者明。 ——老 子
8. 满招损,谦受益。 ——《尚书》
9. 源洁则流清,行端则影直。 ——王 勃
10. 沧浪之水清兮,可以濯我缨。沧浪之水浊兮,可以濯我足。 ——屈 原

小·故事

心中有佛,看谁都是佛

苏东坡与金山寺佛印和尚是好友,经常诗文往来,在一起参禅论道,有一次,东坡到金山寺和佛印一起坐禅。坐了一个时辰,东坡觉得身心通畅,内外舒坦,便忍不住问佛印:"禅师,你看我坐禅的样子像什么?"

佛印看了一下东坡,点头赞道:"我看你像一尊佛。"东坡非常高兴,佛印随口也问东坡:"你看我像什么?"苏东坡揶揄地说:"我看你像一堆牛粪。"佛印听了,并不动气,只是置之一笑。

东坡高兴地回家了,与苏小妹如此这般地炫耀一番自己的胜利:"我今天终于赢了佛印禅师!"苏小妹颇不以为然地说:"哥哥,今天你可输惨了。禅师心中有佛,所以看谁都是佛;你心中只有牛粪,所以才视禅师为牛粪!"

拓展阅读

提升青年文化底蕴

第三节 天 人 合 一

经典素材

片段一： 道可道,非常道①;名可名,非常名②。无名③,天地之始;有名④,万物之母⑤。

注释： ① 第一个"道"是名词,指的是宇宙的本原和实质,引申为原理、原则、真理、规律等。第二个"道"是动词,指"解说、表述"的意思。

② 第一个"名"是名词,指"道"的形态。第二个"名"是动词,"说明"的意思。

③ 无名:指无形。

④ 有名:指有形。

⑤ 母:母体,根源。

译文： "道"是可以用言语来表述的,它并非一般的"道";"名"也是可以说明的,它并非普通的"名"。"无",可以用来表述天地混沌未开之际的状况;"有",则是宇宙万物产生之本原的命名。

开启解读： 老子认为,道是看不见、听不到、摸不着,无法用言语形容的一种存在。道是宇宙的起源,是万物的根本。众所周知,老子的哲学属于崇尚"自然"的哲学。因此,我们称老子之"道"为"自然"之"道"。"自然之道"是老子思想体系的核心。

片段二： 道生一①,一生二②,二生三③,三生万物。万物负阴而抱阳④,冲气以为和⑤。

注释： ① 一:这是老子用以代替"道"这一概念的数字表示,即道是绝对无偶的。

② 二:指阳气、阴气。"道"本身包含着对立的两方面。阴阳二气所含育的统一体即"道"。因此,对立着的双方都包含在"一"中。

③ 三:即由两个对立的方面相互矛盾冲突所产生的第三者,进而生成万物。

④ 负阴而抱阳:背阴而向阳。

⑤ 冲气以为和:冲,冲突、交融。此句意为阴阳二气互相冲突交和而成为均匀和谐状态,从而形成新的统一体。

译文： 道是独一无二的,道本身包含阴阳二气,阴阳二气相交而形成一种适匀的状态,万物在这种状态中产生。万物背阴而向阳,并且在阴阳二气的互相激荡中而形成新的和谐体。

开启解读： 老子认为,宇宙万物都是"道"所化生。天地万物与人类是同一个本源,所谓"万物同源"或"天人同源"。由"道"所化生的万物都包含着阴、阳两个相反的方面,阴阳相互作用而达到平衡的和谐状态。所谓"和",就是指事物对立统一而处于和谐状态。老子教人"知和",就是要求人们了解宇宙万物对立统一而处于和谐状态,这是一种自然规律。

片段三： 知常①曰明,不知常,妄作凶②。……故知足不辱,知止不殆,可以长久。

注释： ① 常:指万物运动变化的永恒规律。明:明白,了解。

② 凶:灾祸。

译文： 认识了自然规律就叫作聪明,不认识自然规律的轻妄举止,往往会出乱子和灾祸……所以,懂得满足就不会受到屈辱,懂得适可而止就不会遇见危险,这样才可以保持住长久的平安。

开启解读： 所谓"常",就是指自然规律。老子教人"知常",就是要求人们了解事物对立统一而处于和谐状态的这种自然规律,旨在要求人们的一切行为,都要遵循其自然规律。如果人们"不知常",

就会"妄作"而导致"凶"的下场。"知足""知止",用于人类处理人与自然的关系,即要求人类"去甚、去奢、去泰",千万不能不顾及生态发展的规律而以无限掠取自然资源、破坏生态平衡为代价来获取一时之利。

片段四: 故道大,天大,地大,人亦大①。域中②有四大,而人居其一焉。人法地,地法天,天法道,道法自然③。

注释: ① 人亦大:人乃万物之灵,与天地并立而为"三才",即天大、地大、人亦大。

② 域中:即空间之中,宇宙之间。

③ 道法自然:"道"纯任自然,本来如此。

译文: 所以说道大、天大、地大、人也大。宇宙间有四大,而人居其中之一。人取法地,地取法天,天取法道,而道纯任自然。

开启解读: 世界是由道、天、地、人共同组成的一个整体。世界作为一个生态系统而必备的三个要素,即天、地、人"三才"。因此,人类要尊重天地(自然界),千万不要以为自己为"万物之灵"而妄自尊大;在整个生态系统中,人类只是其中的成员之一,并位居天地之后,"四大"之末。因此,人类不是大自然的"主宰者"或"统治者"。为了实现人与自然和谐相处("天人合一"或"天人和谐"),就必须遵循"道法自然"的重要原则,顺应自然之客观规律。

片段五: 天之道,利而不害①。

注释: ① 利:利导、顺导。害:妨害。

译文: 理想的行为方式是顺导万物而不妨害万物。

开启解读: 人类在对待与大自然有关的一切活动中,都应该要以遵循自然规律为最高行为准则,顺应万物自然生长变化的客观规律,而不以人为的强制方式去改变它、去干涉它。违忤天道,必遭天谴!

各抒己见

1. 法国著名作家雨果说:"大自然是善良的慈母,同时也是冷酷的屠夫。"结合老子"天人合一"思想所赋予的生态启示,谈谈你的理解。

2. PM2.5指的是什么? 低碳生活,保护生态环境,我们应该怎样落实在行动上?

心灵感言

纵观历史,可以说最早、最系统地提出顺应自然的环境保护意识的,就是老子。所谓"天人合一",就是要求人与天地(自然界)成为一个和谐统一的有机整体,反映出老子十分崇尚人与自然的和谐。《道德经》中"天人合一"(或"天人和谐")的思想,对于当前人类维护生态平衡或保护自然环境提供了有益的启示,具有十分积极的现实意义。

放眼当今世界,气候异常,灾难频发,极地臭氧空洞,生物多样性锐减,酸雨蔓延,土地荒漠化,资源渐趋枯竭,生态环境恶化加剧,人类向大自然一味掠夺式的开发索取,已令大自然满目疮痍。生态环境问题已经严重威胁着人类的生存和发展。大自然向人类敲响了警钟!

谁不希望头顶的天空湛蓝如镜?

谁不希望脚下的大地绿草如茵?

谁不希望身边的湖水清澈明净?

谁不希望眼前的阳光灿烂如金？

让我们行动起来，保护生态环境，倡导文明新风，走可持续发展道路，使人与自然和谐共生。让"尊重自然，保护生态"成为我们每个社会成员的共同认知，并化为全民的自觉行动。人类善待自然，就是善待自己。

素养训练

1. 组织学生走出校园，到街道、社区开展一次保护环境的文明劝导志愿者活动。

2. 在班级开展"地球是我家，环保靠大家"主题教育活动。

相关链接

一、生态环保名言

1. 只有服从大自然，才能战胜大自然。　——达尔文

2. 大自然的每一个领域都是美妙绝伦的。　——亚里士多德

3. 非但不能强制自然，还要顺从自然。　——埃斯库多斯

4. 自然不掺杂半丝人情。谁抵抗它，谁就被一脚踢开；谁顺从它，谁就承受其恩典。
　——长冈半太郎

5. 天不言而四时行，地不语而百物生。　——李白

6. 这自然法规我认为是最高的法规，一切法规中最具有强制性的法规。　——马克·吐温

7. 大自然不会欺骗我们，欺骗我们的往往是我们自己。　——卢梭

二、生态环保小资料

美国的草坪文化

美国是个草坪大国，凡空旷之处皆营造了成片的草地或林木。城外的高尔夫球场，远视如绿浪，近视则能发现草坪修剪得如同地毯，让人流连忘返。草坪给美国人创造了美好的生活环境，亦带来了难以估量的好处，空气清新，生活环境恬静、安详。美国人重视草坪已成为传统，甚至已发展成为一种文化现象。

思考讨论

1. 有梦想，还需脚踏实地。我们如何才能行稳致远？

2. 厚德方能载物。请谈谈你的理解。

第二章
走进《论语》

内容提示

《论语》是古代教育的经典之作,闪耀着先师们智慧的光芒。《学记》说:"独学而无友,则孤陋而寡闻。""益者三友"为我们指明交友识人之道,"益友""损友"之辩,警策之言,发人深省。"智者不惑"告诫我们遇事不迷,处世不惑,明白人生的意义和生命的价值,不枉自为人,不碌碌一生,体现出人文关怀和进取精神。

素养目标

1. 从古人交友之原则,引导学生正确结交益友。
2. 在现实生活中学会做智者,学会做人。

第一节　益者三友

经典素材

片段一: 益者三友,损者三友。友直,友谅①,友多闻,益矣。友便辟②,友善柔③,友便佞④,损矣。

注释: ① 谅:诚实。

② 便(pián)辟:惯于走邪道。

③ 善柔:善于阿谀奉承。

④ 便佞(pián nìng):惯于花言巧语。

译文: 有益的交友有三种,有害的交友有三种。同正直的人交友,同诚信的人交友,同见闻广博的人交友,这是有益的。同惯于走邪道的人交朋友,同善于阿谀奉承的人交朋友,同惯于花言巧语的人交朋友,这是有害的。

开启解读: 孔子认为,交结朋友一定要慎重。

片段二: 亲于其身为不善者,君子不入也。

译文: 亲身做坏事的人那里,君子是不去的。

开启解读: 孔子认为与人交往要看对象及其品质。

片段三: 有朋自远方来,不亦乐乎?

译文: 有朋友从远方来,不也是很快乐吗?

开启解读: 孔子提倡善交朋友,广泛学习。

片段四： 可与言而不与之言，失人；不可与言而与之言，失言。知者不失人，亦不失言。

译文： 可以与他交谈而不谈，错过了人才；不可交谈而与他谈，浪费了语言。聪明人不错过人才，也不浪费语言。

开启解读： 言为心声，由知言进而知人。能知言，才能结交益友，互相启迪；也才能分辨损友，洁身自爱。

各抒己见

1. 一个知名品牌的 T 恤上印着这样的话："当你被火鸡包围的时候，你很难发出雄鹰的吼叫！"这种说法对你有何启发？

2. 以"网上交友，利大于弊"为题，组织现场讨论会。不求定论，只求能畅抒己见，自圆其说，令人信服。

心灵感言

信息时代，交流已成为人们生活的一个组成部分，成为不可或缺的日常需求。交友也不例外。而交友不慎，势必贻害终身。工以利器为用，人以贤友为助。选择与品德高尚的人交往，受他们的影响熏陶，自己的思想修养就会在无形中得到提高。

择友而交，识人确实不易，要有火眼金睛。因为有些人善于伪装自己，在伪装的外表下，一颗什么样的心，万分难测。谨记"慎于言而敏于行"。

素养训练

据一份美国杂志的调查，一个人一生中应该有四个好朋友：一个总是为你打气、为你呐喊加油的好朋友；一个不讲情面、能够提醒并鼓励你面对令你害怕的真相的好朋友；一个可以背起行囊，同你一起云游四海的好朋友；一个能与你一起放松心态、肆意寻找快乐的好朋友。

亲爱的同学，你现在拥有了哪一个朋友呢？请用笔写写你的那个朋友。

相关链接

1. 群居终日，言不及义，好行小惠，难矣哉！
提示：孔子主张交友要重道义。
2. 众恶之，必察焉；众好之，必察焉。
提示：孔子强调，看人要实事求是。
3. 君子矜而不争，群而不党。
提示：孔子反对结党营私。
4. 君子尊贤而容众，喜善而矜不能。
提示：这是孔子弟子子张的话，他主张广泛结交朋友。
5. 晏平仲善与人交，公而敬之。
提示：善于交朋友，也应是人的美德。
6. 视其所以，观其所由，察其所安。
提示：孔子教人观察了解人的方法。

关于交友的成语典故

1. **八拜之交：** "八拜"本指古代世交子弟见长辈时的礼节，后指好友相约结拜为兄弟姐妹的关系。

2. **布衣之交**：普通老百姓相交的朋友。《史记·廉颇蔺相如列传》里有："臣以为布衣之交尚不相欺，况大国乎?"

3. **刎颈之交**：哪怕砍头也不变心的朋友。《史记·廉颇蔺相如列传》里有："卒相与欢，为刎颈之交"句。"刎颈之交"亦可谓"生死之交"。

4. **莫逆之交**：意谓彼此心志相通，情投意合。《庄子·大宗师》："三人相视而笑，莫逆于心，遂相与为友。"

5. **杵臼之交**：杵，舂米的木棒；臼，石臼。指交友不嫌贫贱，亦称为"杵臼交"。

6. **车笠之交**：《太平御览》引周处《风土记》："越俗性率朴，意亲好合，即脱头上巾，解要（腰）间五尺刀以与之为交，拜亲跪妻，定交友礼。……祝曰：卿虽乘车我戴笠，后日相逢卿当下。"这种朋友，不以贵贱而异，友谊深厚。

7. **忘年之交**：年岁差别大，行辈不同而交情深厚的朋友。《南史·何逊传》："弱冠，州举秀才，南乡范云其对策，大相称赏，因结忘年交。"

8. **总角之交**：幼年就相识的朋友。《诗经》中把儿童的发髻称作"角"，后来人们习惯称童年时代为"总角"。《晋书·何劭传》："劭字敬祖，少与武有总角之好。"

9. **竹马之交**：小时候就相好结交的朋友。竹马，儿童喜欢骑竹竿当马，所以将竹马比做小儿时。《后汉书·郭十及传》里写道："始至行部，到西河美稷，有獐数百，各骑竹马于道次迎拜。"

- - - **小·故事** - - -

知　音

俞瑞，字伯牙，战国时的音乐家，曾担任晋国的外交官。

俞伯牙从小就酷爱音乐，他的老师成连曾带着他到东海的蓬莱山，领略大自然的壮美神奇，使他从中悟出了音乐的真谛。他弹起琴来，琴声优美动听，犹如高山流水一般。虽然有许多人赞美他的琴艺，但他却认为一直没有遇到真正能听懂他琴声的人。他一直在寻觅自己的知音。

有一年，俞伯牙奉晋王之命出使楚国。八月十五那天，他乘船来到了汉阳江口。遇风浪，停泊在一座小山下。晚上，风浪渐渐平息了下来，云开月出，景色十分迷人。望着空中的一轮明月，俞伯牙琴兴大发，拿出随身带来的琴，专心致志地弹了起来。他弹了一曲又一曲，正当他完全沉醉在优美的琴声之中的时候，猛然看到一个人在岸边一动不动地站着。俞伯牙吃了一惊，手下用力，"啪"的一声，琴弦被拨断了一根。俞伯牙正在猜测岸边的人为何而来，就听到那个人大声地对他说："先生，您不要疑心，我是个打柴的，回家晚了，走到这里听到您在弹琴，觉得琴声绝妙，不由得站在这里听了起来。"

俞伯牙借着月光仔细一看，那个人身旁放着一担干柴，果然是个打柴的人。俞伯牙心想：一个打柴的樵夫，怎么会听懂我的琴声呢? 于是他就问："你既然懂得琴声，那就请你说说看，我弹的是一首什么曲子?"

听了俞伯牙的问话，那打柴的人笑着回答："先生，您刚才弹的是孔子赞叹弟子颜回的曲谱，只可惜，您弹到第四句的时候，琴弦断了。"

打柴人的回答一点不错，俞伯牙不禁大喜，忙邀请他上船来细谈。那打柴人看到俞伯牙弹的琴，便说："这是瑶琴，相传是伏羲氏造的。"接着他又把这瑶琴的来历说了出来。听了打柴人的这番讲述，俞伯牙心中不由得暗暗佩服。接着俞伯牙又为打柴人弹了几曲，请他辨识其中之意。当他弹奏的琴声雄壮高亢的时候，打柴人说："这琴声，表达了高山的雄伟气势。"当琴声变得清新流畅时，打柴人说："这后弹的琴声，表达的是无尽的流水。"

俞伯牙听了不禁惊喜万分，自己用琴声表达的心意，过去没人能听得懂，而眼前的这个樵夫，竟然听得明明白白。没想到，在这野岭之下，竟遇到自己久久寻觅不到的知音，于是他问得打柴人名叫钟子期，和他喝起酒来。两人越谈越投机，相见恨晚，结拜为兄弟。约定来年的中秋再到这里相会。

和钟子期洒泪而别后的第二年中秋，俞伯牙如约来到了汉阳江口，可是他等啊等啊，怎么也不见钟子期来赴约，于是他便弹起琴来召唤这位知音，可是又过了好久，还是不见人来。第二天，俞伯牙向一位老人打听钟子期的下落，老人告诉他，钟子期已不幸染病去世了。临终前，他留下遗言，要把坟墓修在江边，到八月十五相会时，好听俞伯牙的琴声。

听了老人的话，俞伯牙万分悲痛，他来到钟子期的坟前，凄楚地弹起了古曲《高山流水》。弹罢，他挑断了琴弦，长叹了一声，把心爱的瑶琴在青石上摔了个粉碎。他悲伤地说："我唯一的知音已不在人世了，这琴还弹给谁听呢？"

两位"知音"的友谊感动了后人，人们在他们相遇的地方，筑起了一座古琴台。直至今天，人们还常用"知音"来形容朋友之间的情谊。

后人有诗赞美曰：摔碎瑶琴凤尾寒，子期不在与谁弹？春风满面皆朋友，欲觅知音难上难！

第二节　智　者　不　惑

经典素材

片段一： 仁者无忧，知者不惑，勇者不惧。

译文： 仁德的人不忧虑，智慧的人不迷惑，勇敢的人不惧怕。

开启解读： 孔子指出仁者、智者、勇者的不同特点。一个仁德的人，心胸坦荡，不会为个人的得失忧虑。但有时正因为他仁德，他才会有常人不会有的忧虑，即"先天下之忧而忧"。

片段二： 子曰："朝闻道①，夕死可矣。"

注释： ① 朝（zhāo）：早晨。道：道理，真理。

译文： 孔子说："早晨获得真理，晚上死去也值得。"

开启解读： 孔子强调人生的最高目标应该是追求真理。只要对真理、信仰有发自内心的迫切追求，什么时候追求到都会欣慰不已。

片段三： 君子不可小知而大受也，小人不可大受而小知也。

译文： 君子没有小聪明，却可以承担大任务。小人不能承担大任务，却可以有小聪明。

开启解读： 人各有才，优劣同在，故不能求全责备。"小人"也有一技之长，"君子"也有各种弱点和缺失。

片段四： 君子和而不同①，小人同而不和。

注释： ① 和：和谐。同：附和。

译文： 君子讲协调而不盲目附和，小人盲目附和但不讲协调。

开启解读： 孔子反对盲从。保持自我的人格、个性、见解与空间而非一味求同，才是真正的和谐之道。

各抒己见

1. "士不可以不弘毅，任重而道远。"在为理想奋斗的征途中，坚忍不拔之志，比经天纬地之才更为重要。立志献身于幼儿教育，你准备好了吗？

2. "平凡的人，也能干出惊天动地的大事业。"你同意这种说法吗？

3. "不惑"就是明白了人生的价值和生命的意义。那么，怎样才能活出自信，活出个性，活出"真我"的风采？

心灵感言

屈原不惑，所以"路漫漫其修远兮，吾将上下而求索"，"虽九死其犹未悔"！

范仲淹不惑，所以"先天下之忧而忧，后天下之乐而乐"！

李清照不惑，所以"生当作人杰，死亦为鬼雄"！

文天祥不惑，所以"人生自古谁无死，留取丹心照汗青"！

邓小平不惑，所以成为"人民的儿子"……

从古至今,一代代仁人志士为理想正义献身,谱写了一曲曲可歌可泣的壮丽诗篇。

"世界上最快乐的事,就是为理想而奋斗。"(苏格拉底)诚如斯言! 奋斗,是我们永远的本性。

生命最大的意义就在于为未来而不断地劳动,不懈地创造。只有为未来而贡献出自己全部才华并为之毕生奋斗的人,才是幸福的人。作为幼儿教师,我们就是为未来工作,为人类最有前途的人工作。也许,我们的名字是微不足道的,但我们所献身的事业却是威严壮观,无比瑰丽的。

素养训练

《中国青年报》增刊载《给青年学生的五句话》:第一句,优秀是一种品质;第二句,生命是一个过程;第三句,两点之间距离最短的并不一定是直线;第四句,只有知道如何停止的人才知道如何加速;第五句,放弃是一种智慧,缺点是一种恩惠。

这五句话,仿佛就是一个智者之语。请你联系自己的生活,选择其中一句谈谈你的理解。

相关链接

1. 士志于道,而耻恶衣食者,未足与议也。

提示:孔子主张,为追求真理应抛弃舒适的生活。

2. 君子周而不比,小人比而不周。

提示:孔子主张团结。

3. 非其鬼而祭之,谄也。见义不为,无勇也。

提示:孔子主张见义勇为。

4. 见贤思齐焉,见不贤而内自省也。

提示:孔子主张要学习别人的长处。

5. 古者言之不出,耻躬之不逮也。

提示:孔子强调要言行一致。

6. 君子欲讷于言而敏于行。

提示:孔子主张少讲话,多做实事。

7. 君子不忧不惧。

提示:孔子提倡乐观主义和大无畏的精神。

8. 君子耻其言之过其行。

提示:孔子主张言行一致。

9. 君子求诸己,小人求诸人。

提示:孔子主张严于责己。

10. 过而不改,是谓过矣。

提示:孔子教导人要知错就改。

·小·故·事·

处 变 不 惊

孔子游学在匡这个地方,莫名其妙被一帮宋人给包围了,这些人拿着兵器把院子团团围住。孔子在里面干什么呢? 弦歌不辍(弹着琴唱着歌一点停下来的意思也没有)。这时候他的大徒弟子路指着老师说："何夫子之娱？"（你老先生在这傻乐什么呀？）老师不慌不忙跟他说："来，你过来听我慢慢跟你说。这个世界上有很多种勇敢：在水中穿行不畏蛟龙者那是渔夫的勇敢；在陆地上不畏犀牛、猛虎、野兽，那是猎人的勇敢；另外还有一种处变不惊，每临大事能静气，能做到泰山崩于前而不惊（当一件大事突如其来的时候，平静地用自己的心渡过难关，明辨是非，等待结局），这是君子的勇敢。"他话音刚落，外面的人进来了，给他作个揖，说："对不起，我们的仇人是杨虎，我们围错人了。"

半部《论语》治天下

北宋宰相赵普读书少，缺乏雄才大略。宋太祖赵匡胤曾多次问他前朝制度的一些问题，他都无言以对。为此，宋太祖经常劝他要多读些书。于是，赵普每天回到家里，便打开书箱，取出书来认真地读，有时候一读就读到天亮。天长日久，他的学问渐深，处理起政务来果断刚毅，还参与制订了许多重要的治国方略，这些方略一直影响着宋朝三百年的统治。赵普死后，家人打开他的书箱，发现里面只有一部《论语》，其中还有一些书页没有被翻动过。这件事很快传开了，有人就夸张地说："赵普是靠半部《论语》治理天下的。"

思考讨论

输在起点并不代表终点会落后，请谈谈你对此的看法。

拓展阅读

趣味数字诗词

第三章
教师形象礼仪

内容提示

本章主要介绍教师的形象塑造,教师应具备的素养,教师的仪表礼仪、言谈礼仪、举止礼仪以及在工作生活中使用微信的礼仪等内容。

素养目标

1. 重视教师的外在形象和内在素养,塑造良好的教师形象。
2. 了解教师仪表应注意的内容,注意自己的穿着打扮。
3. 了解并掌握教师言谈举止的礼仪。
4. 了解并掌握面试的基本礼仪。
5. 掌握自我介绍和交谈的礼节。

第一节　教　师　形　象

经典素材

肯尼迪夫人杰奎琳说:"全世界我只崇拜一个人,那就是周恩来。"

西哈努克夫人莫尼克公主也说过:"周恩来是我唯一的偶像!"

1954年在日内瓦举行了讨论和平解决朝鲜问题和恢复印度支那和平问题的会议,这是新中国第一次以世界五大国之一的身份参加的国际会议。代表中国参加会议的是周恩来总理,他穿着一身黑色的风衣,不凡的谈吐和仪表让所有藐视中国、敌对中国的人不敢再轻视中国。

周总理会见、接待外宾时总是处处小心,礼仪得体,着装讲究,表现出良好的文明礼仪。联合国前秘书长哈马舍尔德于1955年在北京会见过周总理后说过一句广为流传的话:"与周恩来相比,我们简直就是野蛮人。"

周总理的穿着打扮、待人接物,处处体现了一位国家领导人的良好形象和风范,向世界展示了中国人的风采,他是我们的榜样。作为未来人民教师的我们,也应该注重自己的形象,给外界留下良好的印象。

开启解读

一个人的气质涵养往往从他的仪表姿态、言谈举止中表现出来。作为人类灵魂工程师的教师,更要注意自己在各种场合的仪表和言行举止,做到大方、得体、自然、不虚假。

一、教师的形象

教师被誉为人类灵魂的工程师,担负着教书育人、为人师表的神圣职责,社会赋予了教师崇高的形象要求。教师的形象就是外界对教师的印象和评价。社会对教师形象的评价主要有两个要素,即知名度和美誉度。

(一)对教师形象的要求

对教师形象的要求,从教师自身来讲,应当具有丰厚的专业知识素养,爱护关心学生,具有正义感和使命感;从学生所渴望的来讲,要与学生平等相待,是学生的良师益友;从家长所期盼的来讲,要书教得好,对孩子要好。简言之,良好的教师形象应当是学识渊博、心灵美好、语言文明、仪态优雅、关爱孩子、富有教学艺术。

(二)教师良好形象的塑造

教师形象的好坏,对于学生价值标准、审美标准的形成,有着重要的示范和影响作用。教师的形象一定程度上就是学生的形象。塑造良好教师形象,要特别注重五个效应。

1. 首轮效应:教师要给学生的第一印象是——仪表整洁,有气质,有涵养。

2. 近因效应:教师最近做的事,给经常交往的学生留下的印象——做事认真,善待、关心学生。

3. 亲和效应:"亲其师,信其道",教师要努力缩短与学生的距离,把自己当作学生的大朋友,让学生喜欢你的课堂。

4. 定型效应:学生对教师的印象一旦形成就很难改变,由此教师在平时工作中要时刻注意自己的言行,注意对学生的态度,注意知识的更新,注意专业的提高。

5. 光环效应:一好百好,一坏百坏。学生先发现教师好的方面就很少再发现不好的方面,倘若学生先发现教师不好的方面,就很难再能发现教师优秀的方面了。

二、教师的素养

(一)素养

所谓素养就是从事某项工作所要具有的基本资格、基本要求和基本条件。

(二)教师应具备的素养

教师最重要的素养是表达能力、教学能力,才算具备教师资格。教师要有政治的、法律的、道德的、专业的、为人处世的等多方面的素养。教育的质量关键在于教师。内强素质,外塑形象,是现代社会对教师提出的要求,也是教师必须面对的问题。在日常工作中,一个教师是不是称职、礼仪表现如何,跟他的素养有关。

1. 政治素养:教师要爱祖国、爱人民;拥护党、拥护政府、拥护社会主义制度;思圆行方、立端立正。

2. 法律素养:教师要有法制观念;要遵守国家的法律法规。要懂法、知法、行法、护法。

3. 道德素养:礼仪实际上是一种道德的外在表现。教师要遵守社会公德,比如公共场合待人接物,如爱护国家公物、尊老爱幼,如保护残障人士、尊重妇女等;遵守职业道德,如遵守作息制度、爱岗敬业、钻研业务;家庭道德,如孝敬长辈、关爱小孩。

4. 专业素养:现代教师要有深厚的功底,要有开阔的视野,科学文化素养实际上是一种精神,即科学的精神、钻研的精神、实事求是的精神。热爱是最好的老师,教师要培养孩子的兴趣;做自己想做、喜欢做的事,做自己能做好的事,做有益的事。

5. 处世素养:教师要以诚为本;以和为贵,宽以待人,不拿别人折磨自己,也不拿自己折磨别人;"君子言而有信,小人言而无信",以信用为先。

各抒己见

有人说,教师就是教师,高高在上的,学生就是学生,要听老师的。请谈谈你心目中的教师形象。

心灵感言

"爱美之心,人皆有之。"教师是一个特殊的职业,他面对的是人,而不是物,因而必须重视留给学生的印象。教师一走进课堂,自然成了学生注目的中心。教师整洁大方的衣着,庄重优雅的举止,敏捷亲切的交流,都能使学生产生愉快感,都会对学生产生一种吸引力。

教师的穿着应当跟上时代,应当展示教师气质,既要有职业美,又要有现代美,并且还不失亲和力。时代在前进,陈旧落伍的观念应该改变。那些不修边幅,那些太过时、太随便的装束应当远离,站在讲台上的教师应该富有时代精神和朝气。

相关链接

小·故事

第一印象十分重要

1992 年 12 月,俄罗斯总统叶利钦首次对中国进行访问,当月 17 日上午,叶利钦的专机降落在北京机场,我按照外交惯例在俄驻华大使的陪同下登上飞机,同叶利钦热情握手,并用俄语对他说:"热烈欢迎总统阁下首次访华,今天天气晴朗,天气也在欢迎您。"叶利钦听后很高兴:"这是我担任总统后首次访华,来到中国后,你是我见到的第一个中国官员,你流利的俄语让我感到很亲切,这是访问圆满成功的预兆。"

*　　　　*　　　　*　　　　*　　　　*

当晚欢迎宴会后,江泽民同志又举行小型宴会招待叶利钦,他亲切地用俄语称呼叶利钦小名"鲍利斯",叶利钦听后紧紧握着江泽民同志的手说:"这是我第一次听到一个外国领导人这样亲切地称呼我,我很激动,我们的关系多么亲密啊!"叶利钦的访问取得了丰硕的成果,我们恰到好处的外交礼仪给他留下了良好的第一印象。

"总统"的仪态

曾任美国总统的老布什,能够坐上总统的宝座,成为美国"第一公民",与他的仪态表现分不开。

在 1988 年的总统选举中,布什的对手杜卡基斯,猛烈抨击布什是里根的影子,没有独立的政见。而布什在选民中的形象也的确不佳,在民意测验中一度落后于杜卡基斯十多个百分点。

未料两个月以后,布什以光彩照人的形象扭转了劣势,反而领先十多个百分点,创造了奇迹。原来布什有个毛病,他的演讲不太好,嗓音又尖又细,手势及手臂动作总显出死板的感觉,身体动作不美。后来布什接受了专家的指导,纠正了尖细的嗓音、生硬的手势和不够灵活的摆动手臂的动作,结果就有了新颖独特的魅力。在以后的竞选中,布什竭力表现出强烈的自我意识,改变了原来人们对他的评价,再配以卡其布蓝色条子厚衬衫,以显示"平民化",终于获得了最后的胜利。

素养训练

1. 塑造良好的教师形象要从哪些方面着手?请为自己设计一份塑造教师形象的具体方案。
2. "教养体现于细节,细节展示素质",如何理解这句话的含义?

第二节　教师礼仪

教师礼仪作为教师的行为规范和准则，是教育活动的精神文明的外在体现，它不仅是教育活动者和其对象关系融洽亲近的保证，更是构建和谐校园、和谐社会的先决条件。

经典素材

著名的社会活动家、教育家周谷城和上海教育界的老前辈陈云涛在20世纪20年代的湖南长沙第一师范就结下了深厚的师生情谊。1921年，周谷城在湖南一师教新文艺、教育学。他一生信仰马克思列宁主义，是中国共产党风雨同舟的诤友。在他的影响下，一些学生成为党的早期领导人。陈云涛就是在长沙第一师范读书时加入共产主义青年团的，1925年转为中共党员。几十年风风雨雨，坎坎坷坷，他们始终保持着经常的联系。双双进入古稀之年以后，这对师生几乎没能再见面了，但是陈云涛一直挂念着老师的健康，常托人带去问候。1993年，金秋送爽的10月。有一天，趁风和日丽，92岁高龄的陈云涛老先生手拄拐杖，在家人的搀扶下，步履维艰地前去看望他的老师。走进周谷城的居室，陈云涛像天真的学生连呼："老师！老师！"忙把一束鲜花献给座椅上的老师，祝愿老师寿比南山。当两位老人双手紧握时，大家都激动地淌下了热泪。陈云涛问："记得老师您大我3岁，身体可好？"老师戴上老花镜，端详着他的学生，连声说："变化不大，变化不大，还是老样子。"谈话把他们带回到72年前在湖南一师时的情景，时而微笑，时而兴奋，时而激动，时而喟叹。是的，他们的生命长河已跨越了将近一个世纪，可以称得上是中国近代历史的见证人。这时，老师俯身摸抚着学生细细的双手，一再嘱咐他"要多运动运动"。老师又请学生喝一杯人参饮料，还说常饮能延年益寿。学生谢谢老师的关心，要大家都保重，深情地说："等老师百岁寿辰，我再来看您。"一句话引得老师开怀大笑起来。

两位耄耋老人70年不断的师生情深深感染着我们，我们从老一辈教师的身上看到了他们尊师重教的优良传统，也看到了为人师表应该具备的基本礼仪，值得我们学习，更值得我们深思。

开启解读

百年大计，教育为本；教育大计，教师为本；教师形象，素养为本。

一、教师礼仪

教师礼仪就是教师在工作岗位上待人接物、为人处世的行为规范。

二、教师礼仪的基本原则

第一，摆正位置，学生为本。教师在工作岗位上，要模范遵守国家的法律法规，遵守教师的职业道德规范。教师要严于律己，以身作则，为人师表。现代教育强调以学生为本，以学生为中心，教师要做学生的表率，与学生是平等的位置，而不是古时的师在上，生在下。

第二，宽以待人，善于包容。宽以待人就是要容人，容忍自己的同事有不同的思想理念和教学模式，容忍不同的学科有不同的教学特点，容忍不同的学校有不同的要求，容忍不同的学生有不同的兴趣爱好。古人讲"君子和而不同"，也是这个道理。

三、教师礼仪的基本特征

教师礼仪的基本特征主要体现在人们所关注的四个方面。

1. 师资：教师要有一技之长，要业精于勤，要有自己的人格魅力。
2. 师表：教师是楷模，要有语言美、心灵美、仪表美、行为美。
3. 师德：教师要爱国守法，明礼诚信，爱护学生，廉洁从教。
4. 师心：教师要有爱心、耐心、细心，不辱育人使命。

四、教师礼仪的具体内容

（一）教师仪表礼仪

1. 衣着要整洁。教师衣着不论品牌、新旧、式样，只要做到清新、干净、得体，都会给人以高雅之感，会使学生感到可敬可亲，成为学生的榜样。否则，如果衣着不整、不修边幅，那就损害了教师形象。

2. 服饰要大方。服装和发式方面不要过于追求时髦华丽。一般说来，教师的服装式样宜庄重自然，色彩宜素雅含蓄。如果穿上过艳过俏服装，会产生不好的感觉，影响教学效果。

3. 举止要端庄。一个人的精神气质必定要在举止、姿态方面反映出来，作为教师，更应注意自己的一言一行。

4. 注意公众形象。在公众场合，应注意自己的言谈举止；在社会上更要成为遵守文明规范的典范，为他人做出榜样。

5. 礼貌相待。教师相遇，应主动热情地招呼对方。早晨相见，道声"早"；课间见面，可互相点头微笑；临下班则互道声"再见"，这样会使大家感到亲切而温暖，文明而高雅。

作为一名教师，在任何场合，都应自觉地保持良好的仪表仪态，待人接物温和自然，举止态度谦逊庄重，如此才能赢得学生的爱戴，社会的尊重。

（二）教师言谈礼仪

师者，传道授业解惑也。教师承担的主要任务是通过语言表达来完成的，因此作为一名教师要注意语言表达时应遵守的礼仪礼节。

1. 讲台上言谈：

（1）表达要准确。在讲台上。教师的语言应该具有规范性、严谨性、科学性的特点。掌握专用名词和专业提法，不可随意通俗化，乃至庸俗化。同时，讲课要紧扣教学中心，严密、直接。

（2）音量要适当。声音不宜过大过高，也不宜过低过小，要有变化。

（3）语言要精练。讲课要抓住中心，不说废话和多余的话，给学生干净利落的感觉。

（4）风格要风趣幽默。在讲课中适时插入一些风趣幽默的话，可以活跃课堂气氛，提高学生学习的兴趣。但也不可太随意，会影响正常教学内容的进行。

2. 与学生谈话：

（1）提前通知，有所准备。谈话最好提前与学生打个招呼，这既是一种礼貌，也是对学生的尊重。

（2）热情迎接，设置平等气氛。与学生谈话时的座位安排，要注意让学生与自己坐在平等的位置上，不给学生造成思想压力及心理失衡。

（3）举止端正、行为有度。谈话时，语气要平和，目光要注视对方，要点头赞同，要有耐心，不提高音量，反唇相讥，表现出良好的道德修养。

（4）分清场合，入情入理。教师的表情要与谈话对象、内容协调一致。忌谈话中言过其实、故意夸大缩小、拉长语调等。

（三）教师讲台上的举止礼仪

1. 目光。在讲台上，教师要善于应用自己的目光，表达自己的思想。讲课时，目光要柔和、亲切、有神。给人平和、易接近、有主见之感。教师忌讳的目光有斜视、瞥视、瞪视、眯视等，也不能目光游移不定，看天花板或讲台。

2. 坐姿。一般提倡站姿讲课，但在讲座时或教师年龄较大的情况下，也可以坐姿讲课。在幼儿园，教师为了拉近与幼儿的距离，给他们平等的感觉，也可坐着讲课。坐姿讲课应注意：坐姿要端正，身体要放平，双腿要并拢，切忌斜身、后仰、前趴，这样不礼貌，不符合教师的身份。

3. 站姿。一般教师应站着讲课，这样有利于身体语言强化教学效果，也是对学生的重视。站姿讲课时，两脚脚跟落地，站稳站直，挺胸收腹，不要耸肩也不要过于昂头，需要走动时，步幅不宜过大。

4. 手势。手势应得体、自然、恰如其分,要随着相关内容进行。忌讳用手指人、敲击讲台或做其他过分的动作。

各抒己见

1. 教师应该怎样穿着打扮才算大方得体?
2. 教师应该怎样做到言谈举止礼貌得体?

心灵感言

礼仪,是律己、敬人的表现形式和行为技巧,是个人素养和社会观的外在表现,也是组织形象的具体表现。简单地说,就是各种交往场合适用的规范技巧和交往艺术。

作为教师来说,学习、遵守礼仪,可以有效提升自己的素质,塑造专业形象,展现自己的良好修养和规范、严谨、专业、有礼、有节的良好印象,从而形成教师良好修养及形象,成为独特的竞争优势。

比尔·盖茨说:"在市场竞争条件下,企业竞争首先是员工素质的竞争。"这就要求每位教师都要以高度的主人翁责任感、使命感,同呼吸、共命运,在各自的岗位上,勤奋敬业,尽职尽责,奋力拼搏,无私奉献,为自己的学校和集体赢得持续的成功和无限的辉煌。

素养训练

1. 教师礼仪最基本的特征是什么?
2. 作为一名未来的幼儿教师,我们应该如何从仪表、言谈举止各个方面严格要求自己,成为一名合格的幼儿教师呢?

拓展阅读

幼师职业素质

第三节　面　试　礼　仪

面试礼仪是指人们在求职应聘面试时应当遵循的一系列礼仪规范。掌握并恰当地应用好面试礼仪,能给面试考官留下良好的印象,从而取得成功,获得顺利的发展。

经典素材

一只蝴蝶在巴西扇动翅膀,有可能在美国的得克萨斯州引起一场龙卷风。

一个微不足道的动作,或许会改变人的一生,这绝不是夸大其词,可以作为佐证的事例随手便能拈来。美国福特公司名扬天下,不仅使美国汽车产业在世界独占鳌头,而且改变了整个美国的国民经济状况。谁又能想到该奇迹的创造者福特当初进入公司的"敲门砖"竟是"捡废纸"这个简单的动作呢?

那时候福特刚从大学毕业,他到一家汽车公司应聘,一同应聘的几个人学历都比他高,在其他人面试时,福特感到没有希望了。当他敲门走进董事长办公室时,发现门口地上有一张纸,很自然地弯腰把它捡了起来,看了看,原来是一张废纸,就顺手把它扔进了垃圾篓。董事长对这一切都看在眼里。福特刚说了一句话:"我是来应聘的福特。"董事长就发出了邀请:"很好,很好,福特先生,你已经被我们录用了。"这个让福特感到惊异的决定,实际上源于他那个不经意的动作。从此以后,福特开始了他的辉煌之路,直到把公司改名,让福特汽车闻名全世界。

平安保险公司的一个业务员也有与福特相似的惊喜。他多次拜访一家公司的总经理,而最终能够签单的原因,仅仅是他在去总经理办公室的路上,随手捡起了地上的一张废纸并扔进了垃圾桶。总经理对他说:"我(透过窗户玻璃)观察了一个上午,看看哪个员工会把废纸捡起来,没有想到是你。"而在这次见面之前,他还被"晾"了3个多小时,并且有多家同行在竞争这个大客户。

福特和业务员的收获看似偶然,实则必然,他们下意识的动作出自一种习惯,而习惯的养成来源于他们的积极态度,这正如著名心理学家、哲学家威廉·詹姆士所说:"播下一个行动,你将收获一种习惯;播下一种习惯,你将收获一种性格;播下一种性格,你将收获一种命运。"

事实上,被科学家用来形象说明混沌理论的"蝴蝶效应",也存在于我们的人生历程中:一次大胆的尝试,一个灿烂的微笑,一个习惯性的动作,一种积极的态度和真诚的服务,都可以触发生命中意想不到的起点,它能带来的远远不止于一点点喜悦和表面上的报酬。

谁能捕捉到对生命有益的"蝴蝶",谁就能获得最后的成功。

开启解读

求职应聘面试的礼节非常重要,可以反映出一个人的内在修养。懂得和注重面试礼节会增加用人单位对你的好感,从而增加面试成功的可能性。熟记求职应聘面试礼仪"六要素",自我介绍的注意事项,交谈的礼节,平时多进行面试应聘、自我介绍和交谈的模拟练习,会增加求职的成功率。

一、面试礼仪应知"六要素"

面试犹如一道厚实的门,门后就是我们的事业追求。很多时候,我们只有推开它,才能看见它后面深藏的风景。对此,了解和掌握求职面试礼仪知识,就是我们成功的关键所在。一般来说,求职面试礼仪有以下"六要素"。

一是遵从安排。进入面试场所,你的一举一动要按照招聘人员的指示来做,既不要过分拘谨,也不要过分谦让,大方得体才最重要。

二是眼神交流。交流中你的目光要不时地注视对方,约占整个交谈时间的三分之二,表示对对方的尊重;如果对方不止一个人,应该用眼光环视所有人,以表示尊重和平等。

三是做主动积极的聆听者。因为积极的聆听者，往往能给人一种谦和良好的感觉。这也正是礼仪的需要和反映。许多人误认为只有自己说话最好表现自己，往往抢着说话，或打断对方讲话，这些都是很不礼貌的表现，会使自己陷于被动，言多必失。

四是举手投足得体。面谈中应避免不洁不雅的行为。不吸烟不喝酒不嚼口香糖。不在他人面前擤鼻涕、挖鼻孔、掏耳朵、修指甲、打哈欠或抖动腿脚等。

五是用好你的微笑。笑是一种最直接、最有效的体态语言，是人与人之间沟通的一种好方法，用好它，往往可以收到事半功倍的奇效。在面试中，把握好每一个机会展示自信、自然的微笑，让考官们感受到你的友善和自信。切忌傻笑和皮笑肉不笑。

六是注意后续礼节。不论面试的具体情况如何，结束时都以感谢的心态对待，真诚地说一声"谢谢""再见"。

二、自我介绍的礼节

自我介绍可以拉近求职应聘者和考官之间的距离。通常人人都觉得自我介绍很容易，其实未必如此。说人易，说己难。在面试中的自我介绍并非想象的那么简单。如果忽视了一些礼节性的东西，急于推销自己，会引起考官的反感。就礼仪性的自我介绍而言，应注意以下四个方面。

一是彬彬有礼。在做自我介绍前，先对面试考官打个招呼，道声谢，如："××园长（校长、经理），您好，谢谢您能给我这次这么好的机会。现在我向您做一个简单的自我介绍。"介绍完毕后，注意向考官道谢。

二是主题鲜明。自我介绍忌东拉西扯，漫无目的。一般来说，求职面试中的自我介绍宜简不宜繁，一般包括的要素有姓名、年龄、籍贯、学历、学业情况、性格、特长、爱好、工作能力、工作经验等。介绍时要有重点和中心。

三是莫过多夸耀。在自我介绍中，要尽量避免对自己的过多的夸张。一般不用"很""第一""最"等表示极端的词来赞美自己。这样显得过多地夸耀自己，贬低别人，缺乏对他人的尊重，有违一般礼仪，会引起考官的反感。

四是烘托气氛。自我介绍，要尽量表现出创意、直接、技巧、积极，并且尽量找出令人欣赏的方法，不要胡编乱造，烘托良好的面试气氛。

三、自我介绍的禁忌

一忌"我"字连篇。自我介绍虽然谈的是"我"，但是却要尽量减少"我"字的使用率。老把"我"字挂在嘴边的人，容易使人反感，被认为是自我中心者、自我吹捧者、自我标榜者。如果考官说："请你谈谈你自己吧！"应巧妙回答："好的，你想了解我的一些情况，就让我为你介绍吧。"把"我"字打头变成了"你"字打头。还可以说："您认为怎么样呢？""您可能会觉得惊讶（好笑）！""您觉得呢？"

二忌不着边际。在自我介绍时，不要漫无边际，记流水账，东拉西扯。应该多说事实，谈与你求职应聘有关的事情和经历，避免琐碎。要有特色，宜简不宜繁。

三忌得意忘形。就算自己很优秀，很全面，什么都懂一点都会一些，也不能表现出来过于得意忘形，否则会引起考官的反感。当考官用夸大的语言和夸张的语调来赞美你时，就要警惕他可能已经有点不高兴，不想再听你的这类"自我介绍"了。应注意谦虚礼貌。

四忌故意卖弄。当你还不了解考官的为人方式时，自我介绍最好是简短、有条有理、实事求是的。不要乱加补语、形容词，也不要夸张地显示你的文采，不要重复或颠三倒四。一定要给考官留下思路清晰、反应迅速、逻辑性强的印象。

五忌语言空泛。王某是一位各方面都不错的大学毕业生，但是在一次应聘面试中，他却失败了。为什么呢？原因在于他的自我介绍语言空泛，言之无物。他是这样说的："我在大学时，担任团支部书记，具有组织能力，交际广泛，有好奇心，协调能力强，善交际，朋友多，有韧性。"按这种说法，99%的应聘者都会被淘汰,像"交际广泛,有好奇心,协调能力强,善交际,朋友多,有韧性"这类话语表明他是一个无可挑剔的人,"协调能力强""善交际"这类空洞抽象的词语应该是考官对应聘者的印象总结,应聘者本人不应该这样说。

四、交谈的礼节

从交谈的基本原则来看,求职应聘面试的交谈应答一般要掌握以下四点原则。

一是诚恳热情。把自己的自信和热情"写"在脸上,同时表现出对去对方单位工作的诚意。

二是落落大方。要把握住自己,应答时要表现得从容、不慌不忙,有问必答。问而不答、毫无反应是很失礼节的。万一遇到一时不能回答出来的问题,不要一言不发,可以用两句话缓冲一下:"这个问题我过去没怎么想过,不过,从刚才的情况看,我认为……"然后迅速归纳出几条自己知道的答案,要是还找不出答案,就先说自己知道的,然后承认有的问题还没有经过认真的考虑。很多时候,考官考的不一定是问题的本身,反而是考查你的应对能力。

三是审慎多思。回答之前,应对自己要讲的话稍加思索,想好了再说,不要没有想清楚就回答,切忌信口开河、文不对题。

四是朴实文雅。这是一种美德,也是知识渊博的自然流露。切忌装腔作势、故意卖弄。应答中只要言辞达意、表达流畅即可。从交谈的礼节来讲,当考官发问时,应聘者应开动脑筋,搞清对方发问的目的、要求,尽力做到有礼有节,不可随意答复或敷衍搪塞,因为这种态度行为也是失礼的表现。

各抒己见

1. 小李平时爱好广泛,可以拿出几项好的成绩。他去求职应聘时,主考官问:"你擅长些什么呢?"小李觉得这是个很好发挥的话题,于是精神大振,把自己爱好集邮,收集了许多珍贵邮票;喜欢下围棋,水平已是业余初段;爱好长跑,曾得过本市马拉松长跑前十名等大大渲染了一番。主考官立即把他大大地夸奖了一番:"你的围棋已是初段了,真了不起啊!你坚持长跑还得了前十名,真是让人钦佩啊!"小李听不出言外之意,还继续说:"是啊,我还喜欢养鸽子……"

请问:小李犯了自我介绍禁忌中的哪一条?要是你,你准备怎样介绍自己的这些爱好,赢得考官的好感?

2. 请你谈一谈,怎样克服面试中的紧张情绪?

心灵感言

我们在现代生活中遇到的礼仪问题,如服饰打扮、举止言谈、气质风度、文明礼貌,无一不在影响着你的形象,决定着你的前程和命运。由于举止得体,求职应聘获得了机会,这个机会是工作机会也是学习机会,你将在工作中不断提高自己的能力。反之,如果求职应聘时不注重礼仪,本来很好的机会,可能由于举止言行的某一个失误,则将应聘失败,导致终生机会不再来。把握好稍纵即逝的机会,把握好每一个细节,将决定你的成败。

相关链接

小·故·事

把外面的椅子搬进来

一家大公司需要招聘办公室副主任,在省城的好几家报纸上登出了"高薪诚聘"内容的广告。月薪4 000元的确具有不小的诱惑力,一时间应聘者如云,有近百人报名参加初试,其中不乏硕士生和许多有工作经验者。

初试之后,又经过了三轮面试,最后确定由三人参加最后一轮面试。他们是:一个硕士毕业生、一个应届本科毕业生和另外一个有着五年相关工作经验的年轻人。

最后的面试由总经理亲自把关:跟三位应聘者逐个进行交谈。面试的房子是临时腾出来的,设在人事部的一间小办公室里。等谈话要开始了,才发现室内恰好少了一把供应聘者坐下来跟总经理交谈的椅子。办事人员正要到隔壁办公室去借一把椅子,总经理挥手制止了他:"别去了,就这样吧!"

第一位进来的是那位硕士生。总经理对他说的第一句话是:"你好,请坐。"他看着自己周围,发现并没有椅子,充满笑意的脸上立即现出了些许茫然和尴尬。

"请坐下来谈。"总经理又微笑着对他说。他脸上的尴尬显得更浓了,有些不知所措,略作思索,他谦卑地笑着说:"没关系,我就站着吧!"

接下来就轮到有工作经验的年轻人,他环顾左右,发现并没有可供自己坐的椅子,也是一脸谦卑地笑:"不用了不用了,我就站着吧!"

总经理微笑着说:"还是坐下来谈吧!"

年轻人很茫然,回头看了看身后,"可是……"

总经理似乎恍然大悟,说:"啊,请原谅我们工作上的疏忽。那好,您就委屈一下,我们站着谈吧!不过,很快就完的。"

几分钟后,那个应届毕业生进来了。总经理的第一句话仍然是:"你好,请坐。"

大学生看看周围没有椅子,愣了一下,立即微笑着请示总经理:"您好,我可以把外面的椅子搬一把进来吗?"

总经理脸上的笑容舒展开来,温和地说:"为什么不可以?"

大学生就到外面搬来了一把椅子坐下来,和总经理有礼有节地完成了后面的谈话。

最后一轮面试结束后,总经理留用了这位应届的大学毕业生。总经理的理由很简单:我们需要的是有思想、有主见的人,没有自己的思想和主见,一切的学识和经验都毫无价值。

事实也证明总经理的判断准确无误。仅仅半年之后,应届毕业生就坐到了总经理助理的位置上,成为公司中最年轻的高层管理人员。

素养训练

1. 如果你到幼儿园求职应聘,面对园长,应该如何进行自我介绍?如何自如地与园长交谈?
2. 都说第一印象的好坏是面试成功与否的关键,你怎么看?

第四节　微信礼仪

经典素材

微信"三字经"

聊微信，很普遍，此十条，当记全：激进贴，不要转，远是非，心自安。

低俗贴，不去看，品位高，人人羡。涉机密，不妄谈，如不然，牢坐穿。

涉隐私，慎勿言，非所愿，侵人权。不喜贴，自不转，咒人者，最讨厌。

经典贴，当勤翻，涨知识，悟内涵。发精彩，朋友圈，发琐事，惹人烦。

好文章，美图片，转发前，先点赞。既为友，需常联，久不言，黑名单。

微信好，双刃剑，适可止，勿迷恋。

开启解读

在互联网时代，社交软件一直是广大网民日常生活中必不可少的一部分，例如：QQ、微信、MSN等。在微信之前，最火的社交软件是QQ。由于QQ最早的定位功能是交友，所以大家对它的印象更多地停留在生活上。

随着微信的迅速崛起，微信慢慢地成为人们沟通交流的工具。好友即便远隔千里，只要加上微信，都好似眼前；不相识之人，加上微信，聊着聊着就成了好朋友。微信可私聊，也可群聊；可用于生活，也可用于工作。因此，微信在人们的工作生活中变得越来越重要了。

在这个信息技术高速发展的时代，人与人之间交流，从最早的面对面，变成了键盘与屏幕之间的交互；从有温度的语言变成代码与数据之间的转换。有人说，科技正在使人情变得高冷。其实，每一个看似冰冷的代码背后，也可以带着人的温情。每一个社交软件上的字符，都隐藏着我们为人处世的修养，也在传播着信息文明的礼仪。

一、微信礼仪的内涵

所谓的"微信礼仪"，就是对社交软件礼仪的一个泛称。随着社会发展变化，文明礼仪的概念有了更多延伸，产生了一些新的内涵，像生活礼仪、社会礼仪，不仅存在于现实生活中，也体现在网络虚拟社交空间里。

我们天天接触的微信，同样有着"微信礼仪"，这种礼仪对工作和生活的影响很大。因此，每个人都应该学习并遵守基本的"微信礼仪"，这样才能让我们的微信群更和谐。

比如，在日常安排工作任务时，除了要求领导发布的指令清晰，也要求所有参与人员明确任务，并及时反馈。在传统的会议中或领导安排工作任务时，下属及时、主动的响应或发表意见，既是我们工作态度的一种体现，也是职场的基本礼仪。如果将微信等社交软件作为企业的管理工具，大家的每一次回复，其实也在塑造您的个人形象，也在传播"微信礼仪"。

二、微信的基本礼仪

1. 及时回复他人信息。若确实无法及时回复，过后一定要进行解释说明，不能不了了之，这是对对方的基本尊重。

2. 尽量考虑对方接受消息的场景。能发文字尽量不发语音，语音快速方便省自己的事儿，但别人未必方便听。文字直接表达且督促你用语准确。语音消息应尽量在家人或比较亲密的朋友间使用。

3. 不强求别人点赞、投票、拼单砍价、转发广告和小游戏等，以免引起别人的反感。

4. 不踩踏法律红线,不跨越道德底线。自觉抵制封建迷信、暴力恐怖、谣言诈骗等,不涉黄、赌、毒等。

5. 发送消息时注意时间。如果无紧急事务,一般不要过早或者过晚发送微信消息,免得打扰别人休息,引起反感。

6. 推送别人微信名片前请先打招呼。因为并不是每个人都愿意加陌生人。

7. 要记得常说"谢谢"。当你提出问题后,不管对方是否回答都要表示感谢,这是最基本的礼貌。

8. 添加对方为好友,要在验证信息中表明自己的意图。

9. 适当应用微信表情。面对面交流,对方知你表情,微信上对方看不到你的表情,恰当用上表情包,容易拉近关系,也便于理解。

各抒己见

1. 微信上发红包与抢红包是很能显示人的修养与格局的,大家谈谈有哪些应当注意的问题?

2. 你最讨厌别人在微信上回复你哪些用语?为什么?

3. 在朋友圈里,随意评价别人的生活,好吗?

素养训练

1. 根据腾讯的数据,每天有 7.5 亿人使用朋友圈,平均每个人要看十几次,每日总浏览量超过 100 亿次。沟通的本质是什么?"沟通就是把自己的人设强加给对方的过程。""发朋友圈,其实就是把自己的人设带给所有朋友,放到所有朋友的脑袋里面的过程,朋友圈是一个表现自己的地方。"在朋友圈里,我们应该注意哪些问题?

2. 你在微信沟通工作时有哪些不好的体验呢?

相关链接

使用微信的十大禁忌

1. 不传播法律法规禁止的信息。不发暴力、色情、反动等违法内容和图片;不发"八卦消息"。维护网络清洁的环境,我们更需要谨言慎行。

2. 涉及国家和工作单位机密不要乱发。哪怕一对一发也不妥,信息网络时代都有被记录和泄密的可能。

3. 不传播"三俗"信息。过分低级庸俗的内容和图片不宜转发,因为你的作品是你自身品位的客观反映。

4. 不要发广告链接和推广其他产品,尤其是虚假和过度夸张的广告。

5. 不用强制别人转发你的作品。比如:新年转了将走大运、发大财,不转将会如何如何……这是微信交流中的大忌。

6. 不能泄露他人隐私。不能随意发表未经他人同意、带有个人隐私性质的内容和图片,这涉及人身权和肖像权。

7. 注意礼尚往来。看到别人精彩文段和图片意欲转发时,应先"赞"后转,这是礼貌,也是涵养。

8. 在朋友圈内不发个人生活琐碎和烦恼的事。这既影响朋友们的情绪,浪费朋友们的时间,也会暴露个人隐私。

9. 常学常新。要经常看,经常读,领悟其内涵,自己就不断会有新发现、新感受、新提高、新收获。

10. 抢红包不能放弃操守、放松警惕。抢红包本来是一项娱乐活动,图的只是个乐子,千万别太当真。更重要的是,来历不明的红包不要点、需要填写个人信息的红包不要点、金额较大的红包要慎点。

第四章
语言表达与运用

内容提示

本章着重介绍标点符号和数字使用的相关知识,能正确组织句子表情达意,让学生在人际交往中能得心应手。

素养目标

1. 能说标准规范的普通话,以增进人际交往,更好地立足社会。
2. 懂得使用阿拉伯数字和汉语数字的要求并规范运用。
3. 能正确使用标点符号和恰当的句式表情达意,展现汉语的无穷魅力。

第一节 标 点 符 号

经典素材

看不同标点符号对句子表达所起的作用(原句:下雨天留客天留我不留):

1. 下雨天留客,天留,我不留。

2. 下雨天留客,天留我不留。

3. 下雨天,留客,天留,我不留。

4. 下雨天,留客,天留我,不留。

5. 下雨天留客,天留我不? 留!

6. 下雨天,留客天,留我不留?

7. 下雨天,留客天,留我? 不留!

8. 下雨天留客,天! 留我不? 留!

9. 下雨天,留客! 天! 留我不留?

开启解读

人们的口头语言,是靠语音的停顿和语调来表达;而书面语言则是用标点符号表示出来。同样一句话,标点符号不一样,表达的含义完全不同。可见,人们在写作时一定要注意标点符号的正确运用,才不至于产生歧义甚至造成误会,才能真正表达出作者的意图。

标点符号是辅助文字记录语言的符号,是书面语的有机组成部分,用来表示停顿、语气以及词语的性质和作用。

一、标点符号的分类和作用

常用的标点符号有点号和标号两大类。

1. 点号。点号的作用在于点断，主要表示说话时的停顿和语气。点号又分为句末点号和句内点号。句末点号用在句末，有句号、问号、叹号三种，表示句末的停顿，同时表示句子的语气；句内点号用在句内，有逗号、顿号、分号、冒号四种，表示句内的各种不同性质的停顿。

2. 标号。标号的作用在于标明，主要标明语句的性质和作用。常用的标号有九种，即引号、括号、破折号、省略号、着重号、连接号、间隔号、书名号和专名号。

二、标点符号的用法

1. 句号（。）：句号的基本形式为"。"。还有一种形式是一个小圆点"．"，一般在科技文献中使用。

(1) 陈述句末尾的停顿，用句号。例如，虚心使人进步，骄傲使人落后。

(2) 语气舒缓的祈使句末尾，也用句号。例如，请您稍等一下。

2. 问号（？）：

(1) 疑问句末尾的停顿，用问号。例如，是去好呢，还是不去好？

(2) 反问句的末尾，也用问号。例如，难道你还不了解我吗？

3. 叹号（！）：

(1) 感叹句末尾的停顿，用叹号。例如，我们要为祖国的繁荣昌盛而奋斗！

(2) 语气强烈的祈使句末尾，也用叹号。例如，请你给我出去！

(3) 语气强烈的反问句末尾，也用叹号。例如，我哪里比得上他呀！

4. 逗号（，）：

(1) 句子内部主语与谓语之间如需停顿，用逗号。例如，我在想啊，多种群蝴蝶大概是台湾所特有的自然环境的产物吧。

(2) 句子内部动词与宾语之间如需停顿，用逗号。例如，应该看到，科学需要一个人贡献出毕生的精力。

(3) 句子内部状语后边如需停顿，用逗号。例如，对于这个城市，他并不陌生。

5. 顿号（、）：句子内部并列词语之间的停顿，用顿号。例如，我们学校学生会社团部组织了计算机交流协会、动漫协会、演讲协会、钢琴之旅等十几个协会。

6. 分号（；）：

(1) 复句内部并列分句之间的停顿，用分号。例如，我们过苦日子时，他来了；我们过好日子时，他却走了。

(2) 分行列举的各项之间，也可用分号。例如，中华人民共和国的行政区域划分如下：

① 全国分为省、自治区、直辖市；

② 省、自治区分为自治州、县、自治县、市；

③ 县、自治县分为乡、民族乡、镇。

7. 冒号（：）：

(1) 用在称呼语后边，表示提起下文。例如，同志们，朋友们：现在开会了。

(2) 用在"说、想、是、证明、宣布、指出、透露、例如、如下"等词语后边，表示提起下文。例如，他十分惊讶地说："啊，原来是你！"

(3) 用在总括性话语的后边，表示引起下文的分说。例如，北京紫禁城有四座城门：午门、神武门、东华门和西华门。

(4) 用在需要解释的词语后边，表示引出解释或说明。例如，外文图书展销会，日期：2019 年 9 月

20 日至 10 月 10 日。时间：上午 8 时至下午 6 时。

（5）总括性话语的前边，也可以用冒号，以总结上文。例如，张华进入了北京大学化学系学习，李萍考上了四川师范大学中文系，我走上了工作岗位：我们都有了光明的前途。

冒号的主要作用是提示下文，因此，"说"后边常常用冒号，但"说"并不是使用冒号的标志。

8. 引号（" "、' '）：

（1）行文中直接引用的话，用引号标示。例如，爱因斯坦说："想象力比知识更重要，因为知识是有限的，而想象力概况着世界上的一切，推动着进步，并且是知识进化的源泉。"

（2）需要着重论述的对象，用引号标示。例如，古人对于写文章有个基本要求，叫作"有物有序"。"有物"就是要有内容，"有序"就是要有条理。

（3）具有特殊含义的词语，也用引号标示。例如，母亲是个"平凡"的农村妇女。

（4）引号里面还要用引号时，外面用双引号，里面用单引号。例如，他站起来问："老师，'有条不紊'的'紊'是什么意思？"

9. 括号（圆括号（ ）、方括号［ ］、六角括号〔 〕、方头括号【 】）：

行文中注释性的文字，用括号标明。例如，中国猿人（全名为"中国猿人北京种"，或简称"北京人"）在我国的发现，是对古人类学的一个重大贡献。

10. 破折号（——）：

（1）行文中解释说明的语句，用破折号标明。例如，迈进金黄色的大门，穿过宽阔的风门厅和衣帽厅，就到了大会堂建筑的枢纽部分——中央大厅。

（2）话题突然转变，用破折号标明。例如，"今天好热啊！——你什么时候去上海？"张强对刚刚进门的小王说。

（3）声音延长，象声词后用破折号。例如，"呜——"火车开动了。

11. 省略号（……）：

（1）引文的省略，用省略号标明。例如，她轻轻地哼起了《摇篮曲》："月儿明，风儿静，树叶儿遮窗棂啊……"

（2）列举的省略，用省略号标明。例如，在广州的花市上，牡丹、吊钟、水仙、梅花、菊花、山茶、墨兰……春秋冬三季的鲜花都挤到一起啦！

（3）说话断断续续，可以用省略号标示。例如，"我……对不起……大家，我……没有……完成……任务。"

12. 着重号（.）：要求读者特别注意的字、词、句，用着重号标明。例如，事业是干出来的，不是吹出来的。

13. 连接号（半字线-、浪纹～、一字线—）：

（1）两个相关的名词构成一个意义单位，中间用连接号。例如，我国秦岭—淮河以北地区属于温带季风气候区，夏季高温多雨，冬季寒冷干燥。

（2）相关的时间、地点或数目之间用连接号，表示起止。例如，鲁迅（1881—1936），中国现代伟大的文学家、思想家和革命家。

（3）相关的字母、阿拉伯数字等之间，用连接号，表示产品型号。例如，在太平洋地区，除了已建成投入使用的 HAW-4 和 TPC-3 海底光缆之外，又有 TPC-4 海底光缆投入运营。

（4）几个相关的项目表示递进式发展，中间用连接号。例如，人类的发展可以分为古猿—猿人—古人—新人这四个阶段。

14. 间隔号（·）：

（1）外国人和某些少数民族人名内各部分的分界，用间隔号标示。例如，《国际歌》的作者是欧仁·鲍狄埃。

(2) 书名与篇（章、卷）名之间的分界，用间隔号标示。例如，《史记·廉颇蔺相如列传》。

15. 书名号（《 》、〈 〉）：

(1) 书名、篇名、报纸名、刊物名等，用书名号标示。例如，《红楼梦》的作者是曹雪芹。

(2) 书名号里边还要用书名号时，外面用双书名号，里边用单书名号。例如，《〈中国工人〉发刊词》发表于 1940 年 2 月 7 日。

16. 专名号（＿＿＿）：人名、地名、朝代名等专名下面，用专名号标示。例如，

(1) 司马相如者，汉，蜀郡成都人也，字长卿。

(2) 中华人民共和国国家标准《标点符号用法》，1995 年 12 月 13 日发布，1996 年 6 月 1 日实施。

三、标点符号的位置

1. 句号、问号、叹号、逗号、顿号、分号和冒号一般占一个字的位置，居左偏下，不出现在一行之首。

2. 引号、括号、书名号的前一半不出现在一行之末，后一半不出现在一行之首。

3. 破折号和省略号都占两个字的位置，中间不能断开。连接号和间隔号一般占一个字的位置。这四种符号上下居中。

4. 着重号、专名号和浪线式书名号标在字的下边，可以随字移行。

四、标点符号顺口溜

文章若要好，意明很重要。

停顿分清楚，语气莫混淆。

标点使用好，句顺意明了。

小不点儿妙，此歌请记牢。

引文特殊词，豆芽上下掀。[" "引号]

文中要注解，弯弯两半月。[（ ）括号]

意思还没完，六点紧相连。[……省略号]

转折或解释，一横添后边。[——破折号]

起止与联系，短横插中间。[—连接号]

前后有分界，中间加圆点。[·间隔号]

书报和篇名，曲角镶边沿。[《》书名号]

特别强调处，圆点字下粘。[·着重号]

说完一句话，莫忘画小圈。[。句号]

疑问与发问，耳下垂小圈。[？问号]

句中有停顿，豆芽跟后边。[，逗号]

并列词语间，点上瓜子点。[、顿号]

并列句子间，豆芽顶圆点。[；分号]

总括与提示，点儿上下叠。[：冒号]

命令与欢呼，滴水下屋檐。[！感叹号]

各抒己见

请看教书先生与财主的故事，谈谈你学习标点符号后的感想。

一个财主请了个教书先生教儿子学文化。财主问先生在饮食上有什么要求。先生写下来：鸡也

可鸭也可鱼也可肉也可唯豆腐不可无。财主一看,先生爱吃豆腐,这还不好办,一天三餐给先生全吃豆腐,先生很生气,找财主说:"我不爱吃豆腐,为啥总给我做豆腐吃?"财主很委屈,拿出先生写的要求说:"您不是说唯豆腐不可无吗?"先生哭笑不得地说:"我写的是:鸡也可,鸭也可,鱼也可,肉也可,唯豆腐不可!无。"财主只得满足教书先生的要求。

素养训练

1. 设计标点,使下列各句表意明确。

(1) 怎么啦(　　)你们(　　)

(2) 快走吧(　　)这有什么可犹豫的(　　)

(3) 他是谁(　　)

(4) 他是谁我不知道(　　)

(5) 这件事太难了(　　)我该怎么办呢(　　)

(6) 老师爱护学生(　　)学生尊敬老师(　　)师生关系非常融洽(　　)

(7) 鲁迅指出(　　)(　　)名人的话并不都是名言(　　)许多名言(　　)倒出自田夫野老之口(　　)(　　)(　　)(　　)鲁迅全集(　　)第六卷第289页(　　)

(8) 他用力把我往上一顶(　　)一下子把我甩在一边(　　)大声说(　　)(　　)快离开我(　　)咱们两个不能都牺牲(　　)要(　　)要记住革命(　　)(　　)

(9) 我们必须坚持(　　)人不犯我(　　)我不犯人(　　)人若犯我(　　)我必犯人(　　)的严正的自卫态度(　　)

(10) 桂林的山真奇啊(　　)一座座拔地而起(　　)各不相连(　　)像老人(　　)像巨象(　　)像骆驼(　　)奇峰罗列(　　)形态万千(　　)桂林的山真秀啊(　　)像翠绿的屏障(　　)像新生的竹笋(　　)色彩明丽(　　)倒映水中(　　)桂林的山真险啊(　　)危峰兀立(　　)怪石嶙峋(　　)好像一不小心就会栽倒下来(　　)

2. "悲喜两重天"的标点应用训练。

有一个外出打工的儿子给他的父母写了一封句中没有一个标点的信,信的内容是:"儿的生活好痛苦一点也没有粮食多病少挣了很多钱。"

母亲拿起信读道:_____,母亲急得号啕大哭。父亲读道:_____,父亲高兴得跳了起来。你说这是为什么呢?

3. 语文课上的幽默练习题。

语文课上,老师要同学们为"如果世界上女人没有了男人就不活了"的句中句末各加一个标点符号。结果所有的女生都是:_____。而男生的一律是:_____。

4. 请你当当小法官的游戏。

张家父亲去世了,万贯家财只能凭一张纸条来裁决,其内容是"张一非吾子也财产尽与女婿外人不得干涉"。有两种断法,裁决结果完全不同,请你来试一试。

其一:_____,遗产给_____。

其二:_____,遗产给_____。

5. 财主嫁女的笑话思考。

很早以前,某财主家有个女儿,生得脸黑又有麻子,秃头,大脚。为了女儿的终身大事,财主花了很多钱,请一位秀才写了封巧妙的婚书。婚书上写着:麻子无头发黑脸大脚不大好看。婆家一看高兴极了,立即答应了这门亲事。等到结婚之日真相大白,却已追悔莫及,只得自认倒霉。原来,婆家接了婚书后,断错了标点。

婚书应该是:_____。

而不是:_____。

拓展阅读

标点符号新增用法

第二节　数字运用

经典素材

汉语数字正确巧妙地嵌入对联,使对联表达的思想内容更加深刻。

1. 头城二水三湾四湖五峰

　六甲七美八德九如万丹

头城、二水等皆为台湾省地名,以之入联,精妙绝伦。乍看联中无"一"与"十"数字,仔细读之,实际是以"头"代"一"字,以"万"当"十",有"众多而无止境"之意。

2. 天人合一仗神六

　海龙过五待舟七

上联盛赞依仗神六飞船得以天上人间通达如一,下联礼赞航天双雄聂海胜、费俊龙航天五日凯旋,炎黄子孙企盼神七再上九天揽月。联语中数字切人切事切物,情真意切。

开启解读

数字的使用在我们的实际生活中十分重要。以下根据《国家标准出版物上数字用法的规定》,结合当今人们在汉语口头表达和书面文章中的使用情况,简要介绍汉字数字和阿拉伯数字的用法。

一、汉语数字的使用

汉语数字通常是指"一、二、三、四、五、六、七、八、九、十"及其大写"壹、贰、叁、肆、伍、陆、柒、捌、玖、拾"等数字。在以下语言环境中必须使用汉语数字。

1. 定型的词、词组、成语、惯用语、缩略语或具有修辞色彩的词语中作为语素的数字,必须使用汉字。

如:二万五千里长征、三心二意、四平八稳、五星红旗、六神无主、七上八下、八国联军、九死一生、十万火急、零点方案、星期五、第三季度、不管三七二十一、十八届二中全会等。

2. 中国历史纪年、干支纪年、夏历月日、各民族非公历纪年等,均使用汉字。

如:万历十五年、丙寅年十月十八日、八月十五中秋节、正月初五等。有时为了表达得更加明白,可以在它们的后边用阿拉伯数字括注公历。如:藏历阳木龙年八月二十六日(1964年10月1日)、日本庆应三年(1867)等。

3. 含有月日,简称表示事件、节日或其他特定意义的词组,应用汉字数字。如果涉及一月、十一月、十二月,为避免歧义,要将表示月和日的数字用间隔号"·"隔开,并外加引号。

如:"一·二八"事变(1月28日)、"一二·九运动"(12月9日)等。涉及其他月份时,不用间隔号。

4. 相邻的两个数字并列连用表示概数的,须使用汉字数字。

连用的两个数字之间不能用顿号隔开,如:三四天、五六米、七八个、十五六岁、五六万套、三四百里、四十五六岁等。

5. 用"几""多""余""左右""上下""约"等表示约数时,使用汉语数字。

如:几千年、百多次、十余年、八万左右、三十上下、约五十人等。如果文中出现一组具有统计意义和比较意义的数字,用"多""约"等表示约数时,为保持局部体例上的一致,其约数也可以使用阿拉伯数字。如:该省从机动财政中拿出近2 000万元,调拨钢材3 000多吨、水泥3万多吨、柴油1 400吨,用于农田水利基本建设。

二、阿拉伯数字的使用

"0、1、2、3、4、5、6、7、8、9"等阿拉伯数字,引入我国的历史并不长,据说是"五四"运动时期的事。由于当时采用竖排版不方便,再加上保守势力的极力反对,阿拉伯数字并没有得到普遍使用。直到解放初期,随着横排版印刷的推广,阿拉伯数字的使用才逐渐普及起来。书面表达中有关阿拉伯数字的书写大体有以下几种情况。

1. 公历世纪、年代、年、月、日、分、秒,要求使用阿拉伯数字。如,公元前 9 世纪、公元前 221 年、20 世纪 80 年代、公元 1949 年 10 月 1 日、14 时 28 分 45 秒等。

2. 统计表中的数值,如正负整数、小数、百分比、分数、比例等,必须使用阿拉伯数字。例如,34 568、−23.5、1:500、56％、1/8 等。

3. 物理量量值必须使用阿拉伯数字,并正确使用法定计量单位。

例如,300 kg、15 cm、35℃等。如果是多位的阿拉伯数字,不能换行。非物理量,一般情况下应使用阿拉伯数字,如 235 元、11 个月、100 名。但小学和初中教科书、非专业书刊的计量单位可使用中文表示。如:千克。37 摄氏度、3 安培、4 伏特等。

4. 部队番号、文件编号、证件号码和其他序号,须用阿拉伯数字。

例如,38915 部队、总 3211 号、国办发[2013]1 号文件、T37/ T38 次快车、HP-3000 型电子计算机、93 号汽油、维生素 B_1 等。

5. 引文标注中的版次、卷次、页码,除古籍应与所据版本一致外,一般要使用阿拉伯数字。例如,

(1) 见"《四川师范大学学报》2009 年第 1 期第 76 页"。

(2) "见许慎《说文解字》,影印陈昌治本,127 页,北京:中华书局,1963。"

6. 表示数字的范围也有写法的讲究。例如:3 万～8 万,不能写成"3～8 万";5％～15％不能写成"5～15％"。

三、数字使用的注意事项

1. 使用拉伯数字或汉字数字,目前体例尚有不完全统一确定的情形。凡遇此种情形,总的原则是:凡可以使用阿拉伯数字而且又很得体之处,特别是当所表示的数目比较精确时,均应使用阿拉伯数字;当不好确定到底用阿拉伯数字还是汉字数字时,可以灵活运用,但全文体例应相对统一。

2. 年份一般不应简写。例如,2009 年不应简写为"零九年"或"09 年";2008 年 5 月 12 日也不应该写为"08.5.12"。

各抒己见

请你分别写一张借条、一张领条、一张请假条,内容自定。写好后同学们相互检查,看看你们在使用数字上是否正确。

素养训练

下列句子中数字的使用有错误吗？如有,请指出错误的原因,并改正过来。

(1) 现在已经是星期 5 下午了,马上就到周末了,我们可以放松了。

(2) 8 月 15 中秋节是团圆节,"举头望明月,低头思故乡"是游子们的心灵写照。

(3) 18 岁的姑娘像朵花,美丽动人,越看越好看。

(4) 红军 25 000 里长征,先辈们历尽千辛万苦到达陕北,终于取得了革命的胜利。

(5) 二十一世纪是一个创新的世纪,是一个科学飞速发展的世纪。

(6) 这孩子,别看他才 3、4 岁,可机灵呢。

(7) 辛辛苦苦地干了一天,他的爸爸才挣到 10 几块钱。

(8) 日照香炉生紫烟,遥看瀑布挂前川。飞流直下三千尺,疑是银河落九天。

(9) 王五家兄弟俩个的木工手艺好得很呢!

相关链接

"二"和"两"的用法

1."二"可以表示序数,如:"二楼"、"二年级",表示的是"第二"的意思;"两"不表示序数,唯一的例外是"两点钟"。

2."两"只用于数词,如"两个"、"两天";"二"常用于序数词。数词"二"连用或者与别的数字组合,可以表示序数、分数、倍数、概数等,例如:"第二、百分之二、二十岁、二三十个等"。

读数目或当作数字读(说)时,都用"二"而不用"两"。例如:"一、二、三、四"、"五分之二"、"百分之零点二(0.2%)"。

3. 表示度量衡的量词前面,可以用"两"也可以用"二"。但不是任何时候都可以替代,例如"两本书"、"两个人"不能说成"二本书"、"二个人"。

"二"与量词组合时只用在传统的度量衡前面,而"两"可以用在所有的量词前。在连用度量衡单位的数目及多位数中,"二"可以用在任何的位置,而"两"只能用在最前面一位数。

4. 二和三连用时,数目不超过十,一般只用"两"不用"二",如"两三人";当超过二十时,一般用"二"不用"两",如"二三十个"。

5."两"可以表示概数或为数不多,而"二"则不行,如"说两句"、"过两天"不能说成"说二句"、"过二天"。

"俩"和"仨"的用法

兼有数词和量词于一身,后面不能再加量词。

"俩"和"仨"原是北方口语里的两个数量词,今已越来越广泛地运用到书面语言里,分别替代"两"和"三"字,但"俩"与"两"、"仨"与"三"的用法是不尽相同的。

凡是能用数量词"两个"的地方都可以用"俩"替代,如"他们两个人"可说"他们俩",如果量词不是"个"的,就不能用"俩"。"俩"字的作用是用在名词前作定语,限定人或物的数量。既然它本身含有数和量的意思,所以它的后面,不能再加上别的任何量词。

"仨"跟"三个"的意思,是完全一样的。所不同的是,口语中常说"仨",所以,在口语色彩比较浓厚的文章中,可以选择"仨",而在书面语色彩较浓厚的文章中,适合选用"三个"。另外,一定不要说"仨个",因为"仨"同"俩"一样,其中已经包含了量词"个"的意思。

第三节　语　言　表　达

　　语言是人类最重要的交际工具。语言交际就是表达，口头表达或书面表达。无论怎样进行语言表达，都应达到简明、准确、得体这三点要求。简明、连贯、得体是基本要求，准确、鲜明、生动是升华。

经典素材

　　美国第十六届总统，同时也是《解放黑人奴隶宣言》的颁布者——阿布拉罕·林肯是美国历史上唯一出身于贫民的总统。他在当选总统之前，当过律师。他富于同情心，敢于主持正义，他的语言简明、准确、得体，在诉讼活动中以说理充分、例证丰富、逻辑性强著称。

　　有一次，一个叫阿姆斯特朗的青年被人诬告图财害命。小伙子有口难辩，被判定有罪。林肯担任阿姆斯特朗的辩护律师。

　　"福尔逊先生，"法庭上，林肯直接质问诬告阿姆斯特朗的证人，"你敢当众发誓，说在 10 月 18 日的月光下看清的是阿姆斯特朗，而不是别人？"

　　"是的，我敢发誓！"福尔逊说。

　　"你站在什么地方？"林肯问。

　　"草堆后面。"

　　"阿姆斯特朗在什么地方？"

　　"大树下。"

　　"是草堆西边的那棵大树？"

　　"是的。"

　　"你们两处相隔二三十米，你能认清吗？"

　　"看得很清楚，因为月光很亮，正照在他脸上，我看清了他的脸。"福尔逊说。

　　"你能肯定是十一点吗？"

　　"完全可以肯定。因为我回到屋里时，看过时钟，是十一点一刻。"福尔逊说得毫不含糊。

　　林肯正气凛然的目光突然离开福尔逊，把脸转向大众，庄严宣布："证人福尔逊是一个彻头彻尾的骗子！"

　　这个意外的结论，顿时把法庭上的人都弄愣了，包括主审法官，都感到十分突兀。有人高声提出质问："律师说话要摆事实讲道理，你根据什么事实得出这样的结论？"

　　林肯回答道："证人发誓赌咒，说他 10 月 18 日晚上在月光下看清了阿姆斯特朗的脸。可是，10 月 18 日那天应是上弦月，十一点时月亮已经落下去了，哪里还有什么月光？再退一百步讲，就算月亮还没有落下去，还在天上，月光也应该从西往东照。而遮挡着福尔逊的草堆在东边，阿姆斯特朗站在西边的大树下，如果阿姆斯特朗的脸面向东边的草堆，也就是背对月亮，脸上就不可能照到月光；如果他不是面向草堆，证人又怎么能从二三十米远的地方看清被告人的脸呢？福尔逊不顾事实，说什么'月光很亮，正照在他脸上'，还不是一派谎言！"

　　整个法庭肃静得简直可以听得见呼吸的声音。林肯说到这里，一阵骚动之后，突然爆发出一阵雷鸣般的掌声。

　　正是林肯简明、准确、得体的语言，无可辩驳的论证揭穿了证人的谎言，维护了法律，打赢了这场官司。阿姆斯特朗被宣判无罪。

开启解读

一、语言表达要简明、准确

（一）语言表达要简明

1. 简明的含义。简明是指用语简洁扼要，语意明确，没有多余的话，让人一下子把握语意。"简"即"简洁"，不啰嗦重复，不说多余话，它是指"量"的要求，是用尽可能少的语言符号传递尽可能多的信息；"明"即"明了"，表述要清晰，明白易懂，它是指"质"的要求，表达的效果最佳、明晰的度最高。反之，即是晦涩、有歧义、啰嗦、无条理。

2. 语言简明的主要表现：

（1）不啰嗦，即把重复的词句删掉，显得干净。

（2）不费解，即表述清楚，容易为读者理解。

（3）无歧义，即语义表述明确单一，没有其他意思。

（4）不杂糅，即不把两个不同意思糅合在一个句子里，使意思缠夹不清。

3. 语言表达简明的方法：要想做到语言表达的简明，我们必须加强分析能力的培养，首先应多读书，培养语感；再次要多练习，熟能生巧。具体说来，我们可以从如下几个方面入手：

（1）仔细辨析并列短语的各个成分之间是否有关系交叉或重复的，如有则酌情删除。

（2）对语段中混入的冗余的语句，可用话题提取法加以排除。

（3）对歧义造成的语意不明，可以有针对性地采用以下方法：

① 变换词语法。它主要运用于因多义词的词义不确定造成的歧义，多音字的读音不确定造成的歧义，兼类词的词性不确定造成的歧义。如"他好说话"，只要把"好"改成"喜欢"，"好"就消除了歧义。

② 语境消除法。如"我要热饭"，后面再加一句"不要冷饭"，即可消除歧义。

③ 标点法。如"中国队打败了美国队获得了冠军。"只需加一标点，成了"中国队打败了美国队，获得了冠军"，就可以消除歧义。

（二）语言表达要准确

1. 准确的含义：准确是对语言运用质量上最基本也是最重要的要求，它要求用词能完全表达概念的内涵，切合语境与对象，涉及运用词语、选择句式、选择语气等方面的要求。

2. 如何做到准确：

（1）符合情境。选择词语要注意情境的制约，写作中使用的词语都处在全篇或上下文的具体语境中，只有根据特定语境选择恰当的词语才能准确地表达意思，同样的词语用于不同的语境效果迥然不同。

（2）造句通顺。组句应依照一定语言的语法、逻辑规则进行，否则会出现语病。应注意：句子结构要完整，词语搭配要稳妥，正确使用关联词语。

（3）符合对象。应仔细辨析同义词的基本意义和附加意义（包括风格、色彩和用法等）的同中之异，这有助于恰如其分地叙事写景、表情达意、释物明理。

二、语言表达要鲜明、生动

（一）语言表达要鲜明

1. 鲜明的含义。鲜明，是语言运用的原则之一，具体指的是遣词造句语意明确，条理清楚，能够把事物的性质、状态以及事物之间的复杂关系清晰告诉读者，给人以清晰的印象。表达的时候要色彩（感情色彩、事物的形象色彩）分明，观点明确。

2. 如何做到鲜明：

一是恰当选用词语。

① 在通常情况下，尽量不要使用表意模糊的词语来表情达意。尽可能少用"可能""大概""也许"

"左右"等不确定的词来表明态度与观点。多使用"坚决反对""完全错误""决不能这样"等词语来表明自己所持的鲜明的态度。

② 选择有褒贬色彩的词语来增强观点的鲜明程度。选用富有感情色彩的词语时,要关注整个语境,根据在表达时的不同态度和感情,选择词义的褒贬。

二是恰当选用句式。

可用肯定的语气来表明观点,还可以选用双重否定或反问句式来加强语气,使自己观点的表达更加鲜明而强烈。注意整句与散句的使用。整句形式整齐,声音和谐,气势贯通,意义鲜明,适合于表达丰富的感情,能给人以深刻而鲜明的印象。

三是恰当运用修辞手法。

比喻、对偶、对比等修辞能增强语言表达的鲜明性,独具特色,借助修辞格来增强语言表达的鲜明性,是一条切实可行的途径。

(二) 语言表达要生动

1. 生动的含义。生动是就表达效果来说的,它要求用语具体形象,注意炼字炼词和修辞手法的运用,以及运用灵活的句式等。

2. 怎样使语言表达生动。生动的语言不但具体形象,活泼多变,有声有色,而且感情充沛,散发着生命的活力。要想语言生动,须做到以下两点。

(1) 要使用描绘性的词语和具体形象的写法。

描绘性词语绘声绘色,富有动感,用在合适的地方便显得生动活泼。具体形象的表达能给人一种身临其境的感觉,使抽象的东西鲜活起来。

(2) 多用贴切的比喻和拟人等修辞格。

要特别重视比喻的使用,因为它的主要特点功用就是把抽象的对象具体化、形象化;而拟人的功用是使无生命的对象仿佛充满了生机和感情,也使它生动起来。

例如,汉字不仅是一个个活的灵魂,体现着不同时代的人们灵动的精髓。同时,在一个个方块字里变幻着无数的笔画。文字不仅承载着文化的意蕴,同时也蕴含着无穷的哲理。请参照下面示例,任意举两个例子诠释一下汉字所折射出的哲理。

【示例】

名:靠着口来宣传就有名了,但也夕阳西下了,可见名之无聊。

运:行走着的云,人的一生如同行走的云一样,不可预测。

三、语言表达要连贯、得体

(一) 语言表达要连贯

1. 连贯的定义:所谓连贯就是语言的表达要注意句与句的排列组合,注意上下句的联系、衔接和呼应,做到话题统一,句序合理,衔接和呼应自然。

2. 如何做到连贯:

(1) 要抓住中心、抓住思路、抓住标志。

一个句子或者一段文章,虽然由若干语句组成,却表述一个中心。因此,抓住了中心就抓住了要害。理清文章的思路一般要遵循一定的顺序,如时间、空间、逻辑顺序等。另外,还应注意抓住语言标志,语言标志常常表现为:① 关联词语的呼应:或并列、或转折、或条件、或假设、或递进、或因果……② 暗示性词语的使用。"换句话说"表示等同关系;"同时"表示并列;"与此相反""反过来说"表示相反、相对关系。③ 句子之间的对应关系(内容上、形式上),也往往体现语言顺序的一致性,肯定、否定的一致性。

【示例】

横线上依次应填写的是(　　)。

假如有人问我语文是什么,我会高兴地告诉他:＿＿＿＿＿,展开我色彩缤纷的想象;＿＿＿＿＿,牵动我亲临其境的目光;＿＿＿＿＿,教会我寓情于物的感观;＿＿＿＿＿,演绎我字正腔圆的对白;＿＿＿＿＿,美化我独抒性灵的意象。

① 是跌宕起伏的戏剧　　② 是天真无邪的童话　　③ 是优雅闲适的散文

④ 是情节曲折的小说　　⑤ 是意蕴深远的诗歌

A. ④③②①⑤　　　　B. ②④③①⑤　　　　C. ⑤③①④②　　　　D. ③①④⑤②

分析:该语段采用排比、比喻修辞,写出了语文的丰富多样。抓住分号前的"想象""目光""寓情于物""对白""意象"几个词语,联系供选句子中各种文学体裁的特点,一一对应,例如"戏剧"的特点就是舞台人物有大量的对白,由此可知①应填入第四处横线上。依次类推,可确定 B 项正确。

(2) 话题要统一。所谓话题统一,是指组成段落的句子之间,或是组成复句的分句之间,有紧密联系,围绕着一个中心,集中地表现一个事实、场景或思想观点,无关的话不掺杂在里面。

【示例】

小明爬到床底下,偷偷躲了起来,( ),从床底下拽了出来,送到幼儿园去了。

A. 妈妈找了好久,最终才发现他　　　　B. 但后来还是被妈妈找到了

C. 使妈妈找了好久,终于把他找到了　　D. 但妈妈毕竟发现了他

分析:原文的陈述对象是"小明",AD 两项由于将主语"小明"暗换成"妈妈",导致与后面的分句连贯不上。C 句虽与主语保持一致,但是句子的"使"与"终于"极不自然,只有 B 项能准确表现它们之间语意上的转折关系,通过"让"字引进"拽""送"行为的主动者"妈妈",被动者"小明"仍作主语,保持了主语的一致性。

(3) 表达要合乎事理、语境。意思表达要符合客观事理,上下句在语境上相关,不要衔接不上。

【示例】

与上句衔接恰当的一项是( )

她,已经年过50,对于演员年龄是大了些,可是＿＿＿＿＿

A. 只要听她唱,就会觉得她还很年轻。

B. 只要听她唱,就会发现她还很年轻。

C. 只要看她的外貌,就会发现她还很年轻。

D. 只要看她的外貌,就会觉得她还很年轻。

分析:一个女演员,年过50,年龄大了,不再年轻,这是客观事实。唱起歌来,使人主观上觉得她年轻,情理上讲得通。B 项说"发现"她年轻,变成了事实的年轻。D、C 两项的问题在于"外貌",虽然外貌与实际年龄会有差距,但是上文说的是"演员",外貌超出了演员活动的范围(唱、跳、演戏等艺术活动),因而背离了这句话强调艺术生命还年轻,还能大放光彩的本意。这里只有 A 项才恰当。

(4) 表达要语脉贯通。思有路,语有脉,表达一个意思总得按照一定的先后顺序,这样才会脉络分明,语气贯通,不跳脱,不紊乱。

【示例】

＿＿＿＿＿＿所谓"文章",指的是按一定章法组织起来的能够表情达意、首尾完整的书面语言形式。

A. 尽管历史上对文章的称谓不尽相同,但自汉代以来,关于"文章"这个概念的含义,一般人还是清楚的。

B. 根据表达内容的需要,按照一定的章法将语言文字合理地组织在一起,才能构成一篇结构完整的文章。

C. 构成一篇文章的基础单位是字,然而一篇文章又不是语言文字的随意堆砌。

D. 这就是说,将文字连缀起来表达一定的意义构成句子,将若干句子按一定的思路组织起来而成"章",再按一定的"体"——体式章法,将章与章联结起来才成文章。

分析:原文是对文章下的一个定义。能放在它前面的只有引出"文章"这一概念并与原文中的"所谓'文章'"上下呼应的 A。B 句说的是构成文章的条件,不仅内容与原文重复,而且语旨无法贯通。C 句谈的是字,与后面的文章根本联系不上。D 句的内容是对文章的进一步阐发,加上开头有"这就是说"与之衔接,把它放在末尾再恰当不过了。

(5) 要看句子结构是否一致。意思是说要根据句子的语法结构来判断,看句子的前后结构是否一致,要弄清楚句子中主谓宾定状补的正确关系。

【示例】

与原句衔接最好的一项是(　　)。

她年纪大约二十六-七,_____,两颊却还是红的。卫老婆子叫她祥林嫂。

A. 青黄脸色　　　　　　　B. 脸色青黄　　　　　　　C. 青黄着脸色　　　　　　　D. 现出青黄脸色

分析:横线前后的分句都为主谓结构。A 项为偏正结构,C、D 两项为动宾结构,只有 B 项为主谓结构,与原句相符,为正确答案。

(6) 看关联词搭配是否恰当。要找到符合句意的相对应的关联词语,不要出现不恰当的关联词语搭配。如"虽然"应当与"但是"搭配,"因为"应当与"所以"搭配,"不是"应当与"而是"搭配等。

【示例】

选择与原文衔接最好的一项(　　)。

美是到处都有的。对于我们的眼睛,不是缺少美,_____。

A. 就是缺少发现　　　　　　　　　　　　B. 就是要去发现

C. 而是缺少发现　　　　　　　　　　　　D. 但是要去发现

分析:习惯上,"不是"不能跟"但是"搭配,由此排除 D 项。因原句有"美是到处到有的",故不存在选择关系,A、B 两项"就是"与"不是"构成选择关系,与句意不符,要排除。只有 C 项"而是"与"不是"构成并列关系,符合句意,为正确答案。

(7) 看语序是否一致。要注意理清语言顺序,可以是空间、时间、逻辑顺序,总之这个语言顺序要与句子所表达的意思相符合。

【示例】

与下面的话衔接最顺当的一句是(　　)。

生产衬衫的关键工序是上领子和上袖子。二厂和三厂这两家衬衫厂各有所长,_____

A. 二厂上领子的技术比三厂强,三厂上袖子的技术比二厂强。

B. 三厂上领子的技术没有二厂好,上袖子的技术比二厂强。

C. 三厂上领子的技术没有二厂好,二厂上袖子的技术没有三厂强。

D. 二厂上领子的技术比三厂强,上袖子的技术没有三厂强。

分析:此题要紧扣关键词"各有所长"和"二厂和三厂"来思考。从顺序一致性来看,应先写"二厂",再写"三厂",由此可以排除 B、C 两项。而 D 项又不能跟"各有所长"呼应,也要排除。只有 A 项先讲"二厂"再讲"三厂",又突出"各有所长",才是正确答案。

(8) 情调要和谐。根据句子的内容和语言环境确定出对应的感情基调。感情基调是指句子所表达出的各种不同的情感,或悲伤或喜悦,或坚定或低沉。语言环境的意境和感情基调应当一致。

【示例】

_____,巍峨挺秀的秦岭消没在浓雾里,田堰层叠的南塬,模糊了,美丽如锦的渭河平原也骤然变得丑陋而苍老。

A. 天气阴沉,满天是厚厚的,低低的,灰黄色的浓云

B. 在夕阳的辉映下,满天彩云飘动

分析:因为语境中的意境是暗淡、丑陋而灰黄的,因此选项中就不能是色彩鲜艳的、明亮的,感情基调就不能是昂扬乐观的,故选 A。

(二) 语言表达要得体

1. 得体的定义:得体就是根据语境条件使用语言,即根据内部语境(上下文)和外部语境(语言交际的各种情境条件),选用恰当的语句来表情达意。要学会设身处地地去思考;在某种特定语境中,能说什么,不能说什么;说什么好,说什么不好;怎样说有分寸,怎样说没有分寸;怎么说效果好,怎么说效果不好。

语言表达要做到得体,既要考虑说话者自己的身份、地位、文化素养、生活阅历等方面的差异,更要考虑听话者的诸多情况,并根据不同的场合,不同的目的,选择不同的表达方式来运用语言,做到有的放矢、准确得体、恰到好处。

2. 如何做到语言得体:语言表达得体是指运用语言时根据不同的表达目的、场合、对象及交际双方的特定关系,有意识地对语言材料和表达方式作出不同的安排、选择,使语言发挥最佳效果。应注意以下八点。

(1) 要注意交际对象。注意交际对象,即要注意说话人、听话人或描写对象的身份、地位和修养等特征,做到言为心声,因人而异。

【示例】

穆天宇给余爷爷留一张便条,本想写得有点文采,却有四处用词不得体。他是这样写的:"余爷爷:惊悉阁下病了,父亲让我登门造访,未能见面。现馈赠鲜花一束,祝早日康复!"

分析:"惊悉"用在此处,轻重失当,"惊悉"一般用于得知别人突然去世的消息,这儿已经知道了对方"病了"的消息;"阁下"今多用于外交场合,不能用于普通人的日常交往场合;"造访"即"拜访",为书面语,便条只能用口语,况且这儿是去看望病人,更不能用"拜访";"馈赠"是赠送礼品,看望病人所送的鲜花不属于赠送的礼品,应换成"送上"。应该将"惊悉"改为"获悉";将"造访"改为"探望";将"阁下"改为"您老";将"馈赠"改为"送上"。

(2) 要注意表达目的。在语言的实际运用中,根据表达目的的不同,选用的表达方式也应该有所区别,做到有的放矢,准确得体。

【示例】

下面有两个口语交际的情景,请任选一个,用简明、得体的语言反驳其错误言论。

① 有人随地吐痰,别人批评他:"随地吐痰不卫生。"他貌似有理地说:"有痰不吐更不卫生。"

② 有人上公交车不排队,往前挤。别人批评他:"不要挤嘛,讲一点儿社会公德。"他嬉皮笑脸地回答:"我这是发扬雷锋的钉子精神,一要有钻劲,二要有挤劲。"

分析:若要达到反驳目的,第一个交际情景要说出对方只是注意了个人卫生,却影响了公共卫生,其结果都不卫生;第二个交际情景要指出对方是在损人利己。语气都要强硬一点,以其人之道还治其人之身。

第一个交际情景应该这样说:"是的,有痰不吐不卫生,但那只是你个人的卫生,你不能为了个人卫生而影响公共卫生!"或者说:"痰,当然应该吐,但不要吐在影响公共卫生的地方!"

第二个交际情景应该这样说:"人家雷锋挤的是时间,钻的是技术;而你挤的是车子,钻的是空子!"或者说:"请你把挤劲钻劲用在学习和工作上,不要用它来损人利己!"

(3) 要注意适应场合。场合不同了,表达用语也必须随之而变化,因地制宜,讲究分寸,巧妙用语,以求达到最佳表达效果。

【示例】

某校邀请著名学者刘教授来校讲学,在向全校师生作介绍时,校长的话中有这样一段:"刘教授是我校的校友,他长期从事学术研究,成果丰富,贡献卓著,去年当选为中国科学院院士。_____。"以下四种说法最恰当得体的是哪一种?

　　A. 这既是他本人的荣耀,也是敝校的荣耀

　　B. 这既是他的光荣,也是我们学校的光荣

　　C. 这既是本校的自豪,也是他本人的自豪

　　D. 这既是他的骄傲,也是全国人民的骄傲

分析:校长是在全校师生的面前介绍刘教授,A 项中的"敝校"用于校长向外介绍情况可以,但用在本校师生面前则不妥;对刘教授的评价应在前一个分句,由此可排除 C;D 项"也是全国人民的骄傲"外延太大了。所以应该选择 B 种说法。

(4) 要注意语体色彩:语体色彩有两大类,一类指的是口语类文体,主要包括演讲、辩论、广播稿等;一类指的是书面语类文体,主要包括科技文、文艺作品、政论文等。在实际运用语言的过程中,一定要注意各种文体的差别,按照文体要求使用语言,如果在口语性较强表达中使用书面语,会影响语言的表达效果;反之亦然。

【示例】

为接待国外游客,有关部门请你写一段话,向观光者介绍你所熟悉的某地区(区县、乡镇或街道)的某一文化观光景点的特点。要求语言通顺、得体,不少于 60 字,切合"文化观光"的主旨。

分析:写导游词,要注意语言得体,既要体现文化沉淀,又要和当地的文化景观有关,还要有一定的文采。可以这样说:"各位外宾:这里是我国著名的古典园林颐和园。它主要由万寿山、昆明湖组成。丰富多彩的古典建筑,点缀在湖光山色之中。绵延起伏的群峰、玲珑挺拔的玉泉宝塔与园内景色相映生辉,更会给你心旷神怡的美感。进入颐和园,步步有画,处处是诗,定会使你流连忘返。"

(5) 要注意谦词和敬辞。

【示例】

下面是一封求职信的主要内容:"日前惠顾你幼儿园网站,得知招聘幼儿教师的消息,我决定应聘。我是××学校 2020 届大专毕业生,学习成绩优秀,身体健康,表达能力强。现寄上我的相关资料,如有意向,可尽快与我洽谈。"

分析:求职信中的"惠顾"应改为"浏览","你"应改为"贵","可"应改为"请","洽谈"应改为"联系",以表现出谦虚和恭敬。

另外,常见的谦词有:家父(家严)、家母(家慈)、家兄、舍弟、舍妹、舍侄、小女、拙见(称自己的见解)、鄙见(称自己的见解)、寒舍,等等。常见的敬辞有:贵庚(称别人年龄)、大作(称对方作品)、高见(称对方见解)、贤弟(称比自己小的男子)、尊姓(问对方的姓)、光临(称别人的到来)、拜托(托人办事)、赐教(请求别人给予指教)、雅正(表示请对方指正)、惠顾(称对方到自己这里来)、鼎力(指对方的帮助,"大力"的意思)等。

(6) 要注意感情色彩。词语的感情色彩指的是褒义词、贬义词和中性词这三种情况,一定要辨清词语的感情色彩,并且还要结合具体的语言环境来确定正确的词语,以便所用的词语与具体语境和谐一致。

【示例】　　A. 骄傲自满是我们的一个可怕的陷阱;而且,这个陷阱是我们亲手挖掘的。

　　B. 他们这一举措受到广大群众的欢迎,所以其他单位也纷纷效尤。

　　C. 表现在作品里,歌颂的是人民,诽谤的是鬼子、汉奸和地主。

　　D. 世界各个足球队都在秣马厉兵,觊觎桂冠。

分析：上面四个句子,只有 A 句的感情色彩使用得体,BCD 句中的"纷纷效尤"、"诽谤"和"觊觎桂冠"没有分清感情色彩,使用不得体。

(7) 要注意语言风格。所谓语言风格得体,就是所说的话要根据不同的要求,应有庄重、严肃、文雅、幽默、含蓄等风格之分,才能做到语言的得体。

【示例 1】

两个同学要去参加运动会,他们都要邀请好友为其助阵。一位同学幽默地说:"你的助威声将是我起跑的助推器。"一位同学含蓄地说:"在钟子期的鼓励下,俞伯牙琴艺上了一层楼,现在'俞伯牙'要参加比赛了。'钟子期'安在?"

【示例 2】

一位诗人在某学校给学生作有关诗歌创作的学术报告,准备朗诵一首诗时,发现诗作放在了学生的课桌上,于是走下讲台去拿。他在上阶梯教室的台阶时,不小心摔倒了,学生们顿时愣住了,目光一下子都集中到了他身上。诗人站起来稳住身体,指着台阶对学生们说:"你们看,上升一个台阶多么不易,生活是这样,作诗也如此。"这一机智而又富于哲理的话语,不仅为诗人解除了尴尬,而且赢得了热烈的掌声。

(8) 要注意转述得体。请人转述不同于当面陈述,叙述的角度变了,时间、地点、称谓都要随之变化,只有综合考虑各种因素才能恰当表情,准确达义。

【示例】

王先生准备 6 月 6 日在阳光饭店为爸爸过 70 岁生日,想请爸爸的老战友刘妙山夫妇那天中午 12 点来一起吃饭。如果要以王先生的名义给刘妙山夫妇写一份请柬,称呼得体,表述简明,措辞文雅。应该怎么写呢?

分析：王先生为爸爸过生日,邀请的是爸爸的老战友刘妙山夫妇,这里就有一个语言的转述的问题。在表述时,首先应说明是为"家父"过生日;其次要恭请"两位老人"来参加宴会。所以,应该这样写:"刘伯父、伯母：6 月 6 日中午 12 点在阳光饭店设宴,祝贺家父 70 岁寿辰。恭请二老届时光临。"

各抒己见

1. 怎样做到语言表达简明准确、鲜明生动?
2. 怎样才能够做到语言运用得体?

心灵感言

语言表达能力是现代人才必备的基本素质之一。在现代社会,由于经济的迅猛发展,人们之间的交往日益频繁,语言表达能力的重要性也日益增强,好口才越来越被认为是现代人所应具有的必备能力。作为现代人,我们不仅要有新的思想和见解,还要在别人面前很好地表达出来;不仅要用自己的行为为社会作贡献,还要用自己的语言去感染、说服别人。就职业而言,现代社会从事各行各业的人都需要口才：对政治家和外交家来说,口齿伶俐、能言善辩是基本的素质;商业工作者推销商品、招徕顾客,企业家经营管理企业,这都需要口才;作为教师,语言更是一项基本功。在人们的日常交往中,具有口才天赋的人能把平淡的话题讲得非常吸引人,而口笨嘴拙的人就算他讲的话题内容很好,人们听起来也是索然无味。有些建议,口才好的人一说就通过了,而口才不好的人即使说很多次还是无法获得通过。美国医药学会的前会长大卫·奥门博士曾经说过,我们应该尽力培养出一种能力,让别人能够进入我们的脑海和心灵,能够在别人面前、在人群当中、在大众之前清晰地把自己的思想和意念传递给别人。在我们这样努力去做而不断进步时,便会发觉：真正的自我正在人们心目中塑造一种前所未有的形象,产生前所未有的震击。总之,语言能力是我们提高素质、开发潜力的主要途径,是我们驾驭人生、改造生活、追求事业成功的无价之宝,是通往成功之路的必要途径。如果我们说话时用语准确,修辞得体,语音优美,那么我们从事各项工作就会更加游刃有余,事业就会更加成功,人生也会更加丰富多彩。

相关链接

小·故事

此地无银三百两

从前有个人叫张三,喜欢自作聪明。他积攒了三百两银子,心里很高兴,但是他也很苦恼,怕这么多钱被别人偷走,不知道存放在哪里才安全。带在身上吧,很不方便,容易让小偷察觉;放在抽屉里吧,觉得不妥当,也容易被小偷偷去,反正放在哪里都不方便。

他捧着银子,冥思苦想了半天,想来想去,最后终于想出了自认为最好的方法。张三趁黑夜,在自家房后的墙角下挖了一个坑,悄悄把银子埋在里面。埋好后,他还是不放心,害怕别人怀疑这里埋了银子。他又想了想,终于又想出了一个办法。他回屋在一张白纸上写上"此地无银三百两"七个大字。然后,出去贴在坑边的墙上。他感到这样很安全,便回屋睡觉了。

张三一整天心神不定的样子,早已经被邻居王二注意到了。王二晚上又听到屋外有挖坑的声音,他感到十分奇怪。就在张三回屋睡觉时,王二去了屋后,借着月光,看到墙角上贴着纸条,写着"此地无银三百两"七个大字。王二一切都明白了。他轻手轻脚把银子挖出来后,再把坑填好。

王二回到自己的家里,见到眼前的白花花的银子高兴极了,但又害怕了起来。他一想,如果明天张三发现银子丢了,怀疑是我偷的怎么办? 于是,他也灵机一动,自作聪明拿起笔,在纸上写下"隔壁王二不曾偷"七个大字,也贴在坑边的墙角上。

后来人们根据这个民间故事,把这句话"此地无银三百两,隔壁王二不曾偷"当作一个成语,用来比喻自作聪明,想要隐瞒、掩饰所干的事情,结果反而更加暴露明显。现在这句成语,被简化为了"此地无银三百两"。

"此地无银三百两",本来的意思就是这个地方没有三百两银子。后来人们用这个成语比喻由于做事愚蠢,想隐瞒的事情反而被彻底暴露。

素养训练

一、语言表达运用

1. 下面一段话中有不简明的地方,在不影响原意的情况下,必须删除的有哪三处?

今天去百货大楼①买钢笔,当我向卖钢笔的②营业员说明来意后,她马上拿出好几种③钢笔让我挑选④。我左挑右挑⑤也没有挑到一支令我满意的⑥。百货大楼的⑦那位⑧营业员始终⑨热情服务,她的服务⑩态度真好。

删去的文字是_____、_____、_____。

2. 下面是一份通知的正文,请用一个长单句表达,并力求简洁,不超过40字。

全校师生今天听报告,时间是下午四点半,地点在学校礼堂,报告人是市交通大队队长,报告内容是介绍交通安全知识。

通　　知

_____。

3. 对"三个电视台的记者在这幢新职工宿舍楼前"的意思可以有(　　　)种理解。

A. 一种　　　　　　B. 两种　　　　　　C. 三种　　　　　　D. 四种

4. 下面这句话没说清楚,请加以修改使之语意清晰。

中城一位老教师丁霞与第九中学教师蔡模夫妇到茶座里来了,他俩在观看魔术表演。

修改:_____

5. 填入下面横线处的几句话,衔接恰当的一项是(　　　)。

清人张潮在其《幽梦影》中曾说:"对渊博友如读异书,对风雅友如读名人诗文,对谨饬友如读圣贤经传,对滑稽友如阅传奇小说。"这话确有见地,人生一世,除了亲情、爱情外,友情更是不可缺的。因为_____。

A. 友情是一种广度,亲情是一种深度,而爱情则是一种纯度

B. 友情是一种纯度,爱情是一种深度,而亲情则是一种广度

C. 爱情是一种纯度,亲情是一种深度,而友情则是一种广度

D. 亲情是一种深度,爱情是一种纯度,而友情则是一种广度

二、面对以下情况,你应该怎样运用语言表达才恰当得体?

1. 你要去康康医院探望老师,但你并不知道去康康医院怎么走,你向路边的一个老奶奶问路,你应该说:(　　　　　　　　　　　　　　)。

2. 你第一次去你的一位同学家,当敲开了门,才发现你不小心敲错了,你应该对来开门的人说:(　　　　　　　　　　　　　　)。

3. 爸爸让你去奶奶家拿一样东西,而你正在写一篇日记,这时你可以说:(　　　　　　　　　　)。

4. 2005 年 10 月 17 日 19 时 6 分,中国一代文学巨匠巴金老人在上海去世,举国悲痛。

一位国际友人说:(　　　　　　　　　　　　　　)。

一位作家说:(　　　　　　　　　　　　　)。

一个市民说:(　　　　　　　　　　　　)。

5. 假如你在全省的作文大赛中取得了一等奖,有人向你祝贺,倍加赞赏,在下列两种不同的情况下,你的回答分别是什么。

(1) 与你平时很要好的一位同学在私下的场合向你祝贺时,你的回答是:

_____

(2) 在庆祝大会上,面对向你祝贺的广大与会者,你的回答是:

_____

思考讨论

内心紧张导致词不达意影响一个人的形象,我们该如何破解?

拓展阅读

常见"语文差错"

第五章
应 用 文

内容提示

本章主要介绍幼师生在学习中经常遇到的写活动简讯、总结,自我鉴定;在寻找工作中制作简历,写自荐信;进入幼儿园工作后,填写家园联系册、为孩子写评语等相关实用知识与技巧。

素养目标

1. 通过学习,让学生掌握简讯、总结、鉴定、简历、自荐信等写作知识。

2. 通过训练,使学生能正确写作简讯、活动总结、自荐信,能制作精美的简历,能得体地填写家园联系册和评语。

第一节   简讯   总结

一、简讯

简讯是党政机关、企事业单位、社会团体用于通报工作、反映情况、交流信息的一种简短的有一定新闻性质的文字材料。

(一) 简讯的种类

简讯的种类,常见的主要有四种类型。

1. 工作简讯:用来反映工作动态、工作中的成果或问题,为推动日常工作而编写的简讯。工作简讯又可分为综合工作简讯和专题工作简讯两种。

2. 会议简讯:召开大中型会议时,用以向有关领导和有关人员通报会议情况或组织、引导会议的进行而编写的简讯。主要报道会议的概况、会议进展情况、会议的主要内容、会议交流的主要内容和所讨论的主要问题。

3. 科技简讯:为反映最新科学技术研究成果,介绍推广新产品、新工艺、新技术、新理论、新动向而编写的简讯。这类简讯内容新、专业性强,有的属于经济情报或技术情报,有一定的机密性,必要时需加密级。

4. 动态简讯:为反映本单位、本系统的思想、政治、经济、文化等方面情况、信息而编写的综合性简讯。动态简讯着重反映与本单位工作有关的正反两方面的新情况、新动向、新问题。

(二) 简讯的写法

简讯的格式由标题、导语、主体、结语四部分组成,有的可以没有结语。

1. 标题。应扼要地概括正文部分所叙的核心内容,尽量准确、简明、醒目。可以是单行标题,即用一句话概括简讯的内容。如《灾区师生满意是我们的最大心愿》,这个标题准确、引人注意。也可以是多行标题,含有正题、副题的组合。如《领导干部必须"五官端正"——嘴不馋,腿不懒,耳不偏,心不散,手不长》。

2. 导语。简讯开头的一段话,要求用极简明的话概括简讯的最基本内容。

3. 主体。一般紧扣导语,对导语叙述的事实和提出的问题,进行阐述或展开。要求具体清楚,内容翔实,层次分明。

4. 结语(即结束语)。一般是指出事实的意义,或者揭示事件发展的趋势,起到画龙点睛的作用,但并不是每篇简讯都要写结语。

(三) 简讯的写作要求

简讯的写作是一项时效性、连续性、系统性很强的工作。具体地说,有以下五点。

1. 灵敏性:要敏锐地捕捉有价值的各种信息,迅速加以反应。

2. 准确性:要抓准问题,要真实、准确无误。

3. 迅速:对信息观点的收集、整理、传递和反馈等各个环节,都要有强烈的时效观念,快编快发,不拖不压。

4. 简短:内容要集中精炼,简单扼要;篇幅短小精悍,文字力求准确。

5. 有效性:要讲求信息观点的效果。

【示例】

××学校隆重举行2021届毕业生双选会

2020年12月15日上午,以"经验特色·成长发展"为主题的双选会在孔子广场隆重举行,本次双选会旨在为毕业生和用人单位搭建起一个合作发展的平台。

双选会上,学校党委书记、校长发表了热情洋溢的致辞,向来自全国各地的专家和用人单位表示热烈的欢迎和诚挚的感谢,祝愿毕业生们发扬母校精神,迎接挑战,做优秀的幼教人才。双选会场人声鼎沸、热闹非凡,毕业生们纷纷向自己心仪的单位投递自己的简历,园长们精心地挑选着自己中意的人才。尽管冬日寒气袭人,但大家都丝毫没感觉到寒冷。

据现场统计,本次双选会共有来自北京、广东、深圳、厦门、浙江、重庆、成都等17个省市的305家用人单位进场,需求毕业生单位378家,为828名毕业生提供了3 326个岗位。截至中午12:30,毕业生已被一"抢"而空。

本次双选会学校高度重视,相关职能部门各司其职,各项筹备工作井然有序。双选会的顺利举行很好地解决了学生实习就业的问题,同时也极大地促进了学校的发展。

素养训练

1. 重阳节前夕,学生会文艺部组织了"新芽"艺术团成员到社会福利院去,为孤寡老人做文艺演出慰问活动。请你写一份简讯,发表在学校网站上。

2. 2021年3月20日(星期六)上午9点,学校团委组织志愿者到××村留守儿童中心开展了一次"大手牵小手"游戏活动,你也现场参与了,请根据拍摄的活动图片,利用美篇或其他软件,做一个微文,发给留守儿童的家长。

二、总结

(一) 总结的概念及种类

总结是单位和个人对一定时期内的工作、生产、学习等方面进行回顾与检查,进行全面系统的分析与研究而写成的书面材料。常见的工作汇报、个人小结、经验交流材料等,都属于总结范围。

总结的种类比较多:按内容分,有工作、学习、劳动、思想总结等;按范围分,有单位、部门、班组、个人总结等。

（二）总结的格式

总结一般由标题、引言、正文、结尾等部分组成。

1. 总结标题:总结的名称。有全称式、简称式和文章式标题三种。如《××学校 2021 年上半年工作总结》《2021 年教学工作总结》《走活三步棋,选好一把手》等。

2. 总结引言:通常用一个语段对总结主要内容作简要提示和交代,引出正文。

3. 总结正文:总结的中心部分,结构比较规范,一般分为三个或四个部分,依次说明所做的工作、取得的经验或成绩、存在的问题、今后的打算。重点是总结所做的工作、取得的经验或成绩。

4. 总结结尾:一般用两个语段简要给出结论或说明努力的方向、今后的打算等。总结也要署名,一般在正文的右下方写明总结的单位和日期。如在报刊上发表总结,一般将署名写在标题下。

（三）总结的写作方法

1. 材料的归类。材料的收集整理之后的归类,是撰写总结的关键环节。通过归类,判断出正面或反面材料、一般做法或典型经验、成绩或缺点,甚至可用或可不用、放前或放后的材料等。在对材料定性定位时,要坚持实事求是的科学态度,不能夸大或拔高成绩,也不能回避或淡化问题。

2. 特色的挖掘。撰写总结最大的流弊就是记"流水账",面面俱到,没有重点,没有特色。因此,在构思时就要认真研究、吃透材料,挖掘出材料的特色,确立恰当而又有特色的主题。特色就蕴含在平常的材料中,换一个角度,换一个切入点,特色就可能被挖掘出来。

（四）三种常见的总结形式

一是口头总结——晚会点评。

【示例】

在"青春聚会"新芽文艺晚会上的点评

尊敬的各位领导、各位来宾,亲爱的同学们:

大家晚上好!

站在这流光溢彩的舞台上,置身于欢乐的礼堂中,我感到无比的激动,因为在这舞台上,××班 61 个同学,用诗的语言、歌的旋律、舞的美姿,给我们演奏了一台精彩的充满青春气息的晚会,让我们分享了××班"青春聚会"的快乐! 在此,请允许我代表学校,向××班的成功演出表示衷心的祝贺!

"成功的花,人们只惊羡那一瞬,而忘记了它曾经浸透了汗水。"为演好这台晚会,××班的同学很早就在班主任赵老师的带领下收集素材、构思、排练。一个个声乐、舞蹈、语言、器乐节目,从粗糙到成型,到精细,再到今晚的精彩演出,无不凝聚着班主任、指导老师的心血,流淌着同学们的汗水! 在此,让我真诚地道一声:老师、同学,你们辛苦啦!

都说来××幼师读书的学生是一年一个样,三年大变样。看了今晚的演出,也看了楼梯间同学们的美术作品和舞台设计,我感觉到同学们来校,两年就已经大变样了,作为你们的老师、家长,无不感到由衷的高兴!

相逢是首歌,青春是歌的旋律。我希望在未来的路上,用智慧和汗水,谱写一曲最美的青春之歌!

谢谢!

各抒己见

（1）这段点评稿中,哪些语句是在总结评价?

（2）面对演员和观众，以这样的语言来点评，合适吗？说说你的看法。

二是活动书面总结。
【示例】

第十五届"推普周"活动总结

根据教育主管部门要求，我校积极开展了第十五届全国推广普通话宣传周活动。这次活动以校园为阵地，辐射到社会，能广泛宣传推广普通话对于社会主义现代化建设的必要性和迫切性，提高广大师生、群众的语言规范意识和"推普"参与意识，形成说普通话的风气。下面，就我校"推普周"活动情况总结如下。

1. 组织机构：推广普通话活动是一项涉及面广、工作量大、持续时间长的工作，是认真贯彻《国家通用语言文字法》，大力推广普通话的具体体现，也是对课堂教学的有力支撑，我校以"推普周"活动为契机，认真落实普通话成为校园语言的目标，为此我校由校长任组长，主管教学工作的副校长任副组长，各处室、年级班组为成员。机构的健全使得一系列工作能够有序开展，逐层深入，没有出现推普工作的盲点，真正使得语言文字规范化工作深入每个人的心中。全校形成一条线管理，多点配合的管理网络，确保工作能长期坚持，收到实效。

2. 实施环境：为确保推普工作落到实处，我们广泛宣传，大造声势，努力营造推普氛围，印刷了大量的推普宣传材料，除了向教师宣传学习外，还在校内充分利用黑板报、宣传栏、校园广播站，增设永久性"推普"宣传标志，开展青年教师"三笔字""读书"活动比赛，举办了幼师生讲故事比赛，全校师生积极参与推普活动，使学校普通话活动深入人心。

3. 普通话培训：普通话是教师的职业语言，也是对教师的基本要求。培训、提高教师的普通话水平，是"推普"的一项长期工作。我们以省级普通话测试员及部分青年骨干教师为辅导员，以教研组、工会组为基础，以每周星期一下午抽测考核为手段，有计划地强化教师普通话的培训工作，使教师的普通话整体水平有了较大程度的提高。

4. 管理制度：制定制度，量化管理，把"推普"活动同学校的常规管理结合起来，在教职工考核、课堂教学、教学评优等方面都做了明确规定，并严格执行。教师在课堂教学、集体活动中都必须使用普通话，凡不使用普通话的，不得评优。

5. 资料档案：有关普及普通话工作的文件、计划等资料齐全，做到了专人专管。

素养训练

（1）请你根据学校或者班上最近开展的一次活动写一份总结。
（2）请试写一份班级在本学期争创文明班的工作总结。

三是幼师见习总结。
【示例1】

2021届学前教育专业学生见习总结

我校2017、2018级学前教育专业学生为期两周的见习工作现已结束。在本次见习活动中，教务科、年级组给予了高度的重视，科领导、年级主任亲自带队，其他带队老师认真负责，学生也积极配合，在老师、学生的共同努力下，见习工作得以圆满完成。

经过两周的见习实践，2021届学前教育专业学生在见习过程中遵守纪律，虚心好学，充分发挥自已的专业技能。学生的见习表现得到了乡镇及城区各大幼儿园的肯定,中心街、大南街等幼儿园园长对我校2021届学生的专业技能给予了很高的评价,同时也指出了学生在见习过程中还存在的一些不足,并提出了建议。

见习活动结束后,学校、年级、班级组织了学生认真总结,交流经验,并根据自身实际制定学习目标,为成为一名合格的幼师毕业生奠定基础。

【示例2】

2018级1班李××见习总结

见习给了我一次和小学生亲密接触的机会,体验到了当老师的乐趣,和小朋友相处的时间虽然短暂,仅一个星期,却是愉快的,难忘的,他们一副副天真可爱的笑脸和亲切的称呼,让我有一种被尊重、受欢迎的感觉。

见习所在学校不仅规模大,教学设备齐全,学生涉及知识面广,能够自然地、大胆地发表自己的意见和想法,而且课堂纪律非常有秩序,听课时一些老师的教学手法使课堂气氛活跃生动,激发了学生学习的兴趣,在轻松娱乐的状态下掌握知识。

通过这次见习,我知道了作为一名小学教师应有良好的道德修养,良好的精神面貌,谈吐大方得体,对待学生应耐心、友善,学生提出的问题要委婉地回答,建立好师生关系。

小学生爱说爱闹是他们的本性,上课时不仅有好的备课教案,更重要的是要懂得控制课堂纪律,否则就是喊破喉咙也无济于事,所以能让学生在必要时安静地听讲,自己也会觉得有成就感。同时要和学生搞好互动关系,一般小学生都会听话,只要我们有耐心地教导,遇到表现好的多给予表扬,这样会对他们的学习起到事半功倍的效果。

见习期间,我发现我上课时在表达能力上仍欠缺,口才有待不断提高,有时遇到学生怪异的问题不知如何应付,马虎对待。备课教案有些在上课时用不上,完全顺其自然,根据学生情况调整,虽然完整上完了一节课,可是为了调动学生的学习兴趣,在教学过程中加入了游戏,却往往难于控制课堂纪律。

见习让我的思想渐渐成熟,行为收敛了许多,在今后的日子里,我将会继续努力学习,不断改善自己的不足,吸收更多的专业知识,提高自己的认知水平和应变能力,在口语表达方面多下工夫,塑造好一名教师应具备的品质条件。

素养训练

请结合自己的学习生活实际,写一份见习小结。

第二节 简历 自荐信

一、简历

（一）简历的概念

简历，顾名思义，就是对个人学历、经历、特长、爱好及其他有关情况所作的简明扼要的书面介绍。简历是个人形象，包括资历与能力的书面表述，对于求职者而言，是必不可少的一种应用文。

（二）简历内容

简历常常包括政治面貌、性格及身高体重等信息。

一份简历，一般可以分为以下四个部分。

1. 个人基本情况。应列出自己的姓名、性别、年龄、籍贯、政治面貌、学校、系别及专业，婚姻状况、健康状况、身高、爱好与兴趣、家庭住址、电话号码等。

2. 学历情况。应写明曾在某某学校、某某专业或学科学习，以及起止时间，并列出所学主要课程及学习成绩，在学校和班级所担任的职务，在校期间所获得的各种奖励和荣誉。

3. 工作资历情况。若有工作经验，最好详细列明，首先列出最近的资料，后详述曾工作单位、日期、职位、工作性质。

4. 求职意向。求职目标或个人期望的工作职位，表明你通过求职希望得到什么样的工种、职位，以及你的奋斗目标，可以和个人特长等合写在一起。

（三）编辑技巧

个人简历是求职者生活、学习、工作、经历、成绩的概括。写好个人简历非常重要。一份适合职位要求、翔实和打印整齐的简历可以有效地获得与聘用单位面试的机会。一般很少单独寄出，它总是作为自荐信的附件，呈送用人单位。

1. 格式。一般常用的简历格式有两种：一种是按年月顺序，列出自己的学习工作经历；另一种是根据需要有选择地列出自己的学习、工作经历，充分表现自己的技能、品德。对于刚从大学毕业的求职者来说，以采用第一种格式更好。

2. 编辑简历要注意以下十点。

（1）要仔细检查已成文的个人简历，绝对不能出现错别字、语法和标点符号方面的低级错误。最好让文笔好的朋友帮你审查一遍，因为别人比你自己更容易检查出错误。

（2）个人简历最好用 A4 标准复印纸打印，字体最好采用常用的宋体或楷体，尽量不要用花里胡哨的艺术字体和彩色字体，排版要简洁明快，切忌标新立异，排得像广告一样。

（3）要记住你的个人简历必须突出重点，它不是你的个人自传，与你申请的工作无关的事情要尽量不写，而对你申请的工作有意义的经历和经验绝不能漏掉。

（4）要保证你的简历会使招聘者在 30 秒之内即可判断出你的价值，并且决定是否聘用你（简历 200～300 字为可）。

（5）要切记不要仅仅寄你的个人简历给你应聘的公司，附上一封简短的应聘信，会使公司增加对你的好感。否则，你成功的几率将大大降低。

（6）要尽量提供个人简历中提到的业绩和能力的证明资料，并作为附件附在个人简历的后面。一定要记住是复印件，千万不要寄原件给招聘单位，以防丢失。

（7）一定要用积极的语言，切忌用缺乏自信和消极的语言写你的个人简历。最好的方法是在你心情好的时候编写你的个人简历。

（8）个人资料里的联系方式一定要齐全,包括手机号码、宿舍固定电话、暂住或家庭地址、QQ号、E-mail等,方便招聘单位第一时间通知你参加面试或发布面试结果。

（9）简历照片不宜五花八门,应以一至两寸的彩色半身职业近照为佳。男士穿白衬衫、单色领带和黑色西装外套;女士可穿带衣领的白色或浅色衬衫加单色小西装或者外套,以便给人力资源经理一个好的第一印象。

（10）慎重填写薪资要求。事先了解清楚行业内的普遍薪资水平,写得过高或过低均不合适。

3. 如何制作一份完美的简历:

（1）针对性强。写作时最好能先确定求职方向,然后根据招聘企业的特点及职位要求进行量身定制,从而制作出一份针对性较强的简历。

（2）言简意赅。求职者的简历要简单而又有力度,大多数岗位简历的篇幅最好不超过两页,尽量写成一页。

（3）突出重点,强化优势。一是目标要突出,应聘何岗位;二是突出与目标岗位相关的个人优势,包括职业技能与素质及经历,尽量量化工作成果,用数字和案例说话。

（4）格式方便阅读。求职者应根据自身情况进行合理的设计。一份简历只要包含个人基本信息、求职意向、职业技能与素质、职业经历四大部分即可,个人可视具体情况添加。

（5）逻辑清晰,层次分明。注意语言表达技巧、描述要严密,上下内容的衔接要合理,教育及工作经历可采用倒叙的表达方式,重点部分可放在简历最前面。

（6）客观真实。诚信是做人之根本,事业之根基。一个不讲诚信的人,很难在社会上立足。求职者在写简历时一定要做到客观、真实,可根据自身的情况结合求职意向进行纵深挖掘,合理优化,而非夸大其词,弄虚作假。

总之,一份同时具有针对性强、言简意赅、突出重点、强化优势、格式方便阅读、逻辑清晰、层次分明、客观真实的简历可获得更多的面试机会。

素养训练

请你用表格制作一份自己的求职简历,注意体现特色。

二、自荐信

（一）自荐信的含义、作用

自荐信是自我推销采用的一种形式,推荐自己适合担任某项工作或从事某种活动,以便对方接受的一种专用信件。自荐信是给你自己一个机会以最佳的候选人形象去应聘一个具体的职位,招聘者有可能就是你将来的上司。所以,自荐信与你的简历一样重要。

（二）自荐信的主要内容

自荐信最重要的在于它与简历起着不同作用,许多简历中的具体内容不应在自荐信中重复。例如,工作经历,学历或是个人目标。简历告诉别人有关你个人的信息,你的经历和你的技能。而自荐信告诉别人你能为雇佣者做些什么。

（三）自荐信的要求

1. 自我介绍和写自荐信的理由。信的首段要抓住招聘经理的注意力。说明你对公司有兴趣并想担任他们空缺的职位;说明你干的是同一行业,有着同样的工作兴趣,并一直通过新闻了解该公司或者这个行业。

当你要求担任公司空缺职位时,要说得越具体越好,不要只说起工作职位,还应谈谈这个职位的要求。

2. 自我推荐。信的第二部分要简短地叙述自己的才能,特别是这些才能将满足公司的需要。应强调你的才能和经验将会有益于公司的发展。尽可能地少用人称代词"我",要让人感到你想表达的是"我怎样才能帮你"。

3. 制订计划。信的结尾要表明你的下一步计划。不要让招聘者来决定,要自己采取行动。告诉招聘者怎样才能与你联络,打电话或者发 E-mail,但不要坐等电话。语气肯定但要礼貌。

（四）自荐信的写作

1. 写作思路。求职自荐信是毕业生向用人单位自我推荐的书面材料,是毕业生所有求职材料中至为关键的支柱性文件,其写作质量的好坏直接关系到毕业生择业的成功与否。因此,自荐信被称为毕业生求职的"敲门砖"。

自荐信的重点在于"荐",在构思上一定要围绕"为何荐""凭何荐""怎么荐"的思路安排,其格式一般分为标题、称呼、正文、附件和落款五部分。

(1) 标题:标题是自荐信的标志和称谓,要求醒目、简洁、庄雅。要用较大字体在用纸上方标注"自荐信"三个字,显得大方、美观。

(2) 称呼:这是对主送单位或收件人的呼语。如用人单位明确,可直接写上单位名称,前用"尊敬的"加以修饰,后以领导职务或统称"领导"落笔。如单位不明确,则用统称"尊敬的贵单位(公司或学校)领导"领起,最好不要直接冠以最高领导职务,这样容易引起第一读者的反感,反而难达目的。

(3) 正文:正文是自荐信的核心,开语应表示向对方的问候致意。主体部分一般包括简介、自荐目的、条件展示、愿望决心和结语五项内容。

① 简介是自我概要的说明,包括自荐人姓名、性别、民族、年龄、籍贯、政治面貌、文化程度、校系专业、家庭住址、任职情况等要素,要针对自荐目的作简单说明,无须冗长烦琐。

② 自荐目的要写清信息来源、求职意向、承担工作目标等项目,要写得明确具体,但要把握分寸,简明扼要,既不能要求过高又不能模棱两可,给人以自负或自卑的不良印象。

③ 条件展示是自荐信的关键内容,主要应写清自己的才能和特长。要针对所求工作的应知应会去写,充分展示求职的条件,从基本条件和特殊条件两个方面解决凭什么求的问题。基本条件应写清政治表现和学习活动两方面内容。政治表现要从活动和绩效方面写实,如党校学习、参加活动、敬业态度、奉献精神、合作意识等方面,并佐以获奖和资格证书。学习经历要写清主、辅修专业课程及成绩状况,对于英语、计算机和普通话等级的情况也须一一说明,对于为人处世、组织管理、社会调查、实习设计及论文答辩等方面的情况也要略加提及,有特殊技能的也要加以强调,如操作实践、文体书画、写作口才等特长,以展示自己的能力,突出个性特征。

④ 愿望决心部分要表示加盟对方组织的热切愿望,展望单位的美好前景,期望得到认可和接纳,自然恳切,不卑不亢。

⑤ 结语一般在正文之后按书信格式写上祝语或"此致,敬礼""恭候佳音"之类用语。

(4) 附件:自荐信附件主要包括个人简历、证书及文章复制件,需要附录说明的材料也可作为附件一一列出。

(5) 落款:落款处要写上"自荐人×××"的字样,并标注规范体公元纪年和月日。随文处要说明回函的联系方式、邮政编码、地址、信箱号、电话号码等。署名处如打印复制件则要留下空白,由求职人亲自签名,以示郑重和敬意。

自荐信写作虽有一定的自由度,但务必要注意文明礼貌,诚朴雅致,特别要注意突出才艺与专长的个体特征,注意展现经验、业绩和成果,精心设计装帧,讲求格式美观雅致、追求庄重秀美,使其像一只报春的轻燕,飞进千家万户,为你带来佳音。

2. 写作要诀:

(1) 语气自然,语言和句子要简单明了。写信就像说话,语气要正式但不能僵硬;语言要直截了当,句子要生动有力。

(2) 通俗易懂,写作要考虑读者对象的知识背景。切记:不要使用生僻词语、专业术语。

(3) 言简意赅,切忌面面俱到。自荐信应在重点突出、内容完整的前提下,尽可能简明扼要,不要陷入无关紧要的说明。多用短句,每段只表达一个意思。

(4) 具体明确,不要使用模糊、笼统的字眼。多使用实例、数字等具体的说明。

3. 写作窍门:

(1) 突出自己对行业的认识:你对所属行业有没有一些独特见解,或者同行业常遇问题,你的解决方法如何？如果是人人赞好的,不妨在信中透露端倪,令雇主非见你详加查问不可。

(2) 列出可为公司带来的利益:带出聘用我将为公司带来无穷好处的中心思想,具体的方法是列出过往功绩,最好是职业优势或成绩贡献等。

(3) 满足雇主的自我中心:写自荐信,必会注明收信人姓名职衔。如果是认识的人,可揣摸其性格,写上一两句赞美的话。

(4) 表现自己对公司、工作的兴趣:毛遂自荐,最有力的解释就是对这家公司深感兴趣,充分表现出你对相关工作的热诚,才会释去雇主的狐疑,放心见你。

【示例1】

一个幼师生的自荐信

尊敬的校领导:

您好！ 首先感谢您在百忙之中浏览我的自荐信。

我是××学校的毕业生,怀着对贵校的尊重与向往,我真挚地写了这封自荐信,向您展示一个完全真实与自信的我,希望贵校能接纳我成为其中的一员。

从小我就十分崇拜教师这个称谓。随着年龄的增长、认识的提高,我更坚定了要做一名优秀的人民教师的志向。经历了三年的幼师生活后,坚定了自信、自强、勤奋、谦虚的人生信条。现在面对新的机遇和挑战,我更坚定了自己的选择。

我十分珍惜在校的学习时间,严格要求自己,积极参加实践活动,不断从各方面完善自己、提升自己,每个学期都以较优异的成绩完成规定专业科课程的学习,同时也具备了扎实的"弹、唱、画、跳、讲、写、做、演"的专业技能和与幼儿交流沟通的能力。良好的教师素质,亲切、大方的教态,认真负责的态度,善于创新的工作方式,让我对未来的幼儿教育生活充满了信心。

步入21世纪,竞争会越来越激烈,大批毕业生将接受社会严格的挑选。作为一位热爱幼儿教育的青年,我渴望成为幼教战线上的一名新教师。"海阔凭鱼跃,天高任鸟飞"。我相信,在您的领导下,有前辈与同仁的鼓励和帮助,我即便做得不是最好,但一定会是最努力的。希望您能给我一次展现自我的机会,能让我成为贵校的一员。

此致

敬礼!

自荐人:×××

×年×月×日

【示例2】

一个大学生的自荐信

尊敬的领导：

　　您好！

　　首先感谢您在百忙之中垂阅我的自荐信，为一位满腔热情的大学生开启一扇希望之门，给我一个迈向成功的机会。

　　我是××大学管理学院市场营销专业2018级的一名学生，在大学4年里，我已经学会了一定的销售专业知识。在校期间主要学习助理营销师、市场营销学、国际市场营销、物流管理、渠道管理、海关商品学、零售学、营销策划与调研、企业战略管理、消费行为学、网络营销、客户关系管理、公共关系、现代促销学、商务谈判、国际贸易、商务礼仪、广告学、西方经济学、管理学等，并已考取了助理营销师证。在计算机方面，我已考取全国计算机二级证书，能熟练使用Word、Excel等Microsoft Office办公软件。同时，我利用课余时间广泛地涉猎了大量书籍，不但充实了自己，也培养了自己多方面的技能。作为一名学市场营销专业的大学生，我热爱我的专业，期待着实际的工作考验。

　　作为一名初出校门走向社会的学生，我认为我最缺乏的是丰富的社会实践和工作经验，这或许让您犹豫不决，但我有着青年人的热情和赤诚，有着兢兢业业的工作态度和集体合作精神，真心希望贵公司能给我一个机会，我愿与贵公司同甘共苦，共创未来！"长风破浪会有时，直挂云帆济沧海"，在机遇与挑战并存的新世纪，我有信心凭自己的能力为贵公司的事业添一份力量，希望贵公司可以成为那个可以实现自我价值的大舞台，也希望为我自己赢得一片天空。

　　过去并不代表未来，勤奋才是真实的内涵，在求学之路中养成积极乐观，进取的品质和满腔的热情，使我有信心能很快胜任自己的本职工作，并且在实际中不断学习，不断完善自己。我坚信真诚＋勤奋可以创造奇迹。

　　千里马因伯乐而驰骋，我需要您的赏识和认可，如果您能给我一个机会，我会更加严格要求自己，以全新的面貌迎接辉煌的明天。

　　随信附上我的个人求职简历，再次感谢您在百忙之中一阅，并衷心祝愿贵单位蓬勃发展，蒸蒸日上！静候您的佳音！

　　此致

敬礼！

自荐人：×××

×年×月×日

素养训练

1. 下面是某学生给校园文学社的一封应聘信的主要内容，你看看有几处用得不对，请找出来加以修改。

　　校园文学社是同学们自己的社团，举办活动很有意义，主办刊物丰富多彩，深受同学们喜爱。作为一名学生，我决定加入贵社。本人对文学有造诣，读初中时曾在学校刊物上发表过几篇作品。贵社若接受我的申请，将是贵社的荣耀，我会积极参与贵社组织的各项活动，多投稿，多投大作的，请批准我的请求。

2. 写一封自荐信，注意展示自己的优势、特长及个性。

第三节　家园联系册　评语

一、家园联系册

（一）家园联系册的概念

家园联系册采用书面的方式与家长进行联系,向他们报告儿童各方面各阶段的情况,征求他们的意见、见解,共同探讨、分享育儿的方法、经验等。

幼儿园的家园联系册是幼儿园和家庭之间的桥梁,幼儿在幼儿园的表现情况,老师会在联系册上填写清楚。孩子在家的情况就需要家长填写清楚反馈给老师,以便老师根据各个孩子的情况进行有针对性的教育,家园配合共同教育孩子。

（二）家园联系册的填写

1. 抓住孩子的特点,有针对性地与家长交流。家园联系册是就某一个孩子的教育问题与家长进行交流,因此,教师必须抓准孩子的个性特点,有针对性地与家长交流,让家长一看便知道教师在关注他的孩子,从而与教师产生共鸣,乐意拿起笔与教师交流。

2. 针对不同类型的家庭、家长,讲究交流艺术。对家庭经济条件比较好、父母文化素养比较高、对孩子的期望也比较高的,教师要引导家长树立正确的人才观、儿童观和教育观,准确地找出孩子的长处和不足,给孩子适当的指导与帮助;对祖孙三代同堂,孩子被溺爱的,教师要把工作的重点放在孩子的父母身上,引导他们既要体谅祖辈对孙辈的疼爱之情,又要耐心做好老人的工作;对文化水平不高、生活不宽裕、对孩子的教育放任自由的,教师在写家园联系册时文字要通俗,语气要亲切、自然,必要时可以在家长接送孩子的时候进行简短的交谈,就怎么写家园联系册给予具体的指导。

3. 多报"长处"少揭"短"。在家园联系册上,要多向家长汇报孩子的长处,少批评孩子的不足。要努力寻找孩子的闪光点,充满热情地唤起家长对孩子的教育意识和培养信心。

4. 给予具体的指导和帮助。教师对于家长经常提到的问题,要认真加以分析,将其共性和个性的问题区分开来,然后可以选择与此有关的文章或专家的一些观点,抄写或复印下来,共性的问题贴在班上"家长园地"中,个性的问题贴在相关的家园联系册上。必要时,还可谈谈自己的看法,与家长进行探讨。

此外,教师写家园联系册时要把家长视为教育合作伙伴,真诚地与家长交流,要让家长从字里行间看出这种感情,切忌居高临下,自命不凡。

【示例】

××家长:

您好!

祺祺是一个非常聪明、活泼、可爱的小朋友,我们老师都十分喜爱她! 每天早上来时,她都会哭一会,只要你跟她讲道理,她就不哭了,这点是非常好的! 她的自理能力比较强,每次解小便都是自己穿、脱裤子,吃饭也是自己吃。她每天和小朋友玩得很开心,所以请家长不用担心。

2021 年 3 月 23 日

分析: 这段填写在家园联系册上的话,字里行间感觉老师是很有针对性地观察了祺祺这个孩子,她早上会哭、听大人讲道理、自理能力较强等都总结出来了,真实地反映了祺祺在幼儿园的生活表现情况,让家长看了很舒心。

各抒己见

下面是幼儿园张老师给孩子画画写在家园联系册上的话语,细细阅读后,请你说说张老师对画画的表现在哪些方面写得好。

2020年10月在园表现

进步表现：画画对老师有礼貌，愿意向老师表达自己的愿望和想法，能在上课时回答老师提出的问题，反应很快，接受能力、语言表达能力都很强！

在园趣事：画画模仿能力强，老师做的动作，他也能跟着做，虽然有时做得不到位，精神可嘉，赞一个！

11月在园表现

进步表现：乐意参加各项活动，情绪较稳定，尽量做到不挑食，吃完自己的一份饭菜，有困难会主动请老师帮助，能大方地和同伴分享食物，愿意表达自己的想法，有进步，请保持哦！

在园趣事：老师问画画问题的时候，开始回答都会说："嗯，嗯。"

12月在园表现

进步表现：情绪稳定，乐意参加各项活动，愿意亲近老师和小朋友，愿意表达自己的愿望，有困难时会主动请老师帮助，并说"谢谢"，真是个有礼貌的宝宝！

在园趣事：画画很机灵，有一次老师说："画画晚上回老师家吧，老师烧什么菜给你吃呢？"画画一连说了很多菜名。老师又问："画画给老师当儿子好不好？"画画说："好。"老师接着逗他："那你该叫我什么呢？"画画老实说："张老师！"老师摇头说："不对不对，再想想！"画画眼珠转转，然后说："叫妈妈！"老师可高兴了。打那以后，画画常叫老师："张老师妈妈！"

2021年3月在园表现

进步表现：愿意亲近老师和同伴，在集体面前能大胆回答老师提出的问题，喜欢参加游戏活动，动作协调性有进步，学会跳了，真能干！

在园趣事：搭积木，搭了一架大飞机，又变成了两架小飞机，边玩边搭，还不停地告诉老师自己搭的是什么，最后让飞机变成了火箭，还说变成了宇宙飞船呢，真聪明！

二、评语

评语是对学生一学期终极性的评价，是班主任工作的一项重要内容，也是一种教育手段。一份好的评语，应该能反映学生的个性特点，充分肯定学生，鼓励学生，又能适当指出缺点，使家长了解到子女的情况，有效地配合学校教育。

(一) 评语的写作要求

一是平时注意积累、收集学生的个人素材。

积累、收集学生的个人素材，掌握学生的第一手资料，这是写好评语的重要前提。那么，怎样才能积累、收集学生的个人素材呢？

注意细心观察，积累学生的闪光点，为日后写评语准备素材。如班上有个体育生，平时非常不遵守纪律，简直让人伤透脑筋。但运动会上，他却坚持带伤参加，为班上拿了几个第一名。可在他的评语中写道："你的集体荣誉感让人感动，你——好样的！"

二是多听取各方面的意见，尽量使素材充实丰富，全面中肯。

班主任一个人所掌握的资料未必全面。为此，就必须向任课老师了解学生情况，充实你的素材。也可以让学生先自我评价，再让班委评价，以充实写作素材。

三是写作评语时，语言应该亲切，写成"知心话"。

评语，往往倾向于"评"，过多的训导，会让学生反感，难以接受。若把评语换成"知心话"，情况则会大有改观。"知心话"讲究心灵的沟通，是师生间一种无声的交流方式，更具人性化，更易乐于接受。

（二）评语写作的注意事项

1. 实事求是，客观公正。既要肯定进步，也要恰当指出缺点，并诚恳提出要求和希望。

2. 能反映学生的个性特点。有的学生成绩一般但思维敏捷，回答问题有独到见解；有的不善言辞，但却默默为集体做好事等。对后进生，更要抓住他们微小的进步，给予肯定，唤起他们的自尊心。

3. 语言简洁明确，有分寸。评语要求言简意赅，恰如其人，明确清楚，把握分寸。

【示例】

片段一：

你聪明伶俐，活泼可爱，你那一张张彩照多漂亮呀！老师还特别爱听你唱歌。但为什么你的学习却和你的外表、歌声有那么大差异呢？下学期，老师希望看到你的成绩能像你唱歌和舞蹈一样那么优秀。学习认真，上课积极发言，有时对问题有独到见解。工作主动、热情，办事利索，能出色完成工作任务。热爱劳动，尊敬师长，团结同学。今后要积极参加体育锻炼，做一个德、智、体全面发展的好学生。

片段二：

当你一次次主动地帮助同学打扫教室时，当你为一道难题凝神沉思时，当你单薄的身体奔跑在运动场上时，当你弯腰拾起地上的纸屑时……作为老师的我，是多么的高兴！我为你的热心、勤奋和勇敢而高兴！如果你能够抓紧时间，精力集中，踏实认真，那么，我想目前你的成绩不会如此不尽如人意的，因为你有一定的飞跃的基础。所剩余的学习时间不多了，衷心希望你在下学年能够尽力往前赶，别让今天的失误变为永久的懊悔。

各抒己见

请你分析下列每则评语中的优点与不足。

1. 不知不觉中，你已经成了同学们心目中的小榜样了。无论学习还是纪律，你都做得那么好！一分耕耘就有一分收获。作业本上的"优"和一次次高分的试卷就是对你最好的回报。而且作为班级的中队长，每当老师不在时，你就俨然是一位小老师的模样，站在前面管理班级的纪律。好孩子，在完成老师布置的任务后，多培养一下自己的创新能力，争取更大的进步。建议你平时多观察、多思考、多看书，那样你不仅能拓宽知识面，还能写出好日记。

2. 你热爱劳动，每次扫除，都尽心尽力。你很有礼貌，举止文明，从没听见你大声叫嚷。你关心集体，愿意为同学服务，做"服务小队"队员工作认真负责，不怕脏，不怕累。这一切无不昭示着你这学期的进步。假如课前你能够认真预习，课堂上不再"沉默寡言"，课后及时复习，那老师相信，总有一天你这棵小树苗也会长成参天大树。孩子，再加把劲，一分耕耘，就会有一分收获！

3. 无论做什么事，你都很努力。努力，定会有进步。学习上，你认真听好每一节课，积极发言，认真书写作业，课后及时主动复习。各项活动，你都积极参加，认真对待，努力使自己表现更出色。你把班集体当作自己的家，班级的事总挂在心上，为大家分发报刊毫无怨言，让老师很是感激。孩子，加把劲儿，向着一个更高的目标不断努力！

4. 喜欢赛场上你那飒爽的英姿，拼搏的勇气；喜欢你那一篇篇精彩的文章，细腻的文笔；喜欢你不再沉默不语，而是一次次高举起自己的手臂……作为班长，你已经是同学们学习的榜样。你不仅很好地完成了老师交给的任务,而且能抽出时间帮助其他同学,表现出了很好的精神风貌。尤其老师不在时,你就俨然是一位小老师的模样,站在前面管理班级的纪律。希望你今后在工作中能再大胆些,发言方面再主动些,向着一个更高的目标不断努力!

素养训练

1. 指导家长填写家园联系册,引导孩子健康活泼地成长。
2. 进入幼儿园见习,观察一个孩子后,写一段观察评语。

思考讨论

1. 我们在写求职自荐信时,会遇到的问题主要是什么?
2. 怎样训练"蹲下身子同幼儿确认眼神的能力"?

第六章
实 用 文 体

内容提示

实用文体是生活中的精短武器,它常被用来弘扬主旋律,讴歌真善美,抒发真性情。本章介绍了活跃于各种媒体的颁奖词和演讲稿两种文体。前者短小精悍,概括性极强;后者亦长亦短,亦庄亦谐,使用频率高。两者均属短平快文体,深得人们喜爱。

素养目标

1. 读一读,背一背经典例文,感悟其语言的精美和思想的深刻。
2. 把握颁奖词、演讲稿的文体特点,练一练,写一写。

第一节　颁 奖 词

生活中让我们感动的东西太多,无论是刚正不阿的执法者,利国利民的奉献者,倡导改革开放、与时俱进的开拓者,还是关爱弱势群体、舍生取义的时代精英,默默奉献、不计个人荣辱的凡夫俗子,都不断撞击着我们的心田。颁奖词就是以特有的语言形式,向这个世界上无数需要帮助的人讲述真情,传递关爱,唱响生命的赞歌,向无数奋斗者传递执着的追求和坚定的信念。

经典素材

片段一: 给用生命托起战机的航空英模罗阳:

如果你没有离开,依然会,带吴钩,巡万里关山。多希望你只是小憩,醉一下再挑灯看剑,梦一回再吹角连营。你听到了么? 那战机的呼啸,没有悲伤,是为你而奏响!

片段二: 给为核事业奉献了一生的科学家林俊德:

大漠,烽烟,马兰。平沙莽莽黄入天,英雄埋名五十年。剑河风急云片阔,将军金甲夜不脱。战士自有战士的告别,你永远不会倒下!

片段三: 给为南海气象做出卓越贡献的工程师李文波:

二十年坚守,你站成了一块礁石,任凭风吹浪打。却只能愧对青丝白发。你也有梦,可更知肩上的责任比天大。你的心中自有一片海,在那里,祖国的风帆从不曾落下。

196

片段四： 给一代国学大师季羡林：

智者乐，仁者寿，长者随心所欲。曾经的红衣少年，如今的白发先生。留得十年寒窗苦，牛棚杂忆密辛多。心有良知璞玉，笔下道德文章。一介布衣，言有物，行有格，贫贱不移，宠辱不惊。

片段五： 给香港超级富豪霍英东：

生于忧患，以自强不息成就人生传奇。逝于安乐，用赤诚赢得生前身后名。他有这样的财富观：民族大义高于金钱，赤子之心胜于财富。他有这样的境界：达则兼济天下。

片段六： 给中国航天事业奠基人、两弹一星专家钱学森：

千宇宙，浩瀚长空，全纳入赤子心胸。惊世两弹冲霄一星，尽凝铸中华豪情，霜鬓不坠青云志。寿至期颐回首望去，只付默默一笑中。在他心里，国为重，家为轻，科学最重，名利最轻。

五年归国路，十年两弹成。开创祖国航天，他是先行人，披荆斩棘，把智慧锻造成阶梯，留给后来的攀登者。他是知识的宝藏，是科学的旗帜，是中华民族知识分子的典范。

片段七： 给北京奥运会开幕式张艺谋团队：

长卷舒展，活字跳跃；圣火激荡，情感喷放。他们用人类共通的语言，让五千年文明跃然呈现，那一夜，中国惊艳世界。

以上所选是近年来公众传媒所关注的内容。它们围绕主题，奖掖先进，树立正气，彰显时代精神风貌。文字简约、精美，堪称典范。

一、颁奖词的含义特点

（一）颁奖词的含义

颁奖词是对受表彰的公众人物颁发奖项时由颁奖活动主持人宣读的致词，围绕一个主题，对获奖对象的事迹所作的一种奖励性概括评价的礼仪文稿。因此，它既要让听众了解获奖对象的事迹及其独特的人格魅力，又要实现其宣传教育目的。

（二）颁奖词主要特点

1. 情感真挚，感人肺腑。

2. 事迹高度概括。对人物事迹的评价有深度，赞誉有高度，能把握人物的精神内核，并上升到一定的思想高度。

3. 语言凝练生动。颁奖词非常精练简洁。寥寥数语，活现人物的风采。

二、颁奖词的写法

1. 大处着眼，简要勾勒人物最感人事迹。

如感动中国 2004 年度人物获奖者任长霞的颁奖词：

她是中原大地上的又一个女英雄。扫恶打黑，除暴安良，她铁面无私；嘘寒问暖，扶危济困，她柔肠百转。十里长街，白花胜雪，挽幛如云，那是流动在百姓心中的丰碑！一个弱女子能赢得百姓的爱戴，是因为，在她的心里有对百姓最虔诚的尊重！

2. 深度把握，彰显人物的精神。这是颁奖词写作的重点，也是难点。

如 2019 年给排雷英雄杜富国的颁奖词：

你退后，让我来！六个字铁骨铮铮，以血肉挡住危险，哪怕自己坠入深渊。无法还给妈妈一个拥抱，无法再见妻子明媚的笑脸，战友们拉着手蹚过雷场。你听，那嘹亮的军歌是对英雄的礼赞！

3. 善用短句，文笔优美，风格刚柔并济，抒情、描写、议论各有侧重，有的还恰当引用了一些诗词歌赋名句,尺幅之间,流光溢彩,读来朗朗上口,给人以美的享受。

如感动中国 2007 年度人物获奖者,被誉为"湖南的张海迪""中国的海伦·凯勒"李丽的颁奖词:

残疾打不垮、贫困磨不坏、灾难撞不倒,坚强和她的生命一起成长。身体被命运抛弃,心灵却唱出强者的歌。五年时间,温暖八万个冰冷的心灵,接受、回报、延伸,她用轮椅为爱心画出最美的轨迹。

4. 善用数字说话。巧妙地用数字将人物事迹的高度凸显。

如给北斗三号导航卫星首席总设计师谢军的颁奖词:

滴答,滴答,中国在等待你的回答。你的夜晚更长,你的星星更多,你把时间无限细分,你让速度不断压缩。三年一腾飞,十年一跨越。当第五十五颗吉星升上太空,北斗,照亮中国人的梦。

各抒己见

1. 读一读下面的颁奖词,请简要分析其特点。

12 年前的一次义演改变了丛飞的人生,从此他热心公益事业,为社会公益演出 400 多场,义工服务时间 6 000 多小时,无私捐助失学儿童和残疾人达 146 人,认养孤儿 37 人,捐助金额超过 300 万元。但丛飞的家俭朴得令人难以置信。去年,丛飞罹患胃癌晚期,而他却把大家捐给他治病的钱拿出 2 万元捎往贵州省织金县贫困山区。

颁奖词: 从看到失学儿童的第一眼,到被死神眷顾之前,他把所有时间都给了那些需要帮助的孩子,没有丝毫保留,甚至不惜向生命借贷。他曾经用舞台构筑课堂,用歌声点亮希望,今天,他的歌喉也许不如往昔嘹亮,却赢得了最饱含敬意的喝彩。

2. 读下面这段材料和颁奖词,谈谈你的感受。

40 岁的阿里木 10 年前来到贵州省毕节市,以烤羊肉串为生。毕节有不少穷孩子上不起学,阿里木便决定用烤羊肉串挣来的钱资助贫困学生。8 年来,阿里木卖出 30 多万串羊肉串攒下的 10 多万元钱,全部捐献出来资助了上百名贫困学生。很多网友被他的故事所感动,亲切地称他为"烤羊肉串的慈善家"。

颁奖词: 快乐的巴郎,在烟火缭绕的街市上,大声放歌。苦难没有冷了他的热心,声誉不能改变他的信念。一个人最朴素的恻隐,在人群中激荡起向善的涟漪。

心灵感言

随着社会的文明进步,许多媒体每年都要举办各类人物评选活动,致颁奖词是其不可缺少的环节。当阅读、聆听获奖者感人的事迹或者体验他们催人泪下的故事的时候,我们油然而生自豪感、使命感。

素养训练

1. 阅读下面这则材料,拟写一段颁奖词。

甘洛县乌史大桥乡二坪村是凉山北部峡谷绝壁上的彝寨,海拔 2 800 米,进出极为艰难,村民一年难得下绝壁一次。从汉族地区来的李桂林、陆建芬夫妻扎根这里 18 年,把知识的种子播种在彝寨。

18 年如一日,李桂林、陆建芬夫妇教书育人,培养了 6 届共 149 名学生。陆建芬现在还是代课老师,1 个月的工资才 230 元。夫妇俩第一次来到北京,连照相机也没有。是他们,为偏远山区的教育事业撑起了一片蓝天。

2. 阅读感动中国 2013 年度十大人物之一广西桂林小学 12 岁女孩何玥的事迹,为她拟一则颁奖词。

何玥,女,12 岁,广西桂林人,小学生。2012 年 4 月,何玥即将小学毕业,却被查出患有高度恶性小脑胶质瘤,住院进行了第一次手术。9 月初,病情突然复发二次入院,肿瘤已扩散至脑部组织。当听说自己的生命只剩三个月时,她决定将自己的器官捐献给需要的人。9 月中旬,爸爸从广东打工回来,她第一句话就说:"爸爸,我想把自己的器官捐出去,行不行?"她说,她只剩下三个月的生命,她希望能尽自己的能力给别人生的希望。由于是何玥最后的心愿,爸爸妈妈奶奶叔叔婶婶最终同意了孩子的想法,决定帮助她完成遗愿。

11 月 17 日凌晨 0 点 10 分,小何玥在医院里走完了自己短短 12 年的生命历程。凌晨 4 点,她的两个肾和一个肝被送到解放军第 181 医院捐给了三个人。

相关链接

历代人物颁奖词选录

1. 把酒东篱:陶渊明

他来了,带来了一阵阵菊香,带来了与自然相合的阔达心境。面对官阙,他选择了归园,选择了自然的那份恬适。他追求的是"采菊东篱下,悠然见南山"的生活,他有着"阡陌交通,落英缤纷"的理想;他绽放了压在心底的那份"自然"。他的丰碑永远树立在田园郊野之上。

2. 不朽的行者:屈原

当黎明还黝黑时,他就触着光亮而长吟。上下求索,踽踽独行。他使一条不屈的生命得到了高度的提升,他使一个站立的灵魂得到了不朽的诠释。

3. 两朝开济老臣心:诸葛亮

一颗忠心,两朝元老,三顾茅庐而三分天下,五丈原头,八卦阵中,六出祁山而七擒孟获。赤胆忠心,足智多谋,助他人之霸业,成自己之威名。出师未捷身先死,长使英雄泪满襟。

4. 狂放不羁酒中仙:李白

一星升起,他灿烂的是整个盛唐星空。他飘逸,欲上青天揽明月;他自信,天生我材必有用;他狂放,我辈岂是蓬蒿人! 他用酒涤荡自己的秉性,用诗放牧自己的灵魂!

5. 留得清高照尘寰:李清照

纵观古今,唯有你是真正氤氲在水墨之间的婉约女子,柔情似水,盈盈一掬。但是,你那看似浅浅的豪气也在柔弱中发酵壮大,令世人更增一份敬仰。

6. 笔尖上的舞者:鲁迅

一个漫长的拯救,一段思想的斗争。一双眼看透世态炎凉,一支笔写尽悲情苦难,一身青袍衬出他的颀长傲骨,嘴角的烟斗,悠悠冒出的丝丝缕缕,让沉默不再是沉默。

7. 一代才女:张爱玲

十里洋场的意乱神迷中,清醒着一处清幽,她是一枝气质媚人的蕙兰。她用敏感的笔触,红色的激情,喷涌出闺阁的意味、洋房的欲望,抒写了一个个淋漓的灵魂后,乘着它们渐行渐远,暗洒一路幽香,任由裙裾飞扬。

8. 冰心一片在玉壶:冰心

她的名字亲切、优雅,她的文笔朦胧、潇洒。她那圣洁的言辞像母亲的手抚慰着每个读者的心房,她是天地间最美的兰朵!

第二节 演 讲 稿

我们的时代是奋斗者的天堂,生活需要激情,学业渴望进步,操守更需不断砥砺。演讲稿这种特殊的文学形式,便处处显示出它的灵活,它的独到。或叙述,或抒情,或议论,或多种形式结合,弘扬时代主题,抒发生活真谛,褒扬臧否,入木三分。

经典素材

片段一

奏响三尺讲台的美丽乐章

亲爱的老师、各位师兄、师姐：

大家上午好！

又是一年长空鸣雁,又是一年柳絮飞扬,又是一年霜风雨雪,又是一年桃李飘香。在这美好的日子里,天高云淡,金风送爽。秋天不仅有收获的幸福,更意味着耕耘的甜蜜;不仅有饱满的果实,更意味着深情的祝福。今天,在这里,我以不同于前二十几年的身份,向大家讲述我初为人师的感受。

当我第一次以教师的身份踏进一中时,我的心情是多么激动,多么自豪！然而,俗话说得好：醉后方知酒味浓,为师方知为师难。当教学的担子沉沉地压在我肩头的时候,当教育的烦琐深深地困扰着我的时候,我才真正体验到了教师平凡生活的滋味,体验到了其中的艰辛和压力。不当老师,不知道当老师的辛苦。以前,只知道老师不过每天上两节课、批几本作业而已。谁想到,两节课的背后,是无休无止的备课、查资料、做练习。夜深人静时,整个城市伴随着人们的美梦而静谧下来,但我还在为教学中的问题苦苦思索着。因为经验不足,很多意想不到的事情也会让我手忙脚乱,这对我这样一个刚刚完成学生到教师这个角色转换的人来说,无疑是一种挫折。可当我静下心来仔细思考,我开始明白,其实少年天性,本无执着,若方若圆,是在教者。每个学生都是一个新的世界,都有丰富而脆弱的心灵,都有哪怕是稍纵即逝的闪光点。有时,教师一个鼓励的眼神,一句赞美的言语,一个会意的微笑,一次耐心的辅导,比起一味地灌输传授更加让学生怦然心动。"一切为了孩子,为了孩子的一切,为了一切孩子",以前这句话在我眼里只是一句口号,如今却成了我的座右铭。我终于明白满树的花朵只源于春天的一粒种子。

幸福是春天,因为它拥有了新生;幸福是秋天,因为它已满收获;而我要说：幸福是付出,因为在我付出后我可以满载一船星辉回家。我为我是繁花似锦的教育百花中的一朵小花而骄傲;我为我是人才辈出的教育战线上的一名小兵而自豪。我的生命之花在这片土壤中绽放,拥有这片天空,是我最大的幸福。我幸福,我是光荣的人民教师！

冰心说过："情在左,爱在右,走在生命的两旁,随时撒种,随时开。"这种爱是教育的桥梁,是教育的推动力,是学生转变的催化剂,我试图以平等的尊重和真诚的爱心去打开每个学生的心门,因为我知道,每一扇门的后面,都是一个不可估量的宇宙,每一扇门的开启,都是一个无法预测的未来。在我眼里,每个学生都是一座宝藏,而我就是发掘宝藏的人;每个学生都是含苞的花蕾,而我就是辛勤的园丁;每个学生都是千里马,而我就是那慧眼的伯乐。我深知我的一举一动会给学生带来不同程度的影响,甚至影响学生的一生！所以,我努力做到智高为师,德正为范,智高德正,为人师表。我不仅将知识在课堂上传授给学生,更在课堂之下教他们做人的道理。我的教学生涯才刚刚开始,我的教学道路还很漫长,今后,我要更加努力工作,更新教育思想,掌握现代教育手段,努力提高教育质量,用心血点燃希望,用行动实现理想,为国家为社会培养栋梁之材。我将努力突破传统的课堂模式,不断注入活水,使教学常教常新,继续用自己的爱去培育学生,用爱去熔铸师魂!

因为有了教师的付出,孩子们才能由幼稚走向成熟,从娇枝嫩叶茁壮成长为祖国的栋梁之材,这样,哪怕付出了青春,又何须后悔? 生活或许是单调的、枯燥的,身体或许是疲惫的、虚弱的,但我一定是幸福的,一定是值得骄傲的。我骄傲,我是光荣的人民教师!

三尺讲台凝聚着我的梦想,任前方荆棘丛生我将持之以恒。茫茫学海中,我要做勇敢的水手,乘风破浪、共赴前程。青春的脚步如行云流水,我要把握生命中的每一天,向着理想的彼岸前行。当我抛弃了迷茫,把握了航向,当我不断地努力,不懈地摇桨,三尺讲台的美丽乐章终将奏响。

片段二

换位思考　常怀感恩

同是一朵美丽的鲜花,诗人龚自珍发出了"落红不是无情物,化作春泥更护花"的感慨;多愁善感的林黛玉却唱出了"花谢花飞飞满天,红消香断有谁怜"的感伤;皓月当空,诗人张若虚会吟"江畔何人初见月,江月何年初照人"的思索;而诗仙李白则感叹"床前明月光,疑是地上霜"的乡愁……是啊! 一朵花,一轮月的际遇尚且如此,更何况我们这些情感复杂的人呢?

曾几何时,我们年少轻狂;曾几何时,我们意气风发;曾几何时,尼采以太阳自诩,而我们也甚至认为自己就是整个世界! 心中有太多的自我,太少的理解和尊重;有太多的自私,太少的宽容与感恩。

面对繁重的课业负担,我们会抱怨学校开设课程的不公,会埋怨老师给我们的压力太大,抱怨着父母对我们意愿的不满足……与同学之间有了矛盾,记得的却是争吵时留给彼此的谩骂和诋毁! 与同学有了争执,固执的是自己的观点,这一切的一切,只因我们心中有了太多的狭隘。可当我们慢慢回味时,才发现生活原本不应该如此。学会忘记别人的不是,勿用一叶遮蔽泰山而狭窄自己的胸襟!

随着年龄的增长,当我们用日渐成熟的眼光去看待问题时,我们会为学校严谨的治学态度而感动,会为父母寄予我们的良苦用心而动容;当看着父母日渐苍老的容颜时,我们也会为自己曾经的无知和蛮横而暗自落泪……

其实,生活本身就是相互关联的,人应该学会站在对方去思考问题,可惜我们大多已经习惯从自己的角度出发去思考问题。学会换位思考,当你遇到错误与挫折时,或许他们就是你下一次成功的起点;学会尊重与宽容,当你与同学、朋友之间有了矛盾时,想想昔日在逆境中他对你的一次伸手;困难时,给你的那个鼓励的微笑。或许此刻,他的心也同样在内疚和自责。

换一个角度思考问题吧! 化消极埋怨为感动的力量。让我们常忆那些曾和我们同为不能回家而痛哭的同学们,而忘记那次不愉快的争吵;记住为熟练一首曲子,完成一个优美的动作时的欢呼雀跃,而不再留恋过程的艰辛与烦躁。

学会换位思考,你将重新了解的师长;学会尊重,你将重新认识你的朋友;学会宽容,当你将心比心时,你就会更加理解你的老师,更加善待自己的父母。是常常的换位思考,让我们明白:或许这次的低头就是下次成功的昂首!

同学们,当你有了龚定庵的感慨,便不会觉得落花是一种伤怀;当你有了张若虚的胸襟,便不会再有太白的无奈。换个角度思考吧! 多一分微笑和理解,多一分宽容与感恩。

同学们,让我们都学会换位思考,用一颗感恩的心去架起你我之间的那道友谊的虹桥!

(余葭葭)

以上两篇贴近现实生活的演讲稿,反映生活的丰富精彩和思想上的丰厚收获,它们或宣讲鼓动,或抒情议论,文采飞扬,感情充沛,实战性、示范性极强,值得同学们品味学习。

开启解读

一、演讲稿的含义

演讲稿也叫演说辞，它是在较为隆重的仪式上和某些公众场所发表个人观点、见解和主张的讲话文稿。它有宣传、鼓动、教育和欣赏等作用，以激起听众感情上的共鸣。

二、演讲稿的特点

1. 具有针对性。演讲是一种社会活动，是用于公众场合的宣传形式。它以思想、感情、理论和事实来晓谕听众，打动听众，征服群众。写作时要根据不同场合和不同对象，为听众拟定不同的演讲内容。

2. 具有可讲性。演讲以"讲"为主、以"演"为辅。一篇好的演讲稿对演讲者来说要可讲；对听讲者来说应好听，力求做到"上口入耳"。

3. 具有鼓动性。演讲是一门艺术。好的演讲自有一种激发听众情绪、赢得好感的鼓动性。要做到这一点，首要的是演讲稿的思想内容要丰富、深刻，有独到之处，其次是语言表达要形象、生动，富有感染力。

4. 具有整体性。演讲稿是演讲的文字底稿，是整个演讲活动的一个组成部分。演讲主体、听众对象、特定的时空环境，共同构成了演讲活动的整体。演讲时要综合处理这些因素，以达到最佳的传播效果。

5. 具有口语性。口语性是演讲稿区别于其他书面文章的重要方面。演讲稿有较多的即兴发挥，讲者讲起来通达流利，听众听起来非常顺畅，没有什么语言障碍，不让人产生曲解。

6. 具有临场性。演讲活动是演讲者与听众面对面的一种交流和沟通。听众对演讲内容会及时作出反应，演讲者在保证内容完整的前提下，要注意观察听众反响，并及时应对。

三、演讲稿的写作

（一）认真确定讲题

1. 根据演讲目的要求来确立讲题。所谓讲题，就是演讲的中心话题。演讲者总是根据演讲的目的要求来确定选题，同时还要针对现实中最新鲜的现象和听众最关心的问题发表见解和看法。

2. 根据演讲主题与听众对象来选择材料。材料是演讲稿的血肉。首先要围绕主题筛选材料。力求选取能支撑、支持、表现主题的新颖、典型、鲜活的理论与事实材料，做到材料与观点的统一。同时还要考虑听众对内容材料的兴趣和理解力。

（二）精心安排结构

不同类型、不同内容的演讲稿，其结构方式也各不相同，但结构的基本形态都是由开头、主体、结尾三部分构成。各部分的具体要求如下。

1. 开头要先声夺人，富有吸引力。开头的方式主要有如下几种：

（1）开门见山，亮出主旨。不绕弯子，直奔主题，开宗明义地提出自己的观点。

（2）叙述事实，交代背景。开头向听众报告一些新发生的事实，以引起人们的注意，吸引听众。

（3）提出问题，发人深省。通过提问，引导听众思考一个问题，并由此造成一个悬念，引起听众的期待。

（4）引用诗文警句，引出下文。引用内涵深刻、发人深省的诗文警句，引出下面的内容来。

2. 主体部分要层层展开，步步推向高潮。演讲稿的主体，要层层展开，步步推向高潮。所谓高潮，即演讲中最精彩、最激动人心的段落。在主体部分的行文上，在理论上要一步步说服听众，在内容上要一步步吸引听众，在感情上要一步步感染听众。为此，只有精心安排结构层次，做到层层深入，环环相扣，才能水到渠成地把演讲推向高潮。

主体部分展开的方式有三种。

（1）并列式。围绕演讲稿的中心论点,从不同角度、不同侧面进行表现,其结构形态呈放射状四面展开,宛若车轮之轴与其辐条。而每一侧面都直接面向中心论点,证明中心论点。

（2）递进式。从表面、浅层入手,采取步步深入、层层推进的方法,最终揭示深刻的主题,犹如层层剥笋。用这种方法来安排演讲稿的结构层次,能使事物得到由表及里的深入阐述和证明。

（3）并列递进结合式。这种结构,或是在并列中包含递进,或是在递进中包含并列。一些时政综合性强、纵横捭阖、气势雄伟的演讲稿常采用这种方式。

3. 结尾要干脆利落,简洁有力。演讲稿的结尾,是主体内容发展的必然结果。结尾或归纳、或升华、或希望、或号召,方式很多。好的结尾应收拢全篇,卒章显志,干脆利落,简洁有力,切忌画蛇添足,节外生枝。

（三）运用恰当的表达方式

演讲稿要用语言来表达,一篇好的演讲稿,应该既有热情的鼓动,又有冷静的分析,要把抒情和说理有机地结合起来,做到动之以情,晓之以理。写作时行文上要有变化,语体风格上要考虑适合于讲,并且还要体现出优美的文采,因此要讲究段落的衔接,句式的选择、修辞的运用以及名言格言警句、诗词歌赋佳词丽句的贴切运用,做到准确、精练、生动形象、通俗易懂,让听众听得入耳,听得明白。

各抒己见

有一样条广告语说:"高度决定视野,角度改变观念,尺度把握人生。"请你选择其中的一句话,阐述你对这句话的理解和认识。

心灵感言

好的演讲稿形式精美,内容丰富,文辞练达,情感真挚,在讲演者的绘声绘色的讲演中带给听众精神上的审美愉悦和行为上的标尺准则,熏陶启迪。

素养训练

1. 有一个女孩,在她的QQ空间里写道:6月11日,奶奶中风未愈,很想回家去看看。工作可以再找,钱可以以后赚,现在我真的很想回到家待在她老人家的身边。想春节回家还能和她一起过春节,明年春暖花开时还想再看见她……6月12日,奶奶病情仍未好转,打算周日去仙湖上香、祈祷;祈求命运的神赐福于她老人家。

请以"我们可以祈祷什么"为题作3分钟即兴演讲。

2. 不借助其他工具,任何人都无法看到自己的头顶。对自身认知的不完整,让我们容易自以为是,骄傲自满,以为极限已至,再无超越之可能。"人最难超越的高度是自己",但不是不可超越。曾子曰"吾日三省吾身",荀子又曰"君子性非异也,善假于物也",深刻自省与虚心纳谏相结合,可以使我们不断进步。

请以"人最难超越的高度就是自己"为题,写一篇演讲稿,推选优秀的学生稿子在班级、年级里进行演讲。

相关链接

一、竞聘演讲的五步程序

第一步,开门见山讲自己所竞聘的职务和竞聘的缘由。

第二步,简洁地介绍自己的情况,包括年龄、政治面貌、学历、现任职务等一些自然情况。

第三步,摆出自己优于他人的竞聘条件,如政治素质、业务水平、工作能力等(既要有概括的论述,又要有相应的论据。比如,讲自己的工作能力时,可用一些获得的成果和业绩来证明)。

第四步,提出假设自己任职后的施政措施(这一步是重点,应该讲得具体翔实,切实可行)。

第五步,用最简洁的话语表明自己的决心和请求。

二、演讲小技巧

演讲是一门综合、高级的语言表达艺术。既要语言美、动作美,还要感情表达、临场发挥的能力及应变能力。

首先,语言表达要准确清楚,让大家听得懂你的意思。语音是标准的普通话,没有方言,同时还要忌呆板的演讲。

其次,要注意情感。感情是演讲的灵魂,是抒发自己的感情来引起听众共鸣的一种技巧。激沛的感情可通过特殊句式来表达,平凡伟大的感情则可通过叙事来抒发,还可以通过语调的变化、速度、重音、升降、停顿来驾驭。情调低沉,慢一些;反之,则急切、慷慨;重音是强调,而升降则是讲话的高低抑扬,将喜怒哀乐表现出来。同时还要配合肢体语言。

最后,要克服怯场。比赛前多练习,做好演讲前的充分准备,对材料内容深思熟虑,反复熟记,胸有成竹。在即将上台时,暗示自己:"我能行!"增强自己的信心。

三、演讲稿示例

美丽的校园,我的家

尊敬的各位老师、评委:

大家好!我是来自 A 班的学生×××。今天我所要演讲的题目是《美丽的校园,我的家》。

每个人的心中都有一个"香格里拉",正如歌中所唱的那样:"那是我的家,我的天堂!"而我心目中的这个家就是——××学校。

无论是晨雾笼罩,还是夜幕降临,我总爱到校园的各处走一走,看一看,不为别的,只为去体会那份特有的朝气,只为去欣赏花丛中朵朵鲜花盛装登场的那份多姿,只为去期盼星星依偎在月亮身旁的那些浪漫与温情。

我爱校园中的花花草草。但我最爱的是洋溢在校园里的一种精神,那就是拼搏、无畏、坚强、奋斗。

每当充满激情的我们走进校园,心中便会想起周总理所说的那句话:"为中华之崛起而读书!"这九个字在脑海中熠熠生辉;久而久之,竟成了这个家中最时尚的语言。

那一双双渴求知识的眼睛告诉人们:书山有路勤为径,学海无涯苦作舟。一个个字母,一道道算式,犹如黑夜的启明星,指引我们去挖掘知识深处的宝藏,开启智慧的门窗。事实胜于雄辩。一分耕耘,一分收获。是我们的奋笔疾书,挑灯夜读,赢来了一个又一个好评,一张又一张奖状。这源于老师们的循循善诱,同学间的比学赶帮。

时光如水,日月如梭,伴着莺歌燕舞,伴着花草树木,在这个时时处处都如此美丽的家中,我们学会了坚强,懂得了忍耐。我们从一个个稚嫩的孩童渐渐长成了试着探索人生哲理的少年。这便是成长的真谛,便是校园生活给我们的最大财富。

一盏盏明亮的路灯,一株株幽香袭人的玉兰花,全在夜幕的笼罩下,像是孕育着明日希望的神圣的家。安静,祥和,温馨,舒适。我想说:"今天我们因您而骄傲,明天您会因我们而自豪!我们爱你,这个美丽的家,这个美丽的香格里拉!"

学生竞聘演讲稿

尊敬的各位领导：

大家好！

富兰克林有句名言："推动你的事业，不要让你的事业来推动你。"今天我正是为了推动我的事业而来的，来竞选校长学习助理。我是××班的×××。

那么，我凭什么竞选呢？一定有人要问。我的回答是："我有三颗红心，那就是：热心、责任心和进取心。"具体地说：高涨的工作热情，高度的责任感和不断进取的精神。曾经有人问我：如果用一个词来概括学生干部应具备的品格是什么？"真诚"，这就是我的回答。入校以来，在老师和同学们的帮助下，我真诚待人，乐于交友，以一颗真诚的心做了一些实实在在的事。同时我还有着广泛的兴趣爱好：文学、音乐、画画、篮球等。当然，既然来竞选学习助理，成绩好是前提，我尤其擅长理科，在今年的数学竞赛中，我获得了三等奖，我将在这方面继续努力，再创佳绩。因此，我相信我和大家有许多共同语言，利于今后开展工作。我想说到这儿，你们对我已有一定的了解，有没有在心里为我喝彩？但是千万别喝彩，因为那只是美好的回忆，我需要的是未来的成绩。

我们正处于信息时代，竞争越来越激烈，技术更新日益加快。要适应这样一个社会，实力是十分重要的。首先，总的学习成绩好是基础。其次就是需要有特长，未来的社会也是一个个性化的社会，所以，我想周末开展一些活动是必要的。这学期以来，一直有教师开设专题讲座，办得很成功，受到了同学们的欢迎。我想也可以让同学们利用暑期开展一些调查研究，做一些准备，开学后可以尝试让同学来开办一些讲座。这样既可以促使我们去深入研究一些问题，又可以锻炼我们的能力，一举数得。同时，我认为在当今社会应变能力也是十分重要的，所以学校应该开展一些像知识竞赛、现场答辩会等活动来提高我们的应变能力。我想对于我对学校学习管理的设想我就不多谈了，如果你想知道具体的，那就投我一票，看我的具体行动吧！

以上只是个人的一些思考，也许在座的各位领导和老师比我想得更深，看得更远；也许其他竞选者比我讲得更有新意，更有创见。但我坚信，我的设想会得到你们的理解和支持，因为我们有一个共同的目标，那就是建设好学校，使××学校教学蒸蒸日上，培养更多高素质的人才！我们的目标一定能够实现！

奥运精神：重在参与。今天我是成功的参与者，明天我将成为参与的成功者！

思考讨论

今天我是成功的参与者，明天我将成为参与的成功者！对此你将做哪些准备？

第七章
美 文 欣 赏

内容提示

"人,诗意地栖居在大地上",思索、跋涉、感悟,不断完善着内心的境界。人类文明发展到现在,积累了许多优秀的美文,它们突出地体现在"文美"和"意美"上。本单元采撷了一组文学的浪花,让我们共同体悟生活的精彩。

素养目标

学习这个单元,要多读、多品、多练,要投入感情,展开联想和想象,体验语文即生活的"大美",做个爱文学、懂感受、会表达的幸福人。

第 一 节 　 西 方 经 典

经典素材

秋天的思索
〔苏联〕科兹洛夫斯卡娅

秋天是美好的季节。虽然秋天往往寒冷多雨,令人不适,但也温暖鲜艳,一片金黄。这乃是我最喜爱的秋天。我喜欢一个人静静地观察,树干怎样渐渐地变黄,落叶纷飞。有的花木尚妖娆妍丽,一片翠绿,富于生命力,仿佛不愿顺从时序,不服老更不愿死;有的花木则安于自己的命运,即使正在枯萎也骄傲地保持自己的风韵,把花瓣染上一层迷人的暖色,好似为成熟和永恒的使命而将生活美化,为人们服务而感到欢悦。

在秋天的静谧中独自静坐,读书和退想,在林荫道上漫步,谛听枯叶在脚下的沙沙响声,这是一件多么引人心旷神怡的事情啊!秋天的夕阳,暖烘烘地晒着所散发的潮湿气味,坚果的气味,这些我在孩提时代经常闻到的馨香,让我格外珍惜。

在这样的日子里,真是思绪翻腾,百念丛生,退想联翩。回顾往事,眼前蓦地像照片般清晰地呈现相会和离别的情景,那些冷落空寂的车站和机场,那时还难以相信,而如今却变得如此遥远。

岁月蹉跎,沧海桑田,它让我懂得了自己的差错和谬误之举。然而,时光的轮回却从此不再复回了。

人生在世往往有这样的记忆:你为之感到自豪,不愿使之有丝毫改变,当在生活中再出现难以置信的情况,也许你还会这样做。欢欣,有时甚至自信,使你受到鼓舞,因为那时你早已懂得并找到了一条人生之路,虽历尽沧桑,饱经困苦和不幸,但却能够保持人的尊严、人的美德。

如若远离亲人,背井离乡,则另有一番痛苦和乡思在心头。每个人思念的方式各不相同。有的人在道德和肉体方面堕落了,另一些思想坚定的人则清醒地依然忠于自己,忠于自己的原则和信念。

如若有人能经受住任何风霜雨雪的洗礼,在每一个人生路口都能找准前行的方向,那他永远都不会失去自己的本色。

思念滋长,痛苦不息。如果你的经验、知识正为渴求的人们所需要,那就是人生一大快事。须知,人有如大自然是世代相承的。

萧瑟的秋风刮掉了最后一片树叶,雨水浸透了广袤的大地,空气变得潮湿,经雨水洗刷干净的屋顶闪闪发光,透过光秃的树丫,可以清楚地看到房屋和街道的轮廓。

一种特殊的平静来到了,更为深沉思考的安恬状态也开始了,静下心来,思考自己,思考人生。

开启解读

散文"形散神聚",内容上或状物、或绘景、或写人,而所写的常常是作者自我感受至深的生活体验的一部分。本文文辞朴实亲切,清新雅丽。面对时令之秋,作者思绪翻腾,忆生活,思人生。文中浸透了作者深邃的思索,阅读时要体会作者思绪的流动,明了"秋"的内涵和美丽,从"思索"中获得人生的启迪。

各抒己见

1. 自然之秋是怎样的? 文人于秋常常如何"反应"?

2. 本文题目让你想到什么? 若以此为题,你会怎么写?

3. 秋之于作者,感受怎样? 秋的内涵是什么?

4. 文末"特殊的平静"指什么? 人生之秋应怎样对待?

心灵感言

生活和社会的浮躁,需要人静下心来细细体会生命的真谛。热爱生活,充实生活,做生活的智者。快乐阅读,享受语文人生之乐。

经典素材

梦 想

〔美〕兰斯顿·休斯

紧紧拥着你的梦想,
因为假若梦想破灭,
生活就像断翅的鸟儿,
再也不能展翅飞翔。

紧紧拥着你的梦想,
因为一旦梦想离去,
生活就像冬日的荒野。
冰封大地白雪茫茫。

开启解读

作为美国著名黑人作家,作者一生写过小说、戏剧、散文、历史、传记等各种文体的作品,主要以"诗歌"著称,被誉为"黑人民族的桂冠诗人"。其文风朴实、通俗自然,好用活泼的语言,感情丰富。

本文与马丁·路德·金的《我有一个梦想》有直接联系,充满时代气息。阅读本诗会让你充满力量,从"梦想"中获得启迪。

各抒己见

1. 本诗颇具现代抒情诗风格,你觉得其最大的特点在哪儿?

2. 本文与马丁·路德·金的《我有一个梦想》有何异同? 你能理解各国的民族主义情绪吗,为什么?

3. 美国首任非洲裔总统已产生,黑人的梦想实现了吗?

心灵感言

一个独立个体不能无梦,一个民族也不可无梦。山川大地,生命因梦而摇曳多姿。有梦的地方,就有希望在流淌。

素养训练

1. 课外自读有关秋的文章,搜集整理绘秋的佳词丽句。

2. 夜是怎样的? 静静的夜里你会想些什么呢? 请以"夜"为话题写一篇短文,不少于 600 字。

3. 借鉴《梦想》一诗写法,写一首小诗,表达一种情愫。

第二节　国　内　名　篇

🌀 经典素材

幸福就在身边

苹　子

一个20出头的年轻小伙子急匆匆地走在路上,对路边的景色与过往行人全然不顾。一个人拦住了他,问:"小伙子,你为何行色匆匆啊?"

小伙子头也不回,飞快地向前跑着,只匆匆地甩了一句:"别拦我,我在寻找幸福。"转眼20年过去了,小伙子已经变成了中年人,他依然在路上奔走。

又一个人拦住他:"喂,伙计,你在忙什么呀?"

"别拦我,我在寻求幸福。"

又是20年过去了,这个中年人已变成了一个面色憔悴、老眼昏花的老头,还在路上挣扎前行。

一个人拦住他:"老头子,还在寻找你的幸福吗?"

"是啊。"

"我就是幸福之神。"

老人猛一惊醒,一行眼泪掉了下来。原来刚刚问他问题的那个人,就是幸福之神啊,他寻找了一辈子,可幸福实际上就在他身边。

这个故事常常触动我的心底。谁不渴望幸福?

人的一生忙忙碌碌,似乎都在寻找幸福,可幸福是什么呢?

幸福是高官厚禄?是拥有豪宅、轿车、绝代佳人?为什么那么多拥有者仍感不幸?也许是物欲横流扭曲了幸福。

的确,幸福无框架,幸福无定义,幸福无法预支和储蓄。

我们抱着理想中的幸福四处寻找,得到的常常是遗憾、失望和痛苦。

莫非,幸福真是那虚无缥缈的海市蜃楼?其实,幸福是实实在在的,它就在我们身边。家人身体健康就是幸福,老人牵手夕阳下就是幸福,孩童活泼可爱就是幸福……

无所事事是一种空虚的痛苦,日理万机有时也是一种充实的幸福。幸福有时会在不经意间出现。

或许幸福只是同学老友开心的笑容,只是一句喜爱的歌词,只是几声悦耳的鸟鸣……只要珍惜它,用心去感受它,幸福就在我们心中,在我们手里,在我们身边。

🌀 开启解读

文章用极富寓意的故事告诉我们:幸福就在身边。其实,我们又何尝不在"漫游"之列?本文构思巧妙,富含理趣,具有很强的现实意义。

🌀 各抒己见

1. 文中"奔走之人"为何到老都没寻得幸福?他懂得幸福的真谛吗?

2. 本文语言最被你称道之处是什么?说说理由。

🌀 心灵感言

生命轮回,幸福邈远。其实,我们都在路上,一直都在……

经典素材

花开·花落
林　岚

花开了。在明媚的阳光下,在寂静的深夜时,生命的花瓣——绽放,那清脆的声音,就像一个个美丽的音符缀在风中,四处飘荡。

女孩的生命一天比一天蓬勃,心情却一天比一天黯淡,因为花开了,因为花终要凋落。她于是放下窗帘,关紧门窗。她要隔绝阳光的热烈,也要隔绝长夜的湿柔。她不愿向世界展示那即将来临的盛开与凋零,只想留给人们那山一般葱茏水一般澄澈的记忆。

日子,在风轻云淡中过去;岁月,在晨昏更迭中深邃。青春,在女孩的忧伤中重重叠叠地怒放。它是那样的美丽,高墙深院都锁不住它的鲜艳芬芳。

一次又一次,殷殷探问花期的男孩,把门轻轻叩响。

一次又一次,女孩只是深锁重门低垂窗幔,不肯回复那一个温存。

花开了。花落了。

年复一年,岁月苍老了,日子凋零了,只有开了落落了又开的花,依旧一季一季,轰轰烈烈,生生不息。

终于,在长路的尽头,男人和女人不期而遇。

女人说,花落了。

男人说,日子熟了。

女人低头掩面,男人却拥她入怀,彼此都百感交集。

女人黯然,你错过了花期。

男人热切,我心中还有花落的声音。

女人诧异地抬起头。在她面前是一个怎样奇异的世界呵!他们身畔的花儿,一面盛开似锦,一面纷纷飘零。是的,她听到了落花的声音。一朵一朵,清脆地翻飞在风里。像一个个美丽的音符缀在空中,闪闪发亮,四处飘荡。每一朵花都在讲述一个故事,每一个故事都是一段成熟的经历。

女人心中的结,在这一刻悄然松解。纵使繁花落尽,风中仍留有花落的声音,一朵一朵,飘坠着往昔的风情。呵,花开了。花落了。在花开与花落之间,是满满的满满的生命。

开启解读

苏霍姆林斯基在《致女儿的信》中说:"做一个幸福的人,只能是在你成为有智慧的人的时候。"文中男女主人公的故事诠释着人类的一种生活。细细品味,意蕴丰活,清新优美,荡人心魄。

各抒己见

1. 本文语言清新优美,请结合文章赏析。

2. "花开""花落"象征什么? 文中"在花开与花落之间,是满满的满满的生命"怎么理解?

心灵感言

爱情如歌,真爱蹉跎。花开了,花落了。心中有爱,就有真的生活。

素养训练

1. 学了《幸福就在身边》,或许心潮澎湃,茅塞顿开,请以"我的幸福"为题写一篇文章,不少于

600 字。

2.通过对《花开·花落》的学习，你对生命和爱情有何新的理解？请略作说明。

经典素材

<h1 style="text-align:center">一个人应当有爱</h1>
何立伟

一个人应当有爱。因为爱是他内心燃烧的火焰，是照耀他生命白昼和黑夜的太阳，也是他走在人生路上最坚定和最恒久的力量。

一个人应当有爱。因为有爱他的生命才是绚丽的，他的面容清朗，微笑像一缕春日的阳光，他有如一块方糖，融入众人的生活之中，让所有的朋友分享甜蜜。

一个人应当有爱。因为这样他才能幸福，他爱别人，爱一切的亲人、师长、朋友、同学和同事，还有认识或不认识的人，而且他也从这些人那里得到爱，得到温暖、智慧和人生的方向。

一个人应当有爱。因为有爱的人他才可爱，他乐于帮助别人，他总是用自己的愉快感染周围的人，他给需要笑声的人带来开怀，驱走烦恼和忧愁。他走到哪里都受到欢迎，他是那么透明，那么坦诚，是爱给了他人格上的魅力和精彩。

一个人应当有爱。他爱事业，爱荣誉，爱老人和孩子，爱自己的国家和民族，爱世界和人类，爱自然界的一切的生命和小桥流水。他从自己的爱里面享受着光荣和骄傲，享受日丽风和，享受着美好与诗意。

一个人应当有爱。这种爱是博大的，是无所不在的，是辉煌的，同时也是一往无前的。这种爱源自悠远的历史，源自人类的知识、经验和睿智。他知道这个世界的过去和现在，还有未来，他知道唯有爱才是人的最丰厚和最庄严的奉献，是改变这个世界的唯一的力量和信念。

一个人应当有爱。爱是什么？是歌声，是翅膀，是春天的暖风和冬天的瑞雪，是奔泻的大河和潺潺的溪水，是被弹拨的吉他，是被低吟的短诗，是腮边一滴感动的泪珠和热唇上的轻吻，是彩虹涂抹在画布上，是黄昏挥动在炊烟里，是无论如何也不会忘记的美好往事，是无法比喻的比喻，是无法描述的描述，是语言的地平线上出现的霞彩……

一个人应当有爱。他怎么可能没有爱呢？一个人没有爱，就像一个人失去了生命一般。他只是行尸走肉，只是木头和机械。他会生活在麻木中，如果他有知觉，那他知觉到的就一定是无尽的痛苦和郁闷。生活成了苦酒，白天成了黑夜，人群成了沙漠。他还有什么可期待，可翘首，可梦想的呢？一个人没有爱，他就什么都没有了。

一个人应当有爱。有爱的人，才能好好地生活，才会珍惜生命，珍惜每一天，珍惜有鸽哨的天空和不需要翻译的笑容。有爱的人，才懂得创造，懂得艰辛，懂得劳动和收获。而且，有爱的人，会有好运相随。这是可以肯定的。

开启解读

冰心说："有了爱就有了一切。"著名作家何立伟先生的这篇作品很好地诠释了这个观点。爱是一个博大的范畴，爱物、爱人、惠及苍生……正如作者所说："有爱的人，会有好运相随。"

各抒己见

1.本文语言如诗般美妙，具体是怎样体现的？

2."爱即一切"，你怎么看？

大千世界，爱化大宇。物质的人要上升为真正理性的人，要爱；要成为有灵魂的人，更需爱。爱，无往而不胜。

经典素材

心田上的百合花开
林清玄

在一个偏僻遥远的山谷里，有一个高达数千尺的断崖。不知道什么时候，断崖边上长出了一株小小的百合。

百合刚刚诞生的时候，长得和杂草一模一样。但是，它心里知道自己不是一株野草。它的内心深处，有一个内在的纯洁的念头："我是一株百合，不是一株野草。唯一能证明我是百合的方法，就是开出美丽的花朵。"

有了这个念头，百合努力地吸收水分和阳光，深深地扎根，直直地挺着胸膛。终于在一个春天的清晨，百合的顶部结出了第一个花苞。

百合的心里很高兴，附近的杂草却很不屑，它们在私底下嘲笑着百合："这家伙明明是一株草，偏偏说自己是一株花，还真以为自己是一株花，我看它顶上结的不是花苞，而是头脑长瘤了。"

公开场合，它们则讥讽百合："你不要做梦了，即使你真的会开花，在这荒郊野外，你的价值还不是跟我们一样。"

偶尔也有飞过的蜂蝶鸟雀，它们也会劝百合不用那么努力开花："在这断崖边上，纵然开出世界上最美的花，也不会有人来欣赏呀！"

百合说："我要开花，是因为我知道自己有美丽的花；我要开花，是为了完成作为一株花的庄严使命；我要开花，是由于自己喜欢以花来证明自己的存在。不管有没有人欣赏，不管你们怎么看我，我都要开花！"

在野草和蜂蝶的鄙夷下，野百合努力地释放内心的能量。有一天，它终于开花了，它那灵性的白和秀挺的风姿，成为断崖上最美丽的颜色。

这时候，野草与蜂蝶再也不敢嘲笑它了。

百合花一朵一朵地盛开着，花朵上每天都有晶莹的水珠，野草们以为那是昨夜的露水，只有百合自己知道，那是极深沉的欢喜所结的泪滴。

年年春天，野百合努力地开花，结籽。它的种子随着风，落在山谷、草原和悬崖边上，到处都开满洁白的野百合。

几十年后，远在百里外的人，从城市，从乡村，千里迢迢赶来欣赏百合开花。许多孩童跪下来，闻嗅百合花的芬芳；许多情侣互相拥抱，许下了"百年好合"的誓言；无数的人看到这从未见过的美，感动得落泪，触动内心那纯净温柔的一角。

那里，被人称为"百合谷地"。

不管别人怎么欣赏，满山的百合花都谨记着第一株百合的教导："我们要全心全意默默地开花，以花来证明自己的存在。"

开启解读

一株小小的野百合，演绎出一段美丽而又令人感动的故事。这就是台湾作家林清玄的散文《心田上的百合花开》。一个小小的"心灵",为了心中那个美好的愿望,竟是如此的执着和坚韧。它,的确不是一株野草。

　　本文通篇运用拟人手法,层层衬托,塑造了一个充满灵性的野百合形象。学习时要注意体会文中形象的寓意,感受作者智慧的人生了悟。

各抒己见

　　1. 把本文题目改为"野百合的春天"与原题有何不同,孰优孰劣? 说说想法。

　　2. 野百合处在一个怎样的环境里面? 野百合具有怎样的品性? 野百合用开花来证明自己的存在,人生是否也同此理? 请说说理由。

心灵感言

　　心中有坚强,野百合也有春天。生命在磨砺中成长、闪光,尽心就是完美。

素养训练

　　1. 背诵《一个人应当有爱》。

　　2. 借鉴《心田上的百合花开》的写法,以"石壁间的小树"为话题,写一篇600字左右的文章。

　　3. 林清玄主张"以清净心看世界,以欢喜心过生活,以平常心生情味,以柔软心除挂碍",请谈谈你的理解,写一则感受。

拓展阅读

《妈妈,稻子熟了》

第三节　同龄佳作

素材一

成长中,那一抹夕阳

陈　丹

微红的光亮,染红了黄昏。余下的温度,暖融着情意。天边,那一抹淡淡的夕阳,是成长的余温。

秋光似水,岁月无痕。时光如一湍激流,迅即流逝,流走了我们的青春,我们的激情,我们的狂野……在秋风萧瑟中,岁月只留下了一种叫作"成长"的东西。

延伸的路,串起阵阵足音。走过"桃花潭水深千尺,不及汪伦送我情"的深刻友谊;走过"夕阳西下,断肠人在天涯"的心酸;走过"醉意浓浓秋风尽,挥手告别师生情"的感人场面……回首过去,曾经走过的路,一片欷歔。

当成长的钟声响起,我踏上又一台阶。回望过去,我清点行囊,发现少了一丝狂妄,多了一份谦虚;少了一份狂热,多了一点宁静;少了一点幼稚,多了一些成熟。行走在白天,我忽然发现黑夜的光亮似乎比白天还要强一些,或许是天边那一道独特的夕阳的缘故……

走在乡间路上,吮吸着清新的空气,忽然想起一首歌,"我许下这第一千零一个愿望,有一天幸福总会听我的话,不管付出多大代价,青春是我的筹码"。童年已逝,青春当值;昨日之日不可追,今日之事犹可为。

一路前行,跌跌撞撞。路上有坎坷,也有激流。我们唯一能做的是紧握双手,让那一抹夕阳的光亮穿透所有的黑夜,眷顾我们的命运之舟。或许,亲人不解,路人嘲讽,成长的路偶尔也会风雨密布……勇敢、坦然、刚毅的我们,必须顽强地走下去。

流泪? 悲伤? 跌倒? 何惧! 人,或许会被打败,却不能被打倒。风雨中小小的伤痛又算什么? 柔弱的我们已学得刚强,挑战磨难,才算没有白活。

走过生活中小小心酸,看天上云卷云舒,想生命多姿多彩。经过多少风雨,受过多少岁月的伤,脚步却无法阻挡……

我拿黑夜的光亮去点燃人生,我拿青春作筹码去挑战未来,我拿生命中那一抹夕阳去照亮成长的路……

愿我成长的路上,那一抹夕阳依然。依然那么亮……

开启解读

本文感情真挚,行文流畅,道出了成长的艰辛和感悟,读来让人充满希望。学习时注意体会作者语言和行文的技巧。

各抒己见

1. 你最欣赏哪些文句,找出来分析分析。

2. 你觉得本文还可怎么改进、完善? 试一试。

心灵感言

人总得学会自己长大。成长路上,云淡风轻。年轻的心,执着前往。也许羁绊,也许惆怅。生活本就这样,让生命在奋斗中闪光。

素材二

黄 昏 无 语

上官良

枫叶散落了一地宁静,澄光弥漫于整个黄昏。

当落日的余晖洒满窗棂的时候,几只晚归的鸟儿驮着夕阳懒懒地回家。就在隐含微微草香的暮气里,窗台上的瓶花静静地谢去。一颗晶莹的水珠沁在它白皙的花瓣上,滚动,聚集,溅落在古老的石井栏上,摔开万道灿烂的金光。

江水东流,浮云缭绕;水波漾漾,流光依依。

我一个人站在无尽的天桥上,看着太阳一分一分地滑落。那和煦的阳光暖暖地披在身上,像湖波散开一般柔和。天空中,一群白色的鸽子背对着斜阳,翻飞在金色的光芒里。回环来往,音哨齐鸣。忽地,不知是谁把地上的夕阳失落在了江上。于是头白的芦苇,也被染成一抹红颜了。

轻轻地,我转过身去——那画面太浓,我不敢看。江畔久违的暮色,于我来说已无太多言语。那份静谧中所包容的惊恐、凄情和无人感知的精魂,我无法想象。一个人喜欢重复地漫步在黄昏的沉寂中,希望在无限的时间真正体悟那份莫名的情愫。待到他走到路的尽头时,太阳已悄悄坠下,黄昏的画面永远地定格在了他的记忆里。而他还要黯然地回首,深望自己已踏过的光阴。

我喜欢做梦,特别是白日梦。因为夜晚的过分安静中,往往会不可预地袭来太多未知的噩梦。此刻,我情愿一个人独坐在黄昏青蒿小桥流水间的石椅上,在半昏半醒中,继续我的白日梦。

岸旁的落花像雨一般地悄然飘落,我没有察觉。轻拂的杨柳将它细碎的枝尖藏在水中,是否也在找寻那沉淀在昔日星辉下的梦?金柳犹在,却不是夕阳中的新娘;余馥暗起,轻裹着晚风中的黄昏。

寻梦在烟波浩渺的江畔,多少幸福的人匆匆划过这眼前,却不肯散逸出丁点的目光来欣赏这幅壮丽的画卷;落英缤纷的小道上,幽微的暮烟依旧是过往留香,又能挽留多少绰绰约约的身影?

翰墨跃然于纸,而朱痕未干。这寂静的黄昏于我而言犹如一幅经过岁月浸染之后的山水画,充满着诗意般沧桑的古韵。撑一支长篙,向金草愈亮出漫溯。流水脉脉,擦肩于舟;清风徐徐,渐远与城。夕阳西下,袅袅炊烟升起在柳烟间,却依稀有几只悠闲的渡船驻留在江面上。

风拂过,问心何在?唯有孤影映江。采撷一片柔波中荡漾着的橘光,哪一片下面沉淀着我揉碎在浮藻间的彩虹似的梦?任水波一层一层地拨开,一层一层地重叠,我依然承载着我的白日梦,默默行舟。

秋水共长天一色。我和我的小舟一起漂在江心,随江流任意东西。尘世的喧嚣隐没了,黄昏的幽恋与虚无化作了隽永的文字。日暮的宁静如一束星光让人心灵寂寞而平和。静躺于舟舱之上。怜观落霞与孤鹜齐飞,空听澜鸣澎湃。我的心仿佛一串古铜风铃,在岁月的流逝中顿然响起。弥漫,渐息,亦沉重。

邂逅往往是回忆与美的交融,正如半空中被微风剪碎的云朵,给我一种温柔的疼痛一般。落花坦荡地飘散,潮汐一次一次地更改,在禁锢了的时间里,思绪有看不见的重量。一个人久久地站在沿河地带,像是掉进了记忆的漩涡——百感交集。在他深黑色的瞳仁里,那厚厚一叠的忧伤潜藏得就连他自己也无法找寻。虽柳岸风起的浮光掠影间,惊扰了一滩鸥鹭,而他的心依然寂寞如初。时间的安排装饰了一切,却唯一冷落了他的感受。在这最为落寞的时刻,一个人有了足够的时间和空间来窥看自己的心魂。像梦断康桥的那个单纯人一样,在萧瑟的风声中徒自悲伤。不知是遗失了美丽的贝壳,还是幻散了他映在榆潭上的那一帘幽梦?

左手倒影,右手年华。我错过了春意盎然的碧草,失落了油菜花中轻盈的蝶儿,又和雨巷中独撑着油纸伞,丁香般惆怅的姑娘擦肩而过。那十八个春秋亦如白驹过隙的黄昏,一点一点从我身边溜走。

地平线渐渐埋没在沉沉的暮霭间,琥珀色的黄昏犹如枫叶零落的丝缕暗香,消散在清醒的白日梦中。当一切归于沉寂的时候,我平静地沉淀在一日最末与另一日最初的交点上,等待暮鼓晨钟的最后一次隐隐响起。黄昏给我的印象,就像从水中捞起自己的影子一般,虚幻亦支离。而那个画中人的游荡,一如一场无声的黑白电影以沉默来结束。

白日梦在黄昏中苏醒,永夜在梦魇中降生。

我目送一滩粉红色的夕阳远去,又为自己点亮一轮清明的皓月。透过烛影摇曳的小窗,我听见岁月在墙上剥落的声音。尽管黑夜已在肩膀上安静地睡着,但我还是终于相信:生命是一场死灭与重生的置换,正如桌上热气氤氲的香薰花草茶,只有经历沸水的灼煎,才能散溢出清幽的纯香。

轻轻地我走了,正如我轻轻地来。我挥挥衣袖,不带走晚风中的黄昏。

开启解读

这是一篇优美的写景抒情散文。作者浓墨重彩,刻画了黄昏时分的江边美景,为抒发心中的情愫伏笔。在行文的过程中,又化用了徐志摩的《再别康桥》、戴望舒的《雨巷》、王勃的《滕王阁序》,妙语连珠,字字珠玑。结尾化用徐志摩的诗句,既增加了文章的诗意,又给人无穷的遐思,余音绕梁,余味不绝。

各抒己见

1. 本文综合应用了多种写作手法,请找出来并加以评析。
2. 本文语言优美贴切,和同桌讨论其具体体现。

心灵感言

寂静的世界,灵动的心绪。落日柔美,无语黄昏。

素养训练

1. 以"成长"为话题,和同学们讨论,进行一次演讲比赛。
2. 观察夕阳,写一段描写性文字。

思考讨论

当前国家高度重视学前教育的发展,我们如何争取做一名优秀的幼儿教师?

附　录

一、《道德经》选译

1. 第一章

道可道,非常道;名可名,非常名。无名,天地之始;有名,万物之母。故常无欲,以观其妙;常有欲,以观其徼。此两者同出而异名,同谓之玄。玄之又玄,众妙之门。

【译文】　取道于寻常可取之道,其道非恒久之道;取名于寻常可取之名,其名非恒久之名。取名于无名,就好比天地未判之初始;取名于有名,乃是万物化生之根本。所以,通常要无所趋求,以便观想那无以名状的微妙;时常又要有所趋求,以便观想那成名化物的极限。这两方面是同一行为体的不同显现,同样深及于行为体的幽深内殿。在这同样深及幽深的两者之间作不断深入的循环运行,就是一切行为运作的微妙法门。

2. 第二章

天下皆知美之为美,斯恶矣;皆知善之为善,斯不善矣。故有无相生,难易相成,长短相形,高下相倾,音声相和,前后相随……是以圣人处无为之事,行不言之教,万物作焉而不辞,生而不有,为而不恃,功成而不居。夫唯不居,是以不去。

【译文】　天下人都知道美之所以为美,于是就有了令人嫌恶的丑;都知道善之所以为善,于是就有了反面的不善。所以,"有"与"无"相互突显,"难"与"易"相互促成,"长"与"短"相互显现,"高"与"下"相依而存,"音"与"声"相互陪衬,"前"与"后"相互照应——这些"名"相反而相成,迁延不居而不独立自足。因此,圣人从事于无所成名的事务,施行无须伐名立言的劝教,坦荡迎候万物的涌现与流变而不抵触畏避,生养了一切并不拘系自有,做成了什么并不执为伐恃,成就了事业并不矜居功名。就是因为他不矜居功名,所以他不会消逝。

3. 第十二章

五色令人目盲;五音令人耳聋;五味令人口爽;驰骋畋猎,令人心发狂;难得之货,令人行妨。是以圣人为腹不为目,故去彼取此。

【译文】　缤纷的色彩使人眼花缭乱;嘈杂的声音使人听觉失灵;浓厚的杂味使人味觉受伤;纵情猎掠使人心思放荡发狂;稀有的物品使人行于不轨。因此,圣人致力于基本的维生事务,不耽乐于感官的享乐。所以要有所取舍。

4. 第十七章

太上,不知有之;其次,亲之、誉之;其次,畏之;其次,侮之。信不足焉,有不信焉,悠兮其贵言。功成事遂,百姓皆谓"我自然"。

【译文】　最好的统治者,人们觉察不到他的存在。其次的统治者,人们亲近他、赞誉他。再次的统治者,人们畏惧他。最次的统治者,人们轻侮他。威信有所缺损,就会导致整个威信架构的倒塌,闲着点吧,慎作伐名立言之事。最好是一切事情都办理妥当了,百姓们却说"我们是自然而然的"。

5. 第十八章

大道废,有仁义;智慧出,有大伪;六亲不和,有孝慈;国家昏乱,有忠臣。

【译文】 因为大道废弃了,才提倡(有了)"仁义"。聪明智慧(争权夺利、投机取巧的心机)出现了,才有了狡诈和虚伪。家庭六亲之间不和睦了,才需要推崇孝慈。国家昏乱了,才出现贞节、忠诚之臣。

6. 第三十三章

知人者智,自知者明。胜人者有力,自胜者强。知足者富。强行者有志。不失其所者久。死而不亡者寿。

【译文】 了解别人则智,敏慧自知则明。战胜别人的有力,战胜自己的强。知足就是富有,坚持力行就是有志,不离失他所维系、归依得道的可以长久,身虽死而事业精神流传就是长生。

7. 第四十四章

名与身孰亲? 身与货孰多? 得与亡孰病? 甚爱必大费,多藏必厚亡。故知足不辱,知止不殆,可以长久。

【译文】 声名与身家哪个更为切己? 身家与财货哪个更为重要? 得失损益如何把持得定? 过分的贪欲必然连接着庞大的破费,过多的持藏必然导向沉重的损失。所以,懂得自我满足就不会有挫折,懂得适可而止就不会有危险,可以长久行进。

8. 第五十九章

治人,事天,莫若啬。夫唯啬,是谓早服。早服谓之重积德。重积德则无不克。无不克则莫知其极。莫知其极,可以有国。有国之母,可以长久。是谓深根固柢、长生久视之道。

【译文】 治理人、事奉天,没有比涵养节用更重要的了。涵养节用可以先和服于道,先和服于道则可以使德深厚,德深厚则无不胜任,无不胜任则能耐不可限量,能耐不可限量则足以保有国家。保有国家的根本,可以长久存在。这就叫作根扎得深,柢撑得固,从而长维生存久于在世的道。

9. 第八十一章

信言不美,美言不信;善者不辩,辩者不善;知者不博,博者不知。圣人不积。既以为人己愈有,既以与人己愈多。天之道,利而不害;圣人之道,为而不争。

【译文】 真实的表述不见得漂亮,漂亮的表述不见得真实;善良的人不见得擅长道义之辩,擅长于道义之辩的不见得善良;明于道的人不见得博学,博学的不见得明于道。圣人不堆积这些德能表现以及功果财富的附赘。他尽力帮助人民,他自己也更充实;他尽量给予人民,他自己也更丰富。理想的行为方式是顺导万物而不妨害万物,圣人的行为准则是虽有作为但不与人争。

二、《孝经》解读选介

开宗明义章第一

这一章书，是全部《孝经》的纲领。它的内容，就是开示全部《孝经》的宗旨，表明五种孝道的义理，本历代的孝治法则，定万世的政教规范。

【原文】　仲尼居，曾子侍。子曰："先王有至德要道，以顺天下，民用和睦，上下无怨。汝知之乎？"

【注释】　有一天，孔子在他的家里闲坐着，他的弟子曾参，也陪坐在他的一旁。孔子说："古代的圣王有一种崇高至极之德，要约至妙之道。拿它来治理天下，天下的人民，都能够很和气地相亲相敬，上自天子，下至庶人，都不会相互仇恨。这个道德的妙用，你知晓吗？"

【原文】　身体发肤，受之父母，不敢毁伤，孝之始也。

【注释】　说起这个孝道，固然范围很广，但行的时候，却很简单，你要晓得爱亲，先要从自己的身上爱起。凡是一个人的身体，或者很细小的一根头发和一点皮肤，都是父母遗留下来的。身体发肤，既然承受之于父母，就应当体念父母爱儿女的心，保全自己的身体，不敢稍有毁伤，这就是孝道的开始。

【原文】　立身行道，扬名于后世，以显父母，孝之终也。

【注释】　一个人的本身，既站得住，独立不倚，不为外界利欲所摇夺，那他的人格，一定合乎标准，这就是立身。做事的时候，他的进行方法，一切都本乎正道，不越轨，不妄行，有始有终，这就是行道。他的人格道德，既为众人所景仰，不但他的名誉传诵于当时，而且将要播扬于后世，无论当时和后世，将因景慕之心，推本溯源，兼称他父母教养的贤德。这样，他父母的声名，也因儿女的德望光荣显耀起来，这便是孝道的完成。

【原文】　夫孝，始于事亲，中于事君，终于立身。

【注释】　孝道，可分成三个阶段：幼年时期，一开始，便是承欢膝下，侍奉双亲；到了中年，便要充当公仆，替长官办事，借此为国家尽忠，为民众服务；到了老年，就要检查自己的身体和人格道德，没有缺欠，也没有遗憾，这便是立身，这才是孝道的完成。

【原文】　大雅云：无念尔祖，聿修厥德。

【注释】　孔子引《诗经·大雅》篇文王章的这两句话说："你能不追念你祖父文王的德行？如要追念你祖父文王的德行，你就得先修持你自己的德行，来继续他的德行。"

士　章　第　五

这一章书，是说明初级公务员的孝道。第一，要尽忠职守；第二，要尊敬长上。

【原文】　资于事父以事母而爱同，资于事父以事君而敬同。

【注释】　士人的孝道，包括爱敬，就是要把爱敬父亲的爱心移来以爱母亲，那亲爱的心思，是一样的。再把爱敬父亲的敬心，移来以敬长官，那恭敬的态度，是一样的。

【原文】　故母取其爱，而君取其敬，兼之者父也。

【注释】　所以爱敬的这个孝道，是相关联的，不过对母亲方面，偏重在爱，就取其爱。对长官方面，偏重在敬，就取其敬。爱敬并重的，还算是父亲。

【原文】　故以孝事君，则忠。以敬事长，则顺。

【注释】　读书的子弟。初离学校和家庭，踏进社会，为国家服务，还未懂得公务的办理。若能以事亲之道，服从长官，竭尽心力，把公事办得好，这便是忠。对于同事方面，地位较高年龄较大的长者，以恭敬服从的态度处之,这便是顺。

【原文】 忠顺不失,以事其上,然后能保其禄位,而守其祭祀,盖士之孝也。

【注释】 士的孝道,第一,要对长官服务尽到忠心;第二,要对同事中的年长位高者,和悦顺从,多多领教。那长官方面,自然相信他是一个很好的干部;同事方面,都会同情他,协助他。如果这样,那他的忠顺二字不会失掉,用以侍奉其长官,自然他的禄位可以巩固。光宗耀祖的祭祀,也可以保持久远,不至失掉,这就是士的孝道吧!

【原文】 《诗》云:"夙兴夜寐,无忝尔所生。"

【注释】 孔子引《诗经·小雅》篇小宛章这两句话,说明"初入社会做事的小公务员,应早起晚睡。上班办公,不要迟到早退,怠于职务,遗羞辱于生身的父母"。

纪孝行章第十

这一章书,所讲的是平日的孝行,分别纪出。有五项当行的,有三项不当行的,以勉学者。

【原文】 子曰:孝子之事亲也,居则致其敬,养则致其乐,病则致其忧,丧则致其哀,祭则致其严。五者备矣,然后能事亲。事亲者,居上不骄,为下不乱,在丑不争。居上而骄则亡,为下而乱则刑,在丑而争则兵。三者不除,虽日用三牲之养,犹为不孝也。

【译文】 孔子说:"孝子对父母亲的侍奉,在日常家居的时候,要竭尽对父母的恭敬,在饮食生活的奉养时,要保持和悦愉快的心情去服侍;父母生了病,要带着忧虑的心情去照料;父母去世了,要竭尽悲哀之情料理后事;对先人的祭祀,要严肃对待,礼法不乱。这五方面做得完备周到了,方可称为对父母尽到了子女的责任。侍奉父母双亲,要身居高位而不骄傲蛮横,身居下层而不为非作歹,在民众中间和顺相处,不与人争斗。身居高位而骄傲自大者势必要招致灭亡,在下层而为非作歹者免不了遭受刑罚,在民众中争斗则会引起相互残杀。这骄、乱、争三项恶事不戒除,即便对父母天天用牛羊猪三牲的肉食尽心奉养,也还是不孝之人啊。"

广要道章第十二

这一章书,是孔子就首章所讲的要道二字,加以具体说明。使天下后世的为首长者,确知要道的法则可贵,实行以后,有多大的效果。

【原文】 子曰:教民亲爱,莫善于孝;教民礼顺,莫善于悌;移风易俗,莫善于乐;安上治民,莫善于礼。礼者,敬而已矣。故敬其父则子悦,敬其兄则弟悦,敬其君则臣悦,敬一人而千万人悦。所敬者寡,而悦者众,此之谓要道也。

【译文】 孔子说:"教育人民互相亲近友爱,没有比倡导孝道更好的了。教育人民礼貌和顺,没有比服从自己兄长更好的了。转移风气、改变旧的习惯制度,没有比用音乐教化更好的了。更使君主安心,人民驯服,没有比用礼教办事更好的了。所谓礼,也就是敬爱而已。所以尊敬他人的父亲,其儿子就会喜悦;尊敬他人的兄长,其弟弟就愉快;尊敬他人的君主,其臣下就高兴。敬爱一个人,却能使千万人高兴愉快。所尊敬的对象虽然只是少数,为之喜悦的人却有千千万万,这就是礼敬作为要道的意义之所在啊。"

感应章第十六这一章书的意思,是说明孝悌之道,不但可以感人,而且可以感动天地神明。中国古代哲学,即是天人合一,故以天为父,以地为母。人为父母所生,即天地所生,所以说有感即有应。以证明孝悌之道无所不通的意思。

【原文】 子曰:昔者明王事父孝,故事天明;事母孝,故事地察;长幼顺,故上下治。天地明察,神明彰矣。故虽天子,必有尊也,言有父也;必有先也,言有兄也;宗庙致敬,不忘亲也;修身慎行,恐辱先也。宗庙致敬,鬼神着矣。孝悌之至,通于神明,光于四海,无所不通。诗云:"自西自东,自南自北,无哀不服。"

【译文】 孔子说："从前,贤明的帝王侍奉父亲很孝顺,所以在祭祀天帝时能够明白上天覆庇万物的道理;侍奉母亲很孝顺,所以在社祭后土时能够明察大地孕育万物的道理;理顺处理好长幼秩序,所以对上下各层也就能够治理好。能够明察天地覆育万物的道理,神明感应其诚,就会彰明神灵、降临福瑞来保佑。所以虽然尊贵为天子,也必然有他所尊敬的人,这就是指他有父亲;必然有先他出生的人,这就是指他有兄长。到宗庙里祭祀致以恭敬之意,是没有忘记自己的亲人;修身养性,谨慎行事,是因为恐怕因自己的过失而使先人蒙受羞侮辱。到宗庙祀表达敬意,神明就会出来享受。对父母兄长孝敬顺从达到了极致,即可以通达于坤明,光照天下,任何地方都可以感应相通。《诗经·大雅·文王有声》篇中说:'从西到东,从南到北,没有人不想悦服的。'"

三、中外教育经典名言

1. 教学的艺术不在于传授本领,而在于关于激励、唤醒、鼓舞。

——〔德国〕第斯多惠

2. 所有智力方面的工作都要依赖于兴趣。

——〔瑞士〕皮亚杰

3. 求知与求学的欲望应该采用一切可能的方式去在孩子们身上激发起来。

——〔捷克〕夸美纽斯

4. 如果学生不能筹划他自己解决问题的方法(自然不是和教师、同学隔绝,而是和他们合作进行),自己寻找出路,他就学不到什么;即使他能背出一些正确的答案,百分之百正确,他还是学不到什么。

——〔美国〕杜威

5. 教学的目的是培养学生自己学习,自己研究,用自己的头脑来想,用自己的眼睛看,用自己的手来做这种精神。

——〔中国〕郭沫若

6. 儿童不是"小人"。

——〔中国〕陈鹤琴

7. 合理安排儿童每天的生活,使之总是忙于有益的事情避免无事生非或虚度时光。

——〔捷克〕夸美纽斯

8. 即使是最好的儿童,如果生活在组织不好的集体里,也会很快变成一群小野兽。

——〔苏联〕马卡连柯

9. 集体生活是儿童之自我向社会化道路发展的重要推动力;为儿童心理正常发展的必需。一个不能获得这种正常发展的儿童,可能终其身只是一个悲剧。

——〔中国〕陶行知

10. 教育中应该尽量鼓励个人发展的过程。应该引导儿童自己进行探讨,自己去推论。给他们讲的应该尽量少些,而引导他们去发现的应该尽量多些。

——〔英国〕斯宾塞

11. 礼貌是儿童和青年都应该特别小心地养成习惯的第一件大事。

——〔英国〕约翰·洛克

12. 要尊重儿童,不要急于对他作出或好或坏的评判。

——〔法国〕卢梭

13. 游戏是儿童最正当的行为,玩具是儿童的天使。

——〔中国〕鲁迅

14. 从儿童进学校的第一天起,就要善于看到并不断巩固和发展他们身上所有好的东西。

——〔苏联〕苏霍姆林斯基

15. 对于儿童,做父母,做教师的责任,便是如何教导他们,使之成为健康活泼,有丰富知识,有政治觉悟和良好体现的现代中国儿童,现代中国人。

——〔中国〕陈鹤琴

16. 教育之道无他,唯爱与榜样而已。

——〔德国〕福禄贝尔

图书在版编目(CIP)数据

幼儿教师语文素养/王向东主编. —3 版. —上海:复旦大学出版社,2022.1
普通高等学校学前教育专业系列教材
ISBN 978-7-309-15892-2

Ⅰ.①幼… Ⅱ.①王… Ⅲ.①汉语-幼儿师范学校-教材 Ⅳ.①H193.9

中国版本图书馆 CIP 数据核字(2021)第 169252 号

幼儿教师语文素养(第三版)
王向东 主编
责任编辑/查 莉

复旦大学出版社有限公司出版发行
上海市国权路 579 号 邮编:200433
网址:fupnet@ fudanpress. com http://www.fudanpress.com
门市零售:86-21-65102580 团体订购:86-21-65104505
出版部电话:86-21-65642845
杭州长命印刷有限公司

开本 890×1240 1/16 印张 14.5 字数 409 千
2022 年 1 月第 3 版第 1 次印刷
印数 1—5 100

ISBN 978-7-309-15892-2/H·3123
定价:48.00 元